Exquisit Bücher

JOSEPHINE MUTZENBACHER

Mein Leben

Originalausgabe

WILHELM HEYNE VERLAG
MÜNCHEN

EXQUISIT BÜCHER
im Wilhelm Heyne Verlag, München
Nr. 111

Herausgegeben von Peter Schalk

Printed in Germany 1976
Umschlaggestaltung: Atelier Heinrichs, München
Gesamtherstellung: Zettler, Schwabmünchen

ISBN 3-453-50080-6

Vorwort

Man sagt, daß aus jungen Huren alte Betschwestern werden. Aber das trifft bei mir nicht zu. Ich bin frühzeitig zur Hure geworden, ich habe alles erlebt, was ein Weib im Bett, auf Tischen, Stühlen, Bänken, an kahle Mauerecken gelehnt, im Grase liegend, im Winkel dunkler Haustore, in chambres séparées, im Eisenbahnzug, in der Kaserne, im Bordell und im Gefängnis überhaupt nur erleben kann, aber ich bereue nichts von alledem. Ich bin heute bei Jahren, die Genüsse, die mein Geschlecht mir bieten kann, sind im Entschwinden begriffen, ich bin reich, bin verblüht und sehr oft ganz vereinsamt. Aber es fällt mir nicht ein, obgleich ich immer fromm und gläubig gewesen bin, jetzt Buße zu tun. Aus Armut und Elend, wie ich entstammt bin, habe ich alles meinem Körper zu verdanken. Ohne diesen gierigen, zu jeder Sinnenlust frühzeitig entzündeten, in jedem Laster geübten Körper wäre ich verkommen, wie meine Gespielinnen, die im Findelhaus starben oder als abgerackerte, stumpfsinnige Proletarierfrauen zu Grunde gingen. Ich bin nicht im Dreck der Vororte erstickt. Ich habe mir eine schöne Bildung erworben, die ich nur einzig und allein der Hurerei verdanke, denn diese war es, die mich in Verkehr mit vornehmen und gelehrten Männern brachte. Ich habe mich aufklären lassen und gefunden, daß wir armen, niedrig geborenen Weiber nicht so viel Schuld haben, als man uns einreden möchte. Ich habe die Welt gesehen und meinen Gesichtskreis erweitert, und alles das verdanke ich meinem Lebenswandel, den man einen ›lasterhaften‹ nennt.

Wenn ich meine Schicksale jetzt aufschreibe, so tue ich das nur, die Stunden meiner Einsamkeit damit zu kürzen, und was mir jetzt abgeht, aus der Erinnerung wenigstens herbeizuschaffen. Ich halte das für besser als bußfertige Erbauungsstunden, die meinem Pfarrer wohl gefielen, die mir aber nicht zu Herzen gingen und mir nur eine grenzenlose Langeweile bereiten würden. Auch finde ich, daß der Lebensgang von Meinesgleichen nirgends aufgeschrieben steht. Die Bücher, die ich danach durchsucht habe, erzählen nichts davon, und es wäre vielleicht doch gut, wenn die vornehmen und reichen Herren, die sich an uns ergötzen, die uns locken und sich von uns alle unmöglichen Dinge aufbinden lassen, einmal erfahren würden, wie es in einem jener Mädchen aussieht, die sie so brünstig in ihre Arme schließen, woher es stammt, was es erlebt hat und was es denkt.

Mein Vater war ein blutarmer Sattlergehilfe, der in einem Geschäft in der Josefstadt arbeitete. Wir wohnten ganz weit draußen in Ottakring, in einem damals neuen Hause, einer Zinskaserne, die von oben bis unten mit armen Leuten angefüllt war. Alle diese Leute hatten viele Kinder, und im Sommer war der Hof zu klein für ihre Schar. Ich selbst besaß zwei Brüder, die beide um wenige Jahre älter waren als ich. Mein Vater, meine Mutter, wir drei Kinder wohnten in einer Küche und einem Zimmer und hatten noch einen Bettgeher mit dazu. Solche Bettgeher waren der Reihe nach wohl ein halbes Hundert bei uns; sie kamen und gingen, bald friedlich, bald in Streit, und die meisten von ihnen verschwanden spurlos, ohne daß wir jemals wieder etwas von ihnen hörten. Ich erinnere mich hauptsächlich an zwei von ihnen. Der eine war ein Schlossergeselle, ein schwarzer, traurig aussehender Bursche, der ganz kleine schwarze Augen hatte und immer voll Ruß im Gesicht war. Wir Kinder fürchteten uns vor ihm. Er war auch immer schweigsam und sprach kein Wort. Ich entsinne mich, daß er eines Nachmittags nach Hause kam, während ich allein in der Wohnung mich befand. Ich war damals fünf Jahre alt und spielte am Boden des Zimmers. Meine Mutter war mit den beiden Buben am Fürstenfeld, mein Vater von der Arbeit noch nicht zurück. Der Schlosser nahm mich vom Boden auf und hielt mich auf seinem Schoß. Ich wollte schreien, aber er sagte leise: »Sei stad, ich tu' dir nix!« Und dann legte er mich zurück, hob mein Röckchen auf und betrachtete mich, wie ich nackt vor ihm auf seinen Knien lag. Ich fürchtete mich sehr vor ihm, aber ich verhielt mich ganz still. Wie er meine Mutter kommen hörte, setzte er mich rasch auf den Fußboden und ging in die Küche. Ein paar Tage später kam er wieder frühzeitig nach Hause und die Mutter ersuchte ihn, auf mich aufzupassen. Er versprach es und hielt mich wieder die ganze Zeit auf seinen Knien, in Betrachtung meines nackten Mittelstückes begriffen. Er sprach kein Wort, sondern schaute nur immer auf die eine Stelle hin, und ich traute mich auch nicht, etwas zu reden. Das wiederholte sich, solange er bei uns wohnte, einige Male. Ich begriff nichts davon und machte mir auch, nach Kinderart, keine Gedanken darüber. Heute weiß ich, was das bedeutet hat, und nenne den Schlossergesellen oft meinen ersten Geliebten. Von dem zweiten Bettgeher werde ich später erzählen.

Meine beiden Brüder, Franz und Lorenz, waren sehr ungleich. Lorenz, der älteste, er war um vier Jahre älter als ich, war immer sehr verschlossen, in sich gekehrt, fleißig und heilig. Franz, der nur anderthalb Jahre mehr zählte als ich, war dagegen lustig, und er hielt sich auch viel mehr zu mir als zum Lorenz. Ungefähr sieben Jahre war ich alt geworden, als ich eines Nachmittags mit Franz zu den Nachbarskindern auf Besuch ging. Es war auch ein Bruder und eine Schwester, und diese Kinder waren immer allein, weil sie keine Mutter hatten und ihr Vater in die Arbeit gehen mußte. Die Anna war damals schon neun Jahre alt, ein blasses, mageres, weißblondes Mädchen mit einer gespaltenen Lippe. Und ihr Bruder Ferdl, ein dreizehnjähriger, robuster Bub, auch ganz weißblond, aber rotwangig und breitschultrig. Wir spielten zuerst ganz harmlos. Da sagte die Anna auf einmal: »Spiel'n wir doch Vater und Mutter.« Ihr Bruder lachte und sagte: »Die will immer nur Vater und Mutter spielen.« Aber Anna bestand darauf, trat zu meinem Bruder Franz und meinte: »Also du bist der Mann, und ich bin die Frau.« Und Ferdl war gleich bei mir, faßte mich am Arm und erklärte: »Da bin dann halt ich dein Mann und du meine Frau.«

Sofort nahm Anna zwei Polsterüberzüge, machte zwei Wickelkinder daraus, und gab mir eines. »Da hast dazu ein Kind«, meinte sie. Ich begann die Lappendocke gleich zu wiegen, aber Anna und Ferdl lachten mich aus. »So geht das nicht. Z'erst muß man das Kind machen, dann muß man in der Hoffnung sein, dann muß man es kriegen, und dann erst kann man's hutschen!« Ich hatte natürlich schon manchmal davon reden gehört, daß Frauen ›in der Hoffnung‹ sind, daß sie ein Kind kriegen werden. An den Storch glaubte ich auch nicht mehr so recht, und wenn ich Frauen mit einem großen Bauch sah, wußte ich ungefähr, was das bedeutet. Aber genauere Vorstellungen davon hatte ich bisher nicht gehabt. Auch mein Bruder Franz nicht. Wir standen deshalb gänzlich verdutzt und ratlos da und wußten nicht, wie wir dieses Spiel werden versuchen oder uns daran beteiligen können. Aber Anna war schon zu Franz getreten und griff nach seinem Hosentürl. »Komm nur«, sagte sie, »tu ihn heraus, dein Zipfel!« Und dabei hatte sie ihm die Hose auch gleich aufgeknöpft und seinen ›Zipfel‹ zum Vorschein gebracht. Ferdl und ich sahen zu. Ferdl lachend. Ich mit einem Gefühl, das aus Neugierde, Staunen, Entsetzen und noch einer besonderen, mir bisher fremden Erregung gemischt war. Franz stand ganz bewegungslos da und wußte nicht, wie ihm geschah. Unter Annas Berührung richtete sich sein ›Zipfel‹ ganz steif in die Höhe.

»Jetzt komm«, hörte ich Anna leise flüstern. Ich sah, wie sie sich auf den Boden warf, ihre Röcke hob und die Beine spreizte. In diesem Moment ergriff mich Ferdl. »Leg dich nieder«, zischelte er mir zu, und dabei spürte ich auch schon seine Hand zwischen meinen Beinen. Ganz willig legte ich mich auf den Boden, hatte meine Röcke aufgeschlagen, und Ferdl rieb sein steifes Glied in meiner Fut. Ich mußte lachen, denn sein Schwanz kitzelte mich nicht wenig, weil er mir auch auf dem Bauch und sonst überall herumfuhr. Er keuchte dabei und lag schwer auf meiner Brust. Mir kam das ganze unsinnig und lächerlich vor, nur eine kleine Aufregung war in mir, und nur dieser allein ist es wohl zuzuschreiben, daß ich liegen blieb, ja sogar ernsthaft wurde. Ferdl wurde plötzlich ruhig und sprang auf. Ich erhob mich gleichfalls, und er zeigte mir jetzt seinen ›Zipfl‹, den ich ruhig in die Hand nahm. Ein kleiner, heller Tropfen war auf der Spitze zu sehen. Dann zog Ferdl die Vorhaut zurück, und ich sah die Eichel zum Vorschein kommen. Ich schob nun die Vorhaut ein paarmal hin und her, spielte damit, und freute mich, wenn die Eichel wie der rosige Kopf eines kleinen Tieres hervorspitzte.

Anna und mein Bruder lagen noch auf dem Boden, und ich sah, wie Franz ganz aufgeregt hin und her wetzte. Er hatte rote Wangen und keuchte, ganz wie Ferdl vorhin. Aber auch Anna war ganz verändert. Ihr bleiches Gesicht hatte sich gefärbt, ihre Augen waren geschlossen, und ich glaubte, ihr sei schlecht geworden. Dann wurden die beiden auch plötzlich still, lagen ein paar Sekunden aufeinander, und standen dann auf. Wir saßen eine Weile zusammen. Ferdl hielt mich unter den Röcken mit der Hand an der Mitte, Franz tat dasselbe mit Anna. Ich hatte Ferdls Schwanz in der Hand, Anna den meines Bruders; und es war mir ganz angenehm, wie Ferdl bei mir herumfingerte. Er kitzelte mich, aber nicht mehr so, daß ich lachen mußte, sondern so, daß mir ein Wohlgefühl durch den ganzen Körper lief. Diese Beschäftigung wurde von Anna unterbrochen, die jetzt die beiden Puppen nahm, von denen sie die eine sich selbst unter das Kleid auf den Bauch legte, die andere mir. »So«, sagte sie, »jetzt sind wir in der Hoffnung.« Wir zwei gingen nun im Zimmer herum, streckten unsere ausgestopften Bäuche heraus, und lachten darüber. Dann brachten wir unsere Kinder zur Welt, wiegten sie in den Armen, gaben sie unseren Ehemännern, damit sie sie halten und bewundern sollten, und spielten eine Weile wie unschuldige Kinder. Anna kam auf die Idee, daß sie ihr Kind säugen müsse. Sie knöpfte ihre Jacke auf, zog das Hemd herab, und tat so, als ob sie einem Kind die Brust reichen würde. Ich bemerkte, daß sie schon Warzen hatte; und ihr Bruder trat hinzu und spielte damit; auch Franz machte sich bald an Annas Brust zu schaffen, und Ferdl meinte, es sei schade, daß ich keine Dutln habe. Dann kam eine Erklärung vom Kindermachen. Wir erfuhren, daß das, was wir eben getan hatten, vögeln heiße, daß unsere Eltern dasselbe tun, wenn sie miteinander im Bett liegen, und daß die Frauen davon Kinder bekämen. Ferdl war schon ein Ausgelernter. Er sagte uns Mädchen, daß unsere Fut noch zugewachsen sei, daß man deshalb nur von außen daran herumwetzen könne. Er sagte ferner, daß wir einmal, wenn wir größer werden, Haare darauf bekommen, daß dann unser Loch sich öffnen wird, und daß man dann mit dem ganzen Schwanz hineinfahren können wird. Ich wollte es nicht glauben, aber Anna erklärte mir, Ferdl wisse das ganz genau. Er habe auf dem Boden die Frau Reinthaler gevögelt, und da sei sein Schwanz ganz in ihr Loch hineingegangen. Die Frau Reinthaler war die Frau eines Tramwaykondukteurs, der in unserem Haus im letzten Stock wohnte. Es war eine dicke, schwarze Frau, klein und hübsch und immer sehr freundlich.

Ferdl erzählte uns die Geschichte: »Die Frau Reinthaler ist vom Waschen 'kommen. Ein' ganzen Korb voller Wäsch' hats 'tragen, und ich bin g'rad auf der Stieg'n g'wesen. Na, und wie ichs grüßt hab', sagt sie zu mir: ›Geh, Ferdl, bist ein starker Bub, könntest mir wirklich helfen, den schweren Korb am Boden tragen.‹ So bin ich halt mit ihr auffi gangen, und wie wir droben sein, fragt sie mich: ›Was willst denn jetzt dafür, daß du mir g'holfen hast?‹ — ›Nix‹, sag' ich drauf. ›Komm, ich zeig dir was‹, sagt sie, packt mich bei der Hand und legt sichs auf die Brust. ›Gelt ja, das ist gut?‹ Da hab ich schon g'wußt, was los ist, denn mit der Anna hab ich ja schon oft früher gewetzt — was?« — Anna nickte bekräftigend, als ob sich das alles ganz von selbst verstünde. Ferdl fuhr fort: »Aber ich hab mich doch nicht getraut, und hab nur ihre Brust fest z'sammendruckt. Sie hat sich gleich ihr Leibl aufg'macht, und hat mirs alser nackter herausgeben, und hat mich spielen lassen, und dann hat's mich bei der Nudel packt, und hat alleweil glacht, und hat g'sagt: ›Wenn's d' niemand was ausplauschen möchst, derfst noch was andres tun . . .‹ — ›Ich red' nix‹, hab ich drauf g'sagt. — ›G'wiß nix?‹ fragt sie noch amal. ›Nein, g'wiß nix.‹ Na, da hat sie sich übern Waschkorb g'legt, und hat mich auf sich g'nommen, und hat mir den Schwanz mit der Hand hineingesteckt in ihre Fut. Ganz drinn war er, ich habs ganz genau g'spürt. Und die Haar, was sie drauf hat, hab ich auch g'spürt.« Anna wollte noch nicht, daß die Erzählung aus sei. »War's gut?« forschte sie weiter. »Sehr gut wars«, antwortete Ferdl trocken, »und g'stoßen hat sie wie nicht g'scheit, und druckt hat's mich, und mit ihre Duteln hab ich spielen müssen. Und wie's dann aus war, is sie rasch aufg'sprungen, hat sich ihr Leibl zuknöpfelt und hat ein ganz böses Gesicht g'macht. ›Schau, daß d' weiterkommst, du Lausbub‹, hat's zu mir g'sagt, ›und wenn du dich verplauscht, reiß ich dir dein Schädel ab . . .‹«

Ferdl machte ein ganz nachdenkliches Gesicht. Anna aber meinte plötzlich: »Glaubst du nicht, daß er bei mir schon hineingeht?« Ferdl sah sie an, sie hielt noch immer ihr Puppenkind an der bloßen Brust, und er griff sie an, strich wie versuchend daran herum, und sie entschied endlich: »Versuch's ein bißl . . .« – »Alsdann spielen wir wieder Vater und Mutter«, schlug Anna vor. Franzl ging gleich zu ihr, und auch ich nahm jetzt, nach all den Belehrungen, die ich empfangen hatte, und nach der Geschichte, die ich eben vernommen, diesen Vorschlag bereitwillig an. Aber Anna wies Franz von sich. »Nein«, sagte sie, »jetzt soll der Ferdl mein Mann sein und du bist der Pepi ihrer.« Damit rückte sie ihrem Bruder an die Seite, schob ihre Hand in seinen Hosenspalt, und er griff ihr sogleich unter die Röcke. Ich packte Franz und erinnere mich, daß ich das mit einer starken Aufregung tat. Als ich seine kleine bloße Nudel aus der Hose nahm, und die Vorhaut auf- und niederschob, spielte er mit seinen Fingern an meinem Loch, und da wir beide jetzt wußten, wie's gemacht wird, lagen wir in der nächsten Sekunde auf dem Boden, und ich regierte mit der Hand seinen Zapfen so genau, daß er mir nicht den Bauch hinauffuhr, sondern mich genau in meiner Spaltung streichelte. Dies machte mir ein Vergnügen, von dem ich am ganzen Körper eine wohlige Spannung verspürte, so daß auch ich mich gegen ihn rieb und wetzte, wann ich nur konnte. Das dauerte eine Weile, bis Franz erschöpft auf mich fallend niedersank und sich nicht rührte. Wir lagen noch ein paar

Momente so, dann hörten wir einen Disput zwischen Ferdl und Anna, und schauten nach, aber Anna hielt ihre Beine so hoch, daß sie über Ferdls Rücken sich berührten. »Er geht schon hinein . . .«, sagte Ferdl, aber Anna meinte: »Ja, hinein geht er, aber weh tuts – laß gehn, es tut weh.« Ferdl beruhigte sie: »Das macht nix – das ist im Anfang – wart nur, vielleicht geht er ganz hinein.« Wir legten uns flach auf den Boden, rechts und links von den beiden, um festzustellen, ob Ferdl drin sei oder nicht. Er war wirklich ein wenig drin. Der untere Teil von Annas Fummel war breit geöffnet, wie wir mit Staunen wahrnahmen, und da drinnen steckte Ferdls Schwanz bis über den Kopf und fuhr unbeholfen hin und her. Wie Ferdl eine heftige Bewegung machte, glitt er ganz hinaus, aber ich ergriff ihn sofort und führte ihn wieder in Annas Eingang, der mir schon ganz rotgerieben vorkam. Ich hielt ihn fest und versuchte ihn tiefer hineinzudrängen. Ferdl selbst stieß in der Richtung, die ich ihm gab, kräftig nach, aber Anna fing auf einmal laut zu schreien an, so daß wir erschrocken auseinanderfuhren. Sie weigerte sich, das Spiel fortzusetzen, und ich mußte Ferdl noch einmal auf mich nehmen, weil er sich nicht beruhigen wollte. Nun war aber auch ich einigermaßen rotgerieben, und weil es inzwischen schon Zeit wurde, gingen wir heim. Mein Bruder und ich sprachen auf dem Weg in unsere Wohnung kein Wort. Wir wohnten auch im letzten Stockwerk dieses Hauses, Tür an Tür mit der Frau Reinthaler. Als wir oben auf dem Gang ankamen, sahen wir die kleine dicke Frau im Gespräch mit einer anderen Nachbarin stehen. Wir gafften sie an und begannen laut zu lachen. Als sie sich nach uns umdrehen wollte, flüchteten wir in unsere Tür.

Seit jenem Tage betrachtete ich Kinder und Erwachsene, Männer und Frauen mit völlig veränderten Blicken. Meine Geschlechtlichkeit kam jetzt voll zum Ausbruch. Sie muß in meinen Augen zu lesen gewesen sein, mein ganzes Gesicht, mein Mund, mein Gang muß eine einzige Aufforderung gewesen sein, mich anzupacken und hinzuschmeißen. Nur so kann ich mir die Wirkung erklären, die damals schon von mir ausging, die ich in der Folge übte, und die es zustande brachte, daß fremde und, wie mir scheint, besonnene Männer gleich bei der ersten Begegnung mit mir alle Vorsicht außer acht ließen und unbedenklich alles wagten. Diese Wirkung kann ich auch jetzt noch bemerken, wo ich weder jung bin noch schön, und wo mein Körper welk geworden und die Spuren meines Wandels greifbar zu erkennen gibt. Trotzdem gibt es Männer, die auf den ersten Blick von mir in Flammen geraten und sich dann in meinem Schoß wie die Rasenden gebärden. Diese Wirkung mag schon viel früher tätig gewesen sein, als ich noch wahrhaft unschuldig war.

Ein paar Tage später waren wir Kinder allein zu Hause, und da begann der Franz den Lorenz zu fragen, ob er denn wisse, woher die Kinder kommen und wie sie gemacht werden. Lorenz meinte: »Weißt du's vielleicht?« Franz und ich lachten, und ich holte Franzens kleinen Stift aus dem Hosentürl, streichelte ihn ein wenig, während Lorenz mit ernster Miene zusah, wie Franz mich an meiner Spalte kitzelte. Dann legten wir uns aufs Bett und spielten unser Stückchen, das wir von Anna und Ferdl gelernt hatten, mit allem Talent herunter. Lorenz sprach kein Wort, auch nicht, als wir fertig waren, aber als ich mich ihm näherte und die Hand in seine Hose stecken wollte, indem ich sagte: »Komm, jetzt mußt du's auch probieren ...«, stieß er mich weg, und zu unserem großen Erstaunen erzählte er: »Das Vögeln kenn ich schon längst. Glaubt's ihr vielleicht, ich werd' auf euch warten? Aber das darf man nicht. Das ist eine schwere Sünd', Unkeuschheit ist das, und wer vögelt, kommt in die Höll'.« Wir erschraken nicht wenig, aber dann bestritten wir die Behauptung. »Glaubst du am End«, fragten wir ihn, »daß der Vater und die Mutter auch in die Höll' kommen?« Er war fest überzeugt davon, und gerade deshalb gaben wir alle Angst auf und verhöhnten ihn. Lorenz aber drohte, er werde uns beim Vater, beim Lehrer und beim Katecheten verklagen, und seitdem haben wir unsere kleinen Vergnügungen niemals wieder in seiner Gegenwart vorgenommen. Er wußte trotzdem, daß Franz und ich fortfuhren, aufeinander zu liegen, oder uns mit anderen Kindern abzugeben; aber er schwieg und wich uns aus.

Wir waren sehr oft bei Anna und Ferdl und spielten immer dasselbe. Trafen wir die beiden einmal nicht daheim, oder mußten wir selbst zu Hause bleiben, dann spielten wir eben allein. Aber es verging kein Tag, an dem wir nicht aufeinander lagen. Unsere gemeinsamen Gespräche aber drehten sich nur um den einzigen Wunsch, es einmal mit einem Großen tun zu dürfen. Anna und ich wünschten uns einen wirklichen, erwachsenen Mann, Ferdl und Franz wünschten sich die Frau Reinthaler.

Einmal, als wir wieder zu Anna kamen, war Besuch da. Eine Cousine von ihr, die Mizzi, und ihr Bruder Poldl. Die Mizzi war ein hübsches, recht entwickeltes Mädchen, und ihre jungen Brüste standen fest und frei unter ihrer dünnen Bluse. Es wurde natürlich gleich von dem gesprochen, was uns am meisten interessierte, und Poldl rühmte sich, daß seine Schwester schon Haare auf der Fut hätte. Er hob ihr ganz ruhig die Kleider auf, und wir sahen respektvoll auf das dreieckige, dunkle Büschel, das sich dort befand, wo wir noch nackt waren. Dann wurden die Brüste der Mizzi entblößt, und von uns allen bestaunt und gestreichelt. Mizzi geriet in Aufregung. Sie schloß die Augen, lehnte sich zurück und streckte die Hände nach Franz und nach ihrem Bruder aus. Jeder gab ihr, was er in der Hose trug, zu halten, und Ferdl stellte sich zwischen ihre Beine und spielte mit seinem Schwanz an ihrem Spalt. Endlich sprang sie auf, eilte zum Bett, warf sich darauf und rief: »Poldl, komm her, ich halt's nimmer aus.«

Ihr Bruder schwang sich zu ihr hinauf. Wir waren alle um das Bett getreten und sahen zu. Während Ferdl seinen Schweif der atemlos daliegenden Mizzi zu halten gab, vertraute Franz den seinen Annas Händen an; ich aber schaute voll Interesse zu, wie einmal ›wirklich gevögelt‹ wird. Denn Mizzi und ihr Bruder erklärten uns, daß sie es genau so machen könnten wie die Großen. Ich sah mit Verwunderung, wie Poldl seine Schwester auf den Mund küßte. Denn ich hatte bisher nicht gedacht, daß das Küssen mit dazu gehört. Ich sah auch, wie Poldl Mizzis beide Brüste in der Hand hielt, während er auf ihr lag, sie fortwährend streichelte, und ich bemerkte, wie die Brustwarzen spitz und hoch herausstanden. Ich sah, wie Poldls Schweif gänzlich in dem schwarzen Haarbüschel seiner Schwester verschwand, und griff selbst hin, um mich zu überzeugen, ob er wirklich in ihrem Leib steckte. Und ich war plötzlich furchtbar erregt, als ich mit eigenen Händen fühlte, wie Poldls Stange, die übrigens viel größer war als die von Franz und Ferdl, tief in Mizzis Leib hineinfuhr, bis ans Ende, wieder herauskam, und wieder darin versank. Sie warf sich mit ihrem Popo ihrem Bruder entgegen, vollführte hitzige Stöße, zappelte mit den Füßen in der Luft, war ganz atemlos und seufzte immerfort, so daß ich glaubte, es müsse ihr doch furchtbar weh tun. Ich merkte aber dann, daß es anders war, als sie keuchend ein ums andere Mal ausrief: »Fester! Fester! Noch fester, so, so, gut, gut, gut, aah!« Kaum hatte Poldl seinen Schwanz herausgezogen und stieg vom Bett herab, als Ferdl und Franz sich herandrängten. Mizzi war mit gespreizten Beinen liegen geblieben, mit nackten Schenkeln und mit nackten Brüsten. Lächelnd sah sie zu, wie Ferdl und Franz sich stießen, wer sie zuerst haben sollte, und eben, als die beiden Miene machten, miteinander ernstlich zu raufen, entschied sie den Streit, indem sie nach meinem Bruder griff und erklärte: »Zuerst der Kleine da!« Franz warf sich auf Mizzi. Aber er fing an, sie in der Art zu reiben, wie er es an mir und Anna gewöhnt war. Mizzi hielt seine Bewegung auf, erwischte ihn am Zipfel und schob ihn mit einem Ruck in die Spalte. Franz war ganz verblüfft, hörte auf, sich zu rühren, und tat so, als wolle er mit seinem Schwanz erst fühlen, wo er sich befand. Aber Mizzi duldete diese Ruhe nicht. Sie begann sich unter ihm zu werfen, fing ihre Gegenstöße an, und gleich war Franz wieder herausgerutscht, ohne hineinzufinden. Jetzt half ich ihm aber, ich hielt meine Hand hin und brachte ihn, wenn er ausgleiten wollte, jedesmal auf den rechten Weg. Eine neue Schwierigkeit ergab sich, weil Mizzi durchaus wollte, Franz solle mit ihren Brüsten spielen. Aber wenn er sie in die Hand nahm und sie zu kitzeln und zu streicheln begann, vergaß er ganz das Vögeln, und wenn ihn Mizzi dann wieder zum Vögeln trieb, vergaß er ihre Brüste. Er konnte beides zugleich nicht bewältigen, und Mizzi beklagte sich schweratmend: »Schad is, der kann noch gar nix!« Ferdl, der ungeduldig dabeistand, bemächtigte sich jetzt der Duteln Mizzis, drückte sie, küßte sie auf die Warzen, daß sie wieder hoch aufgerichtet wurden, und nahm damit Franz die eine Hälfte seiner Aufgabe ab. Franz kam in ein regelmäßiges schnelles Stoßen, was Mizzi sehr recht war. Sie seufzte und jammerte und schnalzte mit den Lippen und warf sich hoch im Bett in die Höhe, und sagte dabei zu uns: »Ah, das ist gut, das ist gut, der kleine Schwanz ist gut.«

Kaum waren sie fertig, als sich Ferdl mit gezücktem Speer, ohne dabei Mizzis Brüste loszulassen, seitlich aufs Bett und zwischen Mizzis Beine schwang, die ihn begierig aufnahm. Auch dem Ferdl half ich die rechte Öffnung finden, und unterhielt mich, meine Finger an seinem Hodensack zu halten, wodurch ich jedesmal genau fühlte, wenn der Schwanz bis zum Rest in Mizzi eindrang. Ferdl verkündete gleich das erste Mal, als er hineingeglitscht war, mit Sachkenntnis: »Ganz so wie bei der Frau Reinthaler.« Und er zeigte sich so gewandt und geschickt im Bohren, Stoßen und Wetzen, daß das Bett unter den beiden krachte und Mizzi laut zu schnaufen begann. Wie nun die beiden fertig waren, wollten Anna und ich auch unsern Teil haben. Mizzi hatte sich vom Bett erhoben, lachend, frisch, als wäre gar nichts geschehen. Und doch hatte sie dreimal hintereinander die verschiedenen Schwänze in sich gehabt, und hatte eine Remmelei ausgehalten, die, wie ich glaube, beinahe eine Stunde gedauert haben muß. Sie brachte ihre Kleider unten ein wenig in

Ordnung, ließ aber ihre Brüste frei und meinte, jetzt wolle sie zuschauen. Anna warf sich gleich aufs Bett und rief den Poldl, der sie überhaupt sehr zu interessieren schien. Aber Poldl hatte wieder mit den Brüsten seiner Schwester zu tun. Er hob sie mit den Fäusten in die Höhe, preßte sie fest zusammen und nahm ihre Warzen in den Mund. Mizzi lehnte an einem Schrank, ließ sich die Liebkosungen mit Behagen gefallen, und bearbeitete dafür ihres Bruders Schweif mit ihren Händen. Anna lag vergebens auf dem Bett in Bereitschaft; denn Poldl hob nach ein paar Minuten seiner Schwester die Röcke auf, und mit ihrer Beihilfe brachte er seine Rute wieder in ihr unter. Stehend vögelten die beiden mit einer Heftigkeit, daß der Kasten pumperte. Wir hatten noch nicht gewußt, daß man die Sache auch so betreiben könne, und schauten diese neue Kunst mit Verwunderung an. Es war beinahe selbstverständlich, daß dann wieder Franz an die Reihe kam. Er machte es diesmal besser, denn er klammerte sich im Stehen an die Brüste von Mizzi, während sie seinen Schwanz nicht losließ und dafür sorgte, daß er nicht aus dem Geleise kam, und zuletzt vögelte auch Ferdl in dieser neuen Stellung Mizzi, die jetzt die sechste Nummer sehr vergnügt aushielt und nicht die Spur einer Erschöpfung zeigte.

Dafür waren Anna und ich ganz enttäuscht. Anna machte sich wieder an Poldl heran und versicherte ihm, daß man auch bei ihr hineinkäme und nicht auswendig zu wetzen brauche. Er hob ihr die Röcke auf, bohrte ein wenig mit dem Finger an ihrer Fotze herum und meinte, es ginge noch nicht. Anna aber wollte ihn nicht loslassen. Sie hielt seinen Schweif in der Hand, und arbeitete daran herum, denn er hing ganz matt und weich herunter. Ich hatte mich zu Ferdl gewendet, fand aber keine Geneigtheit bei ihm vor. Er erlaubte mir nur gnädig, mit seinem Schweif zu spielen, was ich auch tat. Währenddessen betastete er nun meine Brust, die noch ganz flach war, und meinte bedauernd: »Du hast halt keine Duteln.« Ich mußte es aufgeben, von ihm gevögelt zu werden, und probierte nun Franz zu kriegen. Mit dem aber war nichts zu machen, weil er wieder auf Mizzi lag. Er vögelte sie gerade nicht, spielte aber mit ihrer Brust, und als ich ihm an die Hose griff und sein Gezeug wieder stand, forderte er mich auf, ihm wieder zu Mizzi hineinzuhelfen. Das mochte ich nicht, doch er fand den Weg ohne mich, und am Boden liegend machte Mizzi die siebente Partie, die wohl die ausgiebigste war, weil sie mehr als eine halbe Stunde dauerte.

An diesem Tag waren Anna und ich sehr enttäuscht, und ich ging betrübt nach Hause, diese elende Mizzi, mit ihren Brüsten und Haaren, verwünschend.

Dafür wurde aber dann in den nächsten Wochen alles wieder eingeholt. Mizzi und ihr Bruder wohnten weit weg und konnten nur selten auf Besuch kommen. Und in der Zwischenzeit genügten Anna und ich unseren beiden Partnern. Das Spiel ›Vater und Mutter‹ wurde ganz ausgesetzt, wir spielten jetzt nicht mehr, sondern vögelten ganz ohne Vorwand, genau so wie Mizzi und Poldl. Wir vögelten stehend und liegend, und hatten, Anna ebenso wie ich, oft sogar Schmerzen zu leiden, weil Ferdl und Franz jetzt durchaus immer probieren wollten, ob es nicht doch möglich sei, uns ihre Schwänze einzupfropfen. Es ging aber nicht.

Dieses Leben dauerte den ganzen Sommer. Dann zogen unsere Freunde in eine andere Gegend, und ich sah die blonde Anna erst viel später wieder. Vorher aber war Mizzi mit ihrem Bruder noch einmal da, und mit ihnen war ein großer Bursch gekommen. Er hieß Robert, war schon in der Lehre, und übernahm sogleich den Oberbefehl über unsere Spielerei. Als er uns seinen Schwanz zeigte, bemerkten wir, daß er schon Haare hatte, und wir drei Mädchen spielten lange mit ihm. Wir streichelten ihn, liebkosten seine Eier, hielten seine Stange, die sich ganz heiß anfühlte, in unseren Händen und freuten uns, wenn wir sie leise zucken fühlten. Wir waren ganz entzückt von ihm, denn er hatte einen großen, vollen Schweif, wie wir noch keinen gesehen. Mizzi forderte ihn auf, mit ihr den Anfang zu machen. Er sagte:

»Nein, ich will zuerst die Pepi vögeln.« Und ich erinnere mich, wie groß meine Freude war. Ich lief sofort zum Bett, legte mich rücklings darauf, und indem ich mich aufdeckte, spreizte ich die Beine, um ihn zu empfangen. Robert kam ans Bett, griff mich bei meiner nackten Fut an, und sagte: »Uj jegerl, da kann man nur von außen wetzen.« Mizzi rief eifrig dazwischen: »Aber natürlich, geh, vögel mich, bei mir kannst du ihn ganz hineinstecken, weißt schon.« Und schon lag sie auch neben mir im Bett und wollte mich verdrängen. Aber Robert antwortete: »Das gibt's net, ich will die Pepi vögeln.« Ich lag ganz still und schaute ihn an, und er war sehr rot im Gesicht und rieb mir fortwährend seinen Finger in die Spalte, so daß ich geil wurde wie noch nie. Er überlegte einen Augenblick, dann erklärte er: »Ich werde euch was zeigen.« Nun rief er Anna, die sich auch ins Bett, aber an die Wand legen mußte. Ich lag in der Mitte, Mizzi am äußersten Rand. Robert stieg ins Bett, legte sich aber nicht auf mich, sondern befahl mir: »Dreh dich um.« Ich lag nun auf dem Bauch, und er schob mir die Kleider in die Höhe, so daß mein Popo entblößt war. Anna mußte höher gegen das Kopfende des Bettes kriechen, so daß sich ihre Fut neben meiner Schulter befand. Er deckte sie auch auf. Und von Mizzi verlangte er, daß sie ihre Brüste entblößte. Sie ließ ihr Hemd herab, und ich sah, daß ihre Brustwarzen wieder spitz hervorgetreten waren. Jetzt nahm Robert mich unter dem Bauch, daß mein Popo ein bißchen in die Höhe kam. Er hieß mich, die Schenkel fest zusammenpressen, schob mir seinen Schweif von hinten nach vorne, so daß ich die heiße Nudel an den Hinterbacken, am Damme und auch zwischen meiner Spalte spürte, und so zwischen Schenkeln, Damm und Popo hielt ich ihn eingeschlossen. Robert zog die Hand unter meinem Bauch hervor und begann leise zu stoßen. Ich verspürte eine solche Annehmlichkeit, daß es mir durch alle Glieder fuhr. Plötzlich begann ich wie Mizzi zu stöhnen und zu seufzen und erwiderte seine Stöße mit meinem Popo. Den Kopf hatte ich im Bett so vergraben, daß ich nichts sah, sondern nur empfand, wie Robert mich vögelte. Zu meinem Erstaunen aber hörte ich auch Anna und Mizzi seufzen und ächzen. Ich schaute auf und sah, wie Robert mit der linken Hand ganz in der Fut von Anna spielte, und er muß es sehr gut getan haben, denn sie warf sich hin und her. Mit der rechten Hand spielte Robert auf einer Brustwarze von Mizzi, die immer höher und spitzer wurde. Dabei vögelte er mich in langsamen Stößen und atmete schwer. Ferdl und Franz standen neben dem Bett und schauten zu. Mizzi schrie am lautesten: »Ah, ah – ich will was in die Fut, ah, Franzl, Ferdl, steckt's mir ihn einer hinein – ah, ich muß vögeln – kleiner Franz, komm ...« Sie tastete mit der einen Hand herum, und Franz beeilte sich, ihr seinen Schwanz zu geben. Sie riß ihn zu sich, und Franz lag nun neben Robert auf dem Bett und vögelte Mizzi nach Noten. Dabei hatte er wieder die Annehmlichkeit, daß Robert ihm die Pflicht abnahm, mit den Brüsten Mizzis zu spielen. Denn Robert ließ nicht nach. Mizzi war so geil, daß sie wieder ihre Hand ausstreckte, und diesmal gab ihr ihr Bruder Poldl seinen Schwanz zu halten. Sie fuhr daran herum, Poldl war auch ganz aufgeregt, und auf einmal hatte sie den Schwanz zwischen ihre Lippen in den Mund genommen und begann daran zu saugen. Ferdl, der leer ausgegangen war, hielt es nicht mehr aus. Über den Kopf von Mizzi weg kroch er in das Bett zu seiner Schwester Anna, nahm ihren Kopf, und stieß ihr seinen Schwanz in den Mund. Sie ließ sich's nicht nur ruhig gefallen, es schien sie sogar nur noch mehr aufzureizen, und ich schaute ihr zu, wie sie an dem Zapfen, der in ihrem Mund ein- und ausfuhr, leckte und schmatzte. So waren wir hier alle sieben auf einmal beschäftigt. Robert fuhr fort, mich langsam zu vögeln, und mir war es, als habe ich noch nie etwas gefühlt, das so gut war wie dieser dicke, heiße Schweif. Auf einmal wurde Roberts Schweifstoß heftiger und rascher, und plötzlich spürte ich mit Schrecken, daß ich mit etwas Nassem, Heißem am Bauch übergossen wurde. Ich schrie auf. Aber Robert fuhr mich, emsig wetzend, an: »Sei stad, mir kommt's jetzt.« Ich wehrte mich und wollte weg: »Du tust mich ja anbrunzen.« Er sagte: »Nein, ich tu spritzen – das muß sein.« Danach war er fertig. Wir lösten uns alle voneinander, und alle waren über die Neuigkeit, daß Robert gespritzt hatte, ganz erstaunt: Robert versicherte uns, daß Ferdl, Franzl und Poldl noch zu klein seien, und daß deshalb nur ein kleines Tröpferl erscheine, wenn's ihnen kommt. Bis sie die Haare auf dem Schwanz kriegen, würden sie auch so spritzen wie er.

Mizzi wollte wissen: »Wirst du mich jetzt vögeln?« Aber die Buben, Anna und ich verlangten Robert spritzen zu sehen. Robert war dazu bereit. »Ihr müßt's mir's halt mit der Hand machen«, meinte er. Aber wir kannten das nicht. So zeigte er uns, wie man die Sache anfängt, indem er sich in einen Sessel setzte und sich einen abzuwichsen begann. Das begriffen wir bald, und wetteiferten darin, Robert einen herunterzureißen. Abwechselnd bearbeiteten Anna, Mizzi und ich sein steif dastehendes Glied, und Mizzi begann es in den Mund zu nehmen und zu saugen. Sie tat es mit solcher Begierde, daß der lange Spargel beinahe gänzlich in ihrem Mund verschwand. Wir beiden anderen sahen ihr zu, und Anna wollte sie ablösen. Aber Robert ergriff mich bei den Haaren, stieß Mizzi zur Seite, und drängte meinen Mund gegen seinen Schweif. Nun war ich daran. Ich hatte nicht viel Zeit zu überlegen, spitzte die Lippen und empfing dieses Ding, das ich schon von einer anderen Stelle meines Leibes her kannte. Aber kaum spürte ich, wie er in meinen Mund eindrang, als ich von einer ungeahnten Geilheit ergriffen wurde. Jedes Hin und Her, jedes Aus und Ein verspürte ich in meiner noch verschlossenen Fut, und wie ich so auf- und abfuhr an Roberts Schweif, hatte ich auf einmal eine Ahnung, wie das wirkliche Vögeln sein müsse. Nach mir kam Anna an die Reihe. Aber kaum hatte sie ein wenig geleckt, als Robert zu spritzen begann. Sie fuhr zurück und spuckte die erste Ladung, die sie erhalten hatte, aus. Robert erfaßte seinen Schwanz, und riß sich den kalten Bauer bis zu Ende herunter, und wir drängten uns alle um ihn, um das Schauspiel zu sehen. Ruckweise wurde die weiße, dicke Masse in großen Tropfen emporgeschleudert, so hoch, daß ich einen ganzen Patzen davon ins Gesicht bekam. Wir waren alle voll Bewunderung und furchtbar erregt.

Mizzi fiel gleich wieder über Robert her und bat ihn: »Aber jetzt wirst du mich vögeln, willst du?« Doch Roberts Schweif war schlapp geworden und hing ermüdet herab. »Es geht nicht«, meinte Robert, »er steht mir nimmer.« Mizzi war außer sich. Sie setzte sich zwischen Roberts Knie auf den Fußboden, nahm seinen Schwanz und saugte daran, schob sich ihn ganz in den Mund, schmatzte und rief dazwischen zu Robert aufsehend: »Aber wenn er wieder steht, dann vögelst du mich, was?«

Unterdessen wollten die anderen, Franz, Poldl und Ferdinand, das neuentdeckte Mundvögeln auch erproben. Anna und ich mußten herhalten, und es ging ganz leicht, denn ihre Schwänze waren alle noch klein und viel dünner als der von Robert. Ich nahm Annas Bruder Ferdl, Anna nahm Franz. Ferdl war so rasend, daß er mir seinen Schweif bis in die Kehle stieß. Ich mußte ihn an der Wurzel halten und fuhr nun selbst sanfter hin und her. Nach zehn, zwölf Malen kam es ihm. Ich fühlte das Zucken, spürte aber nichts Nasses, weil ja nur ein Tropfen kam. Mir aber war es, als hätte ich den Schwanz tief in meiner Fut gehabt, und ich spürte, daß auch mir etwas kommen müsse. Ich hielt Ferdls Schweif im Mund, bis er ganz weich geworden war. Und weil die Anna immer noch den Franz schleckte, nahm ich gleich den Poldl, der schon wartete. Poldl hatte diese Sache mit seiner Schwester erfunden. Er war sehr geschickt und ich konnte mich ruhig verhalten, indessen er so geschickt aus- und einfuhr, als sei er in einer Fut. Mich befiel so ein Jucken, ein Krampf, eine Wonne, die ich nicht beschreiben möcht. Ohne zu wissen, was ich tat, spielte ich mit meiner Zunge an dem Schweif, der mir im Mund war, was nur bewirkte, daß es Poldl sofort kam. Er hielt mich am Genick fest auf seinen Schweif gedrückt, und das Klopfen seiner Adern erhöhte mein Lustgefühl. Auch ihn behielt ich, bis er ganz weich war.

Dann schauten wir uns nach Anna und Franz um. Mizzi lag noch immer vor Robert am Boden und sog an seiner weichen Nudel. Anna aber hörte auf einmal zu schlecken auf und sagte: »Probieren wir's, vielleicht geht er doch hinein.« Franz warf sich auf sie, und wir eilten hin, um zuzuschauen. Sei es nun, daß der Schweif von Franz so klein war, oder daß er durch den Speichel, der auf ihm haftete, besser glitschte, oder daß die vielen Bohrversuche, die Anna und ihr Bruder vorgenommen hatten, schon den Weg geebnet haben mochten, genug, es ging. »Er ist drin«, rief Anna und jubelte. »Drin ist er«, rief Franz, und ich erkundigte mich bei Anna, ob es weh tue. Aber ich bekam keine Antwort. Denn die zwei vögelten mit einer Vehemenz, daß ihnen Hören und Sehen verging. Erst nachher sagte mir Anna, das sei doch das Beste gewesen.

Mittlerweile hatte Mizzi Erfolg gehabt. Sie hatte Roberts Zipfel so lange gereizt und gewuzelt, bis er sich wieder aufrichtete und Robert bereit war, sie endlich zu vögeln. Franz und Anna konnten nicht schnell genug Platz machen. Und Mizzi war wie eine Verrückte. Sie hielt sich selbst bei den Brüsten. Sie nahm einen Finger Roberts nach dem andern und steckte sich ihn in den Mund, sie fuhr mit der Hand herunter, erwischte Roberts Schweif, drückte ihn zärtlich und stieß sich ihn dann wieder tief hinein. Sie schleuderte sich unter ihm, daß das Bett krachte. Auf einmal ließ Robert seinen Kopf sinken, ergriff eine Brust von Mizzi und begann an ihrer Warze zu lecken und sie in den Mund zu stecken, genau so wie wir's mit seinem Schweif getan hatten. Mizzi weinte und jammerte vor Geilheit: »Vögel mich, vögel mich«, jammerte sie, »alle Tage mußt du mich vögeln... das ist ein Schwanz, ein guter Schwanz ist das... fester stoßen... noch fester, noch, noch... nimm die andere Dutel auch... die andere Dutel auch zuzeln, fester, schneller, ah, ah... noch fester... und du wirst morgen wieder vögeln? Du? Morgen... komm morgen nachmittag... alle

Tage mußt du mich vögeln ... aah ... ah!« Robert stieß ein kurzes Grunzen aus und spritzte ... Mizzi lag wie tot da.

Es war kein Zweifel, Robert war die Hauptperson. Anna freute sich, daß sie nun endlich wie eine Große gevögelt habe. Allein an diesem Tag achtete niemand von uns darauf. Und Robert erzählte uns, daß er schon seit zwei Jahren vögelte. Seine Stiefmutter hat ihn dazu abgerichtet. Sein Vater war gelähmt und schlief in der Küche allein. Eines Abends, als er in der Küche war, der Vater war noch wach, kam die Mutter heraus. Und wie es langsam dunkel wurde, rückte sie ganz nah zu Robert heran. Sie saßen auf der Küchenbank und nebeneinander. Und da fing sie an, ihn zu streicheln: Zuerst am Kopf. Dann die Hände. Dann die Schenkel, und endlich schlüpfte sie mit ihrer Hand in seine Hose. Sein Schweif wurde gleich hart und stellte sich auf, kaum daß die Mutter ihn berührte. Sie spielte eine Weile mit ihm, und er griff ihr, rasend in seiner Aufregung, an die Brust. Da ließ sie ihn los, um selbst das Kleid aufzuknöpfeln, und ließ ihn mit ihrem nackten Busen spielen, führte ihn selbst zu den Brustwarzen, und zeigte ihm, wie er es machen solle. Und sie atmete dabei so laut, daß der Vater aus seinem Zimmer herausrief, was denn los sei. Die Mutter antwortete schnell: »Nichts, nichts, ich bin nur beim Robertl da.« Dabei hielt sie Robert wieder am Schwanz und streichelte ihn. In der Nacht aber, als der Vater schlief, kam sie zu ihm im Hemd heraus, stieg zu Robert ins Küchenbett, setzte sich rittlings auf und steckte sich seinen kleinen Schwanz hinein. Robert lag auf dem Rücken und rührte sich nicht. Aber wie die Duteln seiner Mutter so über seinem Gesicht hingen, griff er wieder danach und spielte mit ihren Brustwarzen, und sie beugte sich tiefer nieder, damit er bald die eine, bald die andere ihrer beiden Brüste in den Mund nehmen könne. Und da ward ihm sehr wohl dabei, und er vögelte seine Stiefmutter, bis es ihr kam, und sie schwer auf ihn niedersank. Am nächsten Abend saß er wieder mit ihr in der Küche, und sie spielten wieder miteinander wie gestern; und in der Nacht, wenn der Vater eingeschlafen war, kam sie wieder zu ihm heraus und ließ sich von ihm vögeln. Einmal aber kam sie nicht, obwohl er vorher in der Küche mit ihr gespielt hatte. Er konnte nicht einschlafen und saß im Bett aufrecht, und konnte, weil der Mond ins Zammer schien, auf die beiden Betten hinschauen, in denen seine Eltern lagen. Und da sah er, wie die Mutter rittlings auf dem Vater saß. Sie war ganz nackt und hob sich auf und nieder, und beugte sich herab und schob ihre Brüste dem Mann, der sich nicht rühren konnte, abwechselnd in den Mund. Robert wartete, bis sie fertig waren, dann rief er nach der Mutter, als sei ihm schlecht. Sie kam zu ihm heraus und erkannte gleich, daß er durch die dünnen Vorhänge der Türfenster im Mondlicht alles beobachtet haben müsse. »Hast was g'sehn?« fragte sie ihn. Robert antwortete: »Ja — alles.« Sie gab ihm sofort ihre Brüste zum Spielen und legte sich zu ihm ins Bett. »Diesmal sollst du oben liegen«, versprach sie. Robert hatte das noch nie getan. Sie zeigte ihm, wie er es machen solle und zog ihr Hemd aus, so daß sie ganz nackt vor ihm lag. Robert vögelte sie mit aller Kraft, denn er war furchtbar geil. Aber kaum hatte er seinen Schwanz hineingesteckt, als der Vater aus dem Zimmer herausschrie: »Was will denn der Robert?« Die Mutter drückte ihn fester in sich hinein und rief zurück: »Mich will er.« Der Vater wollte wissen: »Was will er denn?« Und vögelnd antwortete dann die Mutter: »Ach nichts, jetzt ist ihm schon besser.«

Bald darauf schlief der Vater ein und die zwei arbeiteten weiter. Robert erzählte, daß sie ein paarmal aufhören mußten, weil das Bett so laut krachte. Als er dann fertig war, wollte seine Mutter es noch einmal haben, und weil ihm seine Nudel nicht gleich stand, nahm sie sie in den Mund und zuzelte daran, so lange, bis Robert beinahe laut aufgeschrieen hätte vor Wonne. Und dann mußte er aus dem Bett, mußte sich auf den Küchensessel niedersetzen, und seine Mutter saß so fest auf ihm, daß sie ihn beinahe erdrückt hätte. Zuletzt zog sie ihr Hemd wieder an und ging zu ihrem Mann hinein. Robert aber mußte den nächsten Tag im Bett bleiben, so schwach war er von dieser Nacht. Da sah der Vater, daß ihm wirklich sehr schlecht gewesen sei.

Jetzt vögelte Robert seine Stiefmutter seit zwei Jahren beinahe alle Tage. Wir hatten einen großen Respekt vor ihm, als er uns die Geschichte erzählte, und wir waren wieder alle bereit zu vögeln, denn an der ganzen Sache hatte uns das oben liegen am meisten interessiert. Robert aber meinte, es gäbe noch andere Arten. Er habe seine Siefmutter auch schon von hinten gevögelt, und ich bemerkte, das sei sehr angenehm, ich hätte es ja von ihm auch so gekriegt. Anna und Mizzi wollten das oben liegen probieren. Anna nahm sich Franz, weil seine Nudel die einzige war, die zu ihr hineinpaßte, und Mizzi mußte mit ihrem Bruder Poldl die Sache versuchen. Ich wollte es auch haben, jedoch stand er dem Robert und dem Ferdl nicht, und so begann ich den Ferdl wieder zu schlecken, bis er mich auf sich legen ließ und mir die Spalte wetzte, daß es mir kam. Robert allein schloß sich der allgemeinen Geselligkeit nicht mehr an, weil er, wie er sagte, sich doch noch etwas für seine Mutter aufheben müsse, die ja sicherlich am Abend wieder zu ihm kommen werde.

Kurze Zeit darauf zogen Anna und Ferdl mit ihrem Vater in eine andere Wohnung. Ich war jetzt mit Franz allein. Wir vögelten nimmer, weil wir in unserer Wohnung wegen des Lorenz und wegen der Mutter nicht so ungeniert waren. Ich schlief, wie schon gesagt, im Zimmer meiner Eltern und verlegte mich nun darauf, sie zu belauschen. Oft genug hörte ich die Betten krachen, hörte den Vater schnaufen und die Mutter seufzen, konnte aber im Finstern nichts ausnehmen. Jedesmal geriet ich aber in eine heftige Aufregung und begann mit dem Finger an meiner Muschel zu spielen, bis ich endlich die Fertigkeit erreicht hatte, mich selbst, so gut es ging, zu befriedigen. Oft hörte ich auch leise Gespräche.

Eines Abends, an einem Samstag, kam der Vater nach

Hause, während wir schon schliefen. Ich wachte auf und bemerkte, daß er angetrunken war. Im Zimmer brannte ein Licht. Die Mutter war aufgestanden und half ihm beim Auskleiden. Wie er nun im Hemd war, haschte er nach ihrer Brust, sie wehrte ihn ab, doch er packte sie und flüsterte: »Geh her, Alte, gib die Füß' auseinand.« Meine Mutter wollte nicht: »Gib an Ruh', du bist b'soffen.« — »Wann ich auch b'soffen bin, das macht nix . . .« — »Nein, ich mag nit.« — »Ah, was!« Mein Vater war ein starker Mann mit einem großen Schnurrbart und wilden Augen. Ich sah, wie er die Mutter ergriff, ihr das Hemd abriß, sie bei beiden Brüsten packte und auf's Bett warf, so daß er gleich auf ihr lag. Meine Mutter spreizte quer über dem Bett die Beine und wehrte sich nicht mehr. Sie sagte nur: »Lösch das Licht aus!« Der Vater fuhr auf ihr herum und herrschte sie an: »Steck'n doch hinein! Sakra!« Die Mutter wiederholte: »Erst lösch das Licht aus, wenn eins von die Kinder aufwacht . . .« Er brummte: »Ah was, die schlafen ganz gut«, und blieb auf ihr liegen, und gleich darauf begannen seine Stöße, und ich hörte die Mutter sagen: »Ah, das ist gut, hörst, was du heut für einen großen Tremmel hast, ah, langsamer, schön langsam hin und her und ganz tief hinein, ganz tief . . . jetzt schneller, schneller . . . schneller . . . und jetzt spritz, spritz, was d' kannst!! Aaaah!« Mein Vater stieß ein tiefes Brummen aus, dann waren sie beide still. Nach einer Weile löschten sie das Licht aus, und bald hörte ich sie alle zwei schnarchen.

Ich schlüpfte aus dem Bett, schlich zum Ledersofa, auf dem Franz schlief. Er war wach, hatte von seinem Platz aus nichts sehen können, aber alles gehört. Sofort war er auf mir. Ich drehte mich aber um, legte mich auf den Bauch, wie ich's von Robert gelernt hatte, und ließ mir's von rückwärts machen. Wir verfuhren sehr leise, und niemand hörte uns. Ich bemerkte aber dabei, daß es des Nachts und nackt, wie wir alle beide waren, viel besser sei. Und nun vögelten wir ein wenig öfter, weil wir es nachts wagen konnten, wenn wir sicher waren, daß alles schlief.

Etliche Monate nach unserer Trennung von Anna und ihrem Bruder zog ein neuer Bettgeher zu uns. Das ist der andere, von dem ich erzählen muß. Er war schon ein älterer Mann, so zirka fünfzig Jahre alt, was er eigentlich für eine Beschäftigung hatte, weiß ich nicht. Er war viel zu Hause, saß in der Küche und plauderte mit der Mutter, und wenn alle weggegangen waren, blieb ich oft mit ihm allein. Weil er einen großen Vollbart hatte, beschäftigte ich mich oft mit dem Gedanken, wie viele Haare er wohl zwischen seinen Füßen haben mochte. Aber als ich ihm einmal an einem Sonntag zusah, wie er sich in der Küche wusch, und zu meinem nicht geringen Erstaunen entnahm, wie seine ganze Brust mit Haaren bedeckt war, fürchtete ich mich einigermaßen vor ihm, ohne daß jedoch meine Neugierde sich verminderte.

Er war gleich von Anfang an sehr freundlich zu mir, streichelte mich an den Haaren, faßte mich unterm Kinn, und drückte mich schmeichelnd an ihn, wenn ich ihn begrüßte. Wie wir nun wieder einmal allein waren, wurde ich sehr geil, denn es fiel mir ein, daß man jetzt alles in Ruhe machen könne. Ich ging zu Herrn Ekhardt – so hieß er – in die Küche, ließ mich wieder von ihm streicheln, und fuhr ihm mit den Händen in den Bart, was mich noch mehr in Aufregung brachte. Und wieder muß etwas in meinem Blick gewesen sein, etwas, das ihm die Besinnung raubte. Er klopfte mir plötzlich mit dem Handrücken auf mein Kleid, gerade an die kritische Stelle. Ich stand vor ihm, er saß auf seinem Sessel, und so klopfte er da unten bei mir. Es konnte ganz zufällig sein. Hätte ich nichts geahnt, wäre es mir gar nicht aufgefallen. So aber lächelte ich ihn an, und mein Lächeln mochte wohl alles gesagt haben. Denn jetzt griff er schon ein wenig fester zu, aber immer noch über meinem Kleid. Ich trat zwischen seine geöffneten Knie näher an ihn heran, wehrte ihn nicht ab, sondern lächelte nur weiter. Da wurde er auf einmal ganz rot im Gesicht, riß mich an sich heran, küßte mich stürmisch, hob mir dabei meinen Rock auf, und spielte mit seinen Fingern an meiner Spalte. Aber das war ein ganz anderes Spiel, als ich es bisher gekannt hatte. Ich wußte gar nicht, ob er mit einem Finger oder mit allen fünfen spielte, mir war gleich, als ob ich gevögelt würde, als dränge er tief in mich ein, obwohl er's gar nicht tat, und ich begann langsam zu wetzen, während ich an seiner Brust lehnte. Er faßte mich bei der Hand und führte mich, und gleich darauf hielt ich seinen Schweif. Der war riesengroß. Ich fuhr sofort an dieser großen, glühenden Stange auf und ab, und er spielte mit mir und küßte mich. So rieben wir uns gegenseitig eine Weile, bis er zu spritzen anfing. Ich fühlte, wie meine Hand ganz warm überrieselt wurde und hörte die schweren Tropfen auf dem Fußboden aufklatschen, und dabei kam es auch mir, denn während er spritzte, hatte er die Geschwindigkeit seiner Finger verzehnfacht.

Wie alles vorüber war, saß er ganz erschrocken da, drückte mich in seine Arme und flüsterte mir zu: »Wirst du's niemandem sagen?«

Ich schüttelte den Kopf. Da küßte er mich, stand auf und ging fort. Ein paar Tage lang sah ich ihn nur flüchtig. Er wich meinen Blicken aus und schien sich vor mir zu schämen. Das berührte mich ganz sonderbar, so daß ich immer davonlief, wenn er kam. Nach einer Woche aber, während ich einmal mit meinen Brüdern im Hof unten herumlief – die Mutter war nicht zu Hause –, sah ich ihn kommen und die Stiege hinaufgehen. Eine Weile nachher schlich ich hintendrein. Das Herz klopfte mir, als ich die Küche betrat. Er griff rasend nach mir, gierig, und seine Hände zitterten, wie ich gut bemerkte. Ich warf mich in seine Arme und hatte sofort wieder den Genuß, von seinen Fingern bedient zu werden. Wir saßen nebeneinander, und er gab mir seinen Schweif. Heute konnte ich ihn mir genau betrachten. Er war doppelt so lang und doppelt so dick wie der von Robert, und er war ganz gebogen. Jetzt, wo ich manches Tausend dieser Liebesinstrumente in meinen Händen wie auch sonst in allen Löchern meines Leibes gehabt habe, kann ich nachträglich feststellen, daß es ein ausnehmend schönes und rüstiges Exemplar von einem Schweif gewesen ist, der mich noch ganz anders ergötzt hätte, wäre ich nur damals um ein paar Jahre älter gewesen. Ich wichste ihm ganz feurig einen herunter, so gut ich's von Robert gelernt hatte. Wenn ich aber innehielt, sowie ich ermüdete, oder wenn ich tiefer rutschte, um den weichen Haarbuschen, der mir aus seiner Hose hervorquoll, näher zu betasten, flüsterte er mir zu: »Weiter, mein Engerl, mein Mauserl, mein süßes Schatzerl, meine kleine Geliebte, ich bitt' dich um Gottes willen, weiter, weiter ...«

Ich war über diese Namen, die er mir gab, ganz baff, bildete mir ungeheuer viel darauf ein und arbeitete, um es ihm recht zu machen, so fleißig weiter, daß sein Samen bald hoch aufspritzte und mich beinahe ins Gesicht getroffen hätte, weil ich dicht über seinen Schwanz gebeugt war.

Ein paar Tage später, als wir wieder im Begriff waren, uns gegenseitig einen herunterzureißen, sagte er mir wieder: »Schatzerl, Engerl, Mauserl, Herzerl, Geliebte!« Auf einmal, ich streichelte seinen Schweif gerade besonders gut, und dabei warf ich meinen Popo hin und her, denn er bearbeitete meine Fut, daß es mir jeden Augenblick kommen wollte, da flüsterte er mir zu: »Ach Gott, wenn ich dich nur vögeln könnte...« Mit einem Ruck hatte ich mich von seiner Hand befreit, ließ ihn los und warf mich zur Erde, breitete die Füße auseinander und lag in Erwartung da. Er kam zu mir, beugte sich herab und keuchte: »Aber das geht ja nicht, du bist ja noch zu klein...« – »Das macht nichts, Herr Ekhardt«, sagte ich zu ihm, »kommen Sie nur.« Er legte sich, halbtot vor Geilheit, auf mich, schob mir seine Hand unter den Popo, so daß er mich aufheben konnte, und rieb nun mit seinem Schwanz an meiner Fut. Ich hielt ihn dabei am Schweif fest und sorgte dafür, daß er meine ganze Spalte bestrich. Er stieß so rasch er konnte und fragte dabei: »Hast du denn schon einmal gevögelt?« Ich hätte ihm gerne alles erzählt, von Franz und Ferdl und von Robert, aber ich weiß nicht, was mich dazu trieb, »Nein« zu sagen.

Er fuhr fort: »Geh, Engerl, sag' mir, du hast schon gevögelt, ich merk es ja — sag' mir nur mit wem? Oft? War's gut?« Ich arbeitete mit meinem Popo und atmete schon schwer, denn er lag auf meiner Brust, und ich fühlte auch schon, wie sein Schweif zu zucken begann. Aber ich log ganz frech weiter: »Nein, g'wiß nicht... heut' zum erstenmal...« — »Ist's gut...?« fragte er weiter. — »Ja, sehr gut...« In diesem Augenblick floß er über und benetzte mir den Bauch, so daß mir die Suppe an den Leisten herunterrann. »Bleib so liegen«, meinte er und sprang auf, zog sein Taschentuch und trocknete mich sauber ab. Dann forschte er mich weiter aus: »Das gibt's nicht«, sagte er, »daß du noch von gar nichts weißt, das erzähl' mir nicht. Das kenn ich schon.« Und als ich weiter leugnete, meinte er: »Wahrscheinlich hast du aber einmal zug'schaut, was?« Das schien mir ein Ausweg. Ich nickte zustimmend. »Wo denn?« drang er weiter in mich. Ich deutete ins Zimmer. »Ach ja, dem Vater und der Mutter?« — »Ja.« — Jetzt wollte er mehr wissen: »Wie haben sie's denn gemacht?« Und er gab nicht nach, bis ich ihm alles erzählte. Und während ich sprach, hatte er mir wieder die Röcke aufgehoben und spielte wieder an meiner Fut, so daß es mir noch einmal kam.

Ich hatte es nun auch mit einem ›Großen‹ gemacht, worüber ich nicht wenig stolz war. Aber ich schwieg doch Franz gegenüber, und wenn wir manchmal bei unseren Nachmittagsunterhaltungen davon sprachen, wie es erst mit ›Großen‹ sein müsse, ließ ich mir nichts merken und brachte das Gespräch immer auf die Frau Reinthaler, weil Franz sich alle Mühe gab, dieser Frau vor die Augen zu gehen und davon träumte, ihr auch einmal die Wäsche auf den Boden tragen zu helfen.

Seit ich von Herrn Ekhardt gevögelt worden war, sah ich mich nach erwachsenen Männern noch mehr um, malte es mir von jedem aus, wie er mich in die Knie nehmen würde und freute mich, mit ganz anderen Augen nach ihnen zu blicken. Es kam auf der Straße oft vor, daß Männer, die ich angeschaut hatte, sich erstaunt nach mir umdrehten. Manche blieben sogar stehen, und einer winkte mir, aber ich getraute mich nicht, ihm zu folgen, obwohl ich dann plötzlich geil wurde. Aber seit mir dieser eine zugewinkt hatte, lief ich nachmittags oft auf das Fürstenfeld, weil es dort einsamer war und ich dort viel eher einen zweiten Herrn Ekhardt zu treffen hoffte.

Einmal war ich länger und auch weiter umherspaziert, und es dämmerte bereits stark, als ich mich auf den Rückweg machte. Langsam kam mir ein Soldat entgegen, und als er ganz nahe war, schaute ich ihm lächelnd ins Gesicht. Er blickte mich betroffen an, ging aber weiter. Ich spähte rasch umher und sah, daß weit und breit niemand war. Dann drehte ich mich um. Der Soldat war stehengeblieben und schaute mir nach. Ich lächelte ihm zu und ging weiter. Nach einer Weile drehte ich mich wieder um, und jetzt winkte er. Mein Herz klopfte, meine Fut brannte, meine Neugierde war aufs Höchste erregt. Trotzdem hielt ich mich aus Angst zurück, und blieb nur stehen. Jetzt kam der Soldat ganz eilig zu mir heran. Ich rührte mich nicht. Er beugte sich zu mir nieder und stieß mit ernstem Gesicht heraus: »Bist allein ...?« Ich nickte mit dem Kopf. »Alsdann komm«, flüsterte er und schritt querfeldein auf ein Gebüsch zu. Ich trottete hinter ihm her, zitternd vor Angst, doch folgte ich ihm Schritt für Schritt, ich konnte nicht anders. Kaum waren wir hinter das Gebüsch getreten, als er mich ohne ein weiteres Wort zu Boden warf und auch schon auf mir lag. Ich spürte seinen Schweif gegen meine Fut stoßen und griff mit der Hand dazwischen. Er aber drängte mich fort und probierte nun seinerseits, mit der Hand nachhelfend, ob er mir nicht seine Nudel hineinstecken könne. Mir taten diese Versuche sehr weh, aber ich muckte nicht. So wechselte die Sache ab. Einmal fuhr er mir so über meine Spalte hin, und das war mir angenehm, dann suchte er wieder den Eingang und preßte dagegen an, und das verursachte mir Schmerzen. Zuletzt wurde er ganz wild und wollte mit Gewalt hineinkommen. Er lenkte sein Geschoß mit der einen Hand, mit der anderen spreizte er meine Fut. Ich spürte seine Schwanzspitze schon in meinem Loch sitzen, er bohrte, bohrte und bohrte, und ich glaubte, er werde mich auseinandersprengen. Schon wollte ich aufschreien, so heftig schmerzte mich die Sache, da spritzte er und überschwemmte mich mit seinem Samen. Gleich darauf sprang er auf, ließ mich liegen und ging davon, ohne mich auch nur anzusehen. Als ich dann wieder hervorkam und den Wiesenweg erreichte, sah ich ihn in der Ferne stehen und sein Wasser lassen.

Es dunkelte schon, und ich wollte eilig nach Hause. Kaum aber war ich hundert Schritte gegangen, klopfte mir jemand auf die Schulter. Erschrocken fuhr ich zusammen. Vor mir stand ein zerlumpter Junge, etwas kleiner als ich vielleicht, auch etwas jünger. »Du, was hast denn mit dem Soldaten getan?« fragte er mich. »Nichts«, schrie ich ihn zornig an. »So — nichts —?« lachte er höhnisch. »Ich hab's ganz gut g'sehn, was du getan hast.« Ich bekam Angst. »Nichts hast du g'sehn, du Lausbub«, fuhr ich ihn an, aber schon weinerlich, »meiner Seel', ich hab' nichts getan.« Er aber fuhr mir mit der Hand zwischen die Beine: »Du Luder du! Ich hab's g'sehn, g'vögelt hast im Gras dort, verstehst...?« Er stand zornig da und puffte mich immerfort in die Fut. »Was willst denn von mir?« fragte ich ihn bittend, denn ich sah wohl ein, daß ich ihm das Geschehene nicht ableugnen durfte. »Was ich will?« Er trat ganz dicht zu mir. »Auch vögeln will ich, verstehst?« Jetzt gab ich ihm einen Stoß vor die Brust: »Schau, daß d' weiterkommst.« Aber plötzlich schlug er mir eine Ohrfeige ins Gesicht, daß es nur so klatschte. »Ich werd' dir geben, stoßen«, rief er. »Mit ein' Soldaten möchtest vögeln und mich tätst stoßen, was? Na wart nur, ich geh dir bis z'haus nach und sags deiner Mutter... Ich kenne dich schon.« Mit einem Satz trat ich zur Seite und rannte davon. Aber er holte mich ein, erwischte mich bei der Schulter und wollte mich wieder schlagen. »Komm vögeln«, sagte ich jetzt rasch. Ich gab es auf, ihm zu entrinnen. Wir traten hinter das Gebüsch, legten uns ins Gras, und er schob mir die Kleider in die Höhe. Dann legte er sich auf mich und sagte: »Den ganzen Nachmittag wart ich schon auf ein Mädel zum vögeln.« — »Wie hast du mich denn g'sehn?« fragte ich. »Ich bin ja im Gras g'legen, wie der Soldat zu dir herkommen ist, und dann bin ich euch nachgeschlichen.« Er hatte einen ganz kleinen, spitzigen Schwanz, der mich nicht schlecht vögelte, so daß es mir auf einmal ganz recht war, ihm nachgegeben zu haben, und ich nicht begriff, warum ich mich geweigert hatte, ihn vögeln zu lassen. Sein Zipfel war so klein und dünn, wie ich noch keinen gespürt hatte, und mir kam die Idee, daß diesem Buben das gelingen könnte, was der Soldat bei mir vergebens versucht hatte, nämlich zu mir hineinzukommen. Ich erwischte ihn deshalb bei der Hand und führte ihn, und offenbar, weil ich schon von dem dicken Schweif des Soldaten ein wenig angebohrt war, dann auch, weil noch von seinem Samen alles ganz naß und glitschrig war in mir, rutschte er gleich ein ganzes Stück herein. Ich wetzte nun und stemmte mich dagegen, und er kam wirklich beinahe vollständig in meine Fut. Es tat mir doch ein wenig weh, aber dem Buben gefiel die Sache, denn er remmelte wie ein Uhrwerk so rasch, und ich war viel zu stolz, jetzt endlich wie eine wirkliche Frau gevögelt zu werden, als daß ich das nicht ausgehalten hätte. Es dauerte eine ganze Weile, bis der Bub fertig war. Er lief gleich davon, und ich ging endlich nach Hause. Der Vater war mit der Mutter im Gasthaus, der Herr Ekhardt lag in der Küche im Bett, meine Brüder schliefen schon. Ich wollte bei Ekhardt vorbei, aber er rief mich leise an, so daß ich an sein Bett trat. Er zog meine Hand unter die Decke, und ich tastete nach seiner Nudel. Sie stand nach wenigem Streicheln voll und steif in die Höhe, und da er stets unter der Decke nackt war, konnte ich seinen Hodensack, seine Schenkel, kurz alles genau befühlen. Ich wollte aber nicht, daß er mich anrühren sollte, denn ich war noch ganz naß. Er aber flüsterte mir zu: »Willst du nicht vögeln?« — »Nein«, sagte ich, »heute nicht.« Ich wichste nun drauf los, damit es ihm eher kommen solle. Er versuchte, mit seiner Hand unter meine Kleider zu geraten, ich entzog mich ihm. »Was ist denn?« fragte er. »Die Buben könntens hören . . .«, antwortete ich. Aber von dem Wichsen und von dem Gefühl, das sein heißer, großer Schwanz in meiner Hand erregte, war ich wieder geil geworden, und ich dachte an nichts mehr, als er mich kraftvoll aufhob und mich auf seinen Schwanz setzte. Ich raffte nur geschwind die Kleider in die Höhe und rieb mich an dieser heißen, dicken Stange. Herr Ekhardt merkte gar nicht, daß ich naß war. »Mein Engerl«, sagte er, »mein Schatzerl!« Und gerade als es mir so heftig kam, daß ich am ganzen Körper zuckte, spritzte er auch, und es war so reichlich, daß ich die Nässe noch die ganze Nacht auf dem Hemd spürte. Es war ein ereignisreicher Tag für mich gewesen, fast so wie jener, an dem uns Robert das richtige Vögeln und Schlecken beigebracht hatte.

Franz spürte noch immer der Frau Reinthaler nach, und auch ich beobachtete sie, wo ich nur konnte, um alles meinem Bruder erzählen zu können. Ich sah sie oft beim Haustor mit allerlei Männern reden und scherzen und glaubte jedesmal, daß die Männer sie vögelten. Besonders oft bemerkte ich sie mit dem Herrn Horak, und die Folge zeigte, daß ich wenigstens in diesem einen Falle recht vermutet hatte.

Herr Horak war ein Bierversilberer, der alle Tage mit einem großen Bierwagen vor das Haus gefahren kam und da Fässer abladen und aufladen ließ. Im Keller unseres Hauses war nämlich ein Bierdepot. Herr Horak war ein großer, starker Mann, etwa dreißig Jahre alt, ein athletischer Kerl mit einem roten feisten Gesicht, einem kleinen blonden Schnurrbart und einem glattgeschnittenen Schädel. Er hatte auch ein goldenes Ohrringel, was mir besonders an ihm gefiel. Mir schien damals überhaupt, als ob Herr Horak ein schöner und prächtiger Mann sei. Er trug immer einen weißen Piket-Janker oder einen grauen Sommeranzug, und immer hatte er eine schwere silberne Uhrkette, an der ein schweres silbernes Pferd baumelte, was meine besondere Bewunderung erregte.

Als ich einmal aus der Schule nach Hause kam, stand die Frau Reinthaler mit dem Herrn Horak beim Tor. Sie hatte eine rote Bluse an, die nicht in ihrem Rock befestigt war, sondern vorne ganz lose herunterhing. Geschnürt war sie auch nicht, und ich sah, wie ihre starken Brüste voll hervorstanden, jede Brust einzeln und seitwärts, und man konnte sogar die Brustwarzen durchsehen. Herr Horak lehnte in seinem weißen Janker vor ihr, und sie lachten miteinander. Eben als ich näher kam, haschte Herr Horak nach ihrer Brust, und sie wehrte ihn ab, indem sie ihn auf die Hand schlug. Er rang ein paar Sekunden mit ihr, fuhr ihr wieder nach der Brust und quetschte sie ganz zusammen. Frau Reinthaler stieß ihn fort, und er bückte sich und tat so, als ob er ihr unter die Röcke fahren wollte. Sie kreischte laut auf, hielt sich die Hände vor, und schlug auch wieder nach ihm, aber sie war gar nicht böse. Ich schlich unbemerkt um sie herum und beobachtete sie. Denn dieses Treiben interessierte mich natürlich, und am liebsten hätte ich mich dazugestellt und alles angehört, was sie sprachen. Herr Horak aber unternahm keinen Angriff mehr, sondern hatte offenbar ein ernstes Gespräch begonnen. Dann verschwand er im Haustor, und gleich nach ihm Frau Reinthaler. Ich huschte eilig nach und sah, wie die Frau Reinthaler in den Keller ging. Eine Weile wartete ich, dann stieg ich ganz leise die Kellertreppe hinunter. Ich kannte mich aus und gewann eine Mauerecke, in der ich Posto faßte. Von da aus konnte ich in den langen Gang blicken, der vor mir lag, und an dessen Ende der Kellerraum war, der von einer Luke sein Licht empfing und die Bierfässer enthielt. Frau Reinthaler und Herr Horak standen gerade in der Mitte und hielten sich umarmt und küßten sich, und dabei hatte er ihr die Bluse aufgehoben, ihr ins Hemd gegriffen und hielt jetzt ihren Busen in der Hand. Es war eine volle, milchweiße, runde Brust, auf der die großen roten Hände des Herrn Horak jetzt herumdrückten und patschten.

Die Frau Reinthaler aber stand ganz an ihn geschmiegt, und während sie sich von ihm küssen ließ, sah ich, wie sie ihm das Hosentürl aufknöpfte. Wie dann aber sein Schwanz in ihre Hand kam, fing sie zu zittern an und lehnte sich noch fester an ihn. Es war ein unglaublich langer, dünner Schweif und auffallend weiß. Er war so lang, daß man die Hand der Frau Reinthaler gar nicht bemerkte, so hoch schaute er darüber heraus, und sie brauchte schon eine hübsche Weile, wenn sie ihn auf und nieder in seiner ganzen Länge abreiben wollte. Aber daß er gar so dünn war, erstaunte mich. Herr Horak, der so laut schnaufte, daß ich ihn bis zu mir hören konnte, drängte nun die Frau gegen ein hohes Faß, nahm ihr noch die zweite Brust aus dem Hemd und streichelte und preßte beide, und Frau Reinthaler lehnte sich gegen die Wand, und ich hörte, wie sie leise sagte: »Geh'n S', kommen S' schon, ich halt's nicht mehr aus.« Ich war neugierig, wie sie es machen werden, denn diese Stellung hatte ich noch nicht gesehen. Herr Horak, dem sein langer, dünner Schweif bis zum baumelnden Silberpferd hinaufstand, nahm die Beine der Frau über seine Arme und so drückte er ihr ihn stehend hinein, während sie auf dem Faß sitzen blieb und mit dem Rücken gegen die Wand lehnte. »Jesus, Maria und Josef«, schrie die Reinthaler leise auf, als sie den Stachel zu fühlen bekam. »Jesus, Maria, Sie stoßen mir ja den Magen ein ...« Horak vögelte rasch und mit voller Kraft, und sein Kopf war gesenkt dabei, so daß er die bloßen Brüste der Frau betrachtete. Es war, als ob er sie durch und durch spalten wollte, so heftig fuhr er in sie hinein und heraus, und sie küßte ihn bald auf das glattgeschorene Haar, bald preßte sie seinen Kopf zwischen ihre Brüste, bald wieder redete sie zu ihm oder keuchte auf vor Entzücken: »Ah ... Ah ... das halt ich nicht aus ... mir kommt's ja alle Augenblick ... jetzt ... jetzt ... jetzt ... so — jetzt ist mir's wieder 'kommen ... ah, das ist gut ... geh'n S' halten S' noch zurück ... noch nicht spritzen ... Jesus, Maria, wenn mein Mann so vögeln könnt' ... ah ... das ist gut ... so hat's mir noch keiner gemacht ... ah ...

das g'spür ich bis in Mund herauf... ah... wenn ich das g'wußt hätt', wie Sie's können, dann hätt' ichs schon lang hergegeben... Noch mehr... Herrgott... da wär man ja der reine Narr, wenn man so an Mann nicht drüberlasset... ah, es kommt mir schon wieder... fester... fester... so ist's gut... Gehn S', Herr Horak... einmal müssen wir aber als Nackender vögeln... was? Als Nackender... ja...? Im Hotel... ja...?«

Er gab keine Antwort, sondern stieß ihr nur immer seinen Schwanz in den Leib, daß es ihr jedesmal einen Ruck gab. Sie begann zu schnappen, zu keuchen, zu röcheln, und stieß zuletzt ein leises Geheul aus, das wie ein Weinen klang. Ihr Atem ging pfeifend, sie warf sich ganz zurück, so daß jetzt ihr Popo in der Luft schwebte, über das Faß hervorragend. Er hielt sie an den Hinterbacken fest und bohrte sich in sie ein, und keuchte nur einmal: »Jetzt«. Damit rannte er ihr noch einmal so tief in den Leib, daß sie aufbrüllte vor Wonne. Dann rührte er sich nicht mehr; und nach einer Weile zog er seinen Schweif langsam heraus und gab sie frei. Frau Reintahler richtete sich auf, ordnete ihr Haar, dann fiel sie dem Herrn Horak um den Hals und küßte ihn. »Hören S'«, sagte sie, »so kann's aber wohl der zehnte nicht. Das hab' ich mein Lebtag noch nicht gesehn.« Er zündete sich eine Zigarette an und fragte: »Wie oft ist's dir denn kommen?« — »Ich weiß gar nicht«, meinte sie, »fünfmal wenigstens.« Er nahm wieder ihre Brüste, wog sie in den Händen, streichelte sie und zupfte an den Brustwarzen. Sie stand jetzt vor ihm. »Wie oft kommt's dir denn, wenn dein Mann dich vögelt...?« fragte er lächelnd. Sie tat sehr entrüstet und verächtlich: »Gar nicht kommt's mir. Mein Mann, der versteht's ja nicht. Wissen S', der kann's gar nicht halten. Der legt sich drauf, steckt die Nudel hinein und spritzt gleich. Das muß mich nur reizen. Ich bin immer so geil, wenn er mich gevögelt hat, daß ich mir's dann mit der Hand machen muß.« Horak lachte laut und fuhr fort, mit ihren Brüsten zu spielen. »Warum sagst ihm denn das nicht...?« — »Ah, das nutzt nix. Wie oft streiten wir darüber. Er will mir immer einreden, daß alle Männer so vögeln, und daß es gar nix anderes gibt. Er weiß ja nicht, daß ich mir manchmal an andern Schweif hol'.« Horak lachte auf, und sie redete weiter: »Glauben S', oft schon hab' ich mir denkt, es muß gehn mit ihm. Wenn er die zweite Nummer macht, braucht er länger, und da kann ich mirs kommen lassen. Na, aber er will ihm ja das zweitemal gar nicht stehen. Manchmal, wenn ich ihn dann fest auseinand wuzeln und in' Mund nehmen tu . . .« Sie hielt inne. »Ja, ja«, wiederholte sie dann, »zu so was bringt einen so ein Mann. Ich kann mir nicht helfen. Nur damit er wieder steht, hab' ich ihn ein paarmal in' Mund g'nommen. Aber Schnecken. Wie er endlich wieder g'standen ist und ich mir ihn g'schwind wieder hineingesteckt hab', plumps, gleich ist er losgegangen und ich hab' wieder die ganze Aufregung umsonst gehabt.«

Horak war aufgestanden: »Das mußt mir zeigen«, sagte er, »wie das ist, in den Mund vögeln. Das kenn' ich noch gar nicht.« Er hielt sie immer noch an ihren vollen, weißen Brüsten fest, die mir sehr gut gefielen.

»Aber nein, Herr Horak«, sagte sie, »das werden Sie schon sehr gut kennen. Ihnen werden's die Weiber doch oft genug getan haben. Sie können doch eine jede haben, die was Sie wollen.«

Ich war in meinem Versteck ganz ihrer Meinung, denn ich hätte ihm auch gerne alles getan.

»Nein«, sagte er, »ich hab' noch keine in den Mund gevögelt. Gehn S' her, zeigen S' mir das.«

Er drückte sie wieder, ohne ihre Brust loszulassen, gegen das Faß. Sie setzte sich, und er stand vor ihr. »Aber bei Ihnen ist das noch nicht notwendig«, meinte sie. »Ihnen steht er doch auch so.«

»Gar nicht steht er mir«, rief er, zog seinen Schweif heraus, der wirklich weich und lang herabhing.

Sie griff danach, nudelte ihn mit den Händen, und er zupfte sie wieder an den Brustwarzen.

»Hören S', Sie regen mich ja wieder frisch auf«, meinte sie, »ich hab' keine Zeit mehr, ich muß gehen.«

Er preßte ihre Brust, daß das weiße Fleisch zwischen seinen roten Fingern durchquoll.

Plötzlich bückte sie sich, hob seinen Schwanz auf und hatte ihn auch schon in den Mund gesteckt. Er ließ ihre Brust los und keuchte. Jetzt war er es, der »Maria und Josef« stöhnte. In diesem Moment hörte ich, wie jemand die Kellertreppe herabschritt. Unwillkürlich rief ich ihnen zu: »Es kommt wer.« Wie vom Schlag gerührt, schreckten sie zusammen und starrten auf mich. Beide waren ganz bewegungslos. Sie mit ihren nackten Brüsten und er mit seinem hochaufgebäumten Stachel. Er war der erste, der mit einem Ruck den Schwanz in der Hose verschwinden ließ, die Knöpfe schloß, und dann eilig der Frau Reinthaler half, mit der Bluse ihre Brust zu verdecken.

Ich war ganz nah zu ihnen gegangen, schon weil auch ich Angst vor dem unbekannten Jemand hatte, der in den Keller kam. Wir standen alle, ohne ein Wort zu sagen, und die beiden starrten mich immer nur entsetzt und beschämt an. Die Schritte näherten sich. Der Hausmeister kam vorüber, sah uns drei da stehen, grüßte Herrn Horak, nahm einen Besen und stieg die Treppe wieder hinauf.

Jetzt waren wir allein. Frau Reinthaler schlug die Hände vor die Augen und tat so, als ob sie sich vor mir, wer weiß wie, schämen würde, und Herr Horak war im Ernst so verlegen, daß er zur Wand schaute und sich nicht traute, das Gesicht nach mir hinzukehren.

Wie nun die Frau Reinthaler merkte, daß Horak nicht mit mir reden könne und daß ich Miene machte, davonzugehen, stürzte sie auf mich zu und flüsterte nur ganz nahe bei mir ins Ohr: »Hast d' was g'sehn?« wollte sie wissen.

Ich gab ihr sofort Bescheid: »Na – das!« – »Was ... das: Du hast gar nix g'sehn ...« Aber ich widersprach ihr: »O ja ... ich hab' alles g'sehn, was mit'n Herrn Horak g'macht haben.« Während ich das sagte, bekam ich Angst vor meiner Keckheit und wollte fort. Doch sie hielt mich an meinem Handgelenk fest, und die beiden starrten einander ratlos an. Hierauf griff Herr Horak in die Tasche, gab mir einen Silbergulden, und ohne mich anzusehen, sagte er kleinlaut: »Da hast ... aber sag' kein' Menschen was ... verstehst?«

Ich war überglücklich, denn so was hatte ich nicht erwartet, weil ich gefaßt darauf war, Prügel zu erhalten, und mich doch die ganze Zeit davor geängstigt hatte. Jetzt schwand meine Angst auf einmal, weil ich erkannte, daß die beiden sich vor mir fürchteten. Ich lachte auf, sagte zu Horak: »Küss' die Hand«, und wollte davon. Die Reinthaler aber rief mich zurück. »Geh, wart noch ein bisserl«, sagte sie freundlich. Ich blieb stehen, und sie eilte auf Horak zu, zog ihn weiter von mir fort in eine Ecke und flüsterte aufgeregt mit ihm. Ich sah beide aufmerksam an. Horak bekam ein ganz rotes Gesicht, schüttelte den Kopf, aber sie brach ab, wandte sich zu mir und winkte mir: »Geh her da, Kleine.« Als ich zu ihr kam, beugte sie sich zu mir, legte ihren Arm um meinen Hals und schmeichelte: »Alsdann, sag mir jetzt, was hast denn g'sehn? Na, so sag's doch, sag's doch ... genier' dich nicht vor Herrn Horak ... so red' doch ... wenn du's sagst ... schenkt dir der Herr Horak was ... oder er zeigt dir nachher was ... na?«

Ich vermochte es aber doch nicht, vor dem Horak zu sprechen, sondern drängte mich gegen die Brust der Frau Reinthaler und flüsterte ihr ins Ohr: »Zuerst sind Sie auf dem Faßl da g'sessen ...«

»Na und ...?«

»... und der Horak war zwischen Ihren Füßen ...« Sie zog mich stärker an sich: »... und weiter ...?«

Ich faßte eine ihrer Brüste und deutete an, wie Horak damit gespielt hatte ...

Sie aber hauchte weiter: »Na und was noch ...?«

Ich legte meine Lippen an ihr Ohr: »... und dann ham Sie das vom Herrn Horak in' Mund g'nommen ...«

Sie wiegte mich in ihren Armen und fragte in singendem Ton, wie zu einem kleinen Kind sprechend: »Na, und weißt du vielleicht ... wie man das heißt ...?«

Herr Horak war näher gekommen und stand vor uns. Ich lächelte ihn an und sah, wie sie ihm zublinzelte: »Weißt du, wie man das heißt ...?«

Ich wollte nun vor ihm zeigen, daß ich nicht so dumm sei, und sagte: »Ja.«

Frau Reinthaler wiegte mich weiter und bat: »Na, so sag's, mein Mauserl ... geh ... sag's doch ...«

Ich schmiegte mich an sie, weigerte mich aber und schüttelte den Kopf: »Nein, ich sag's nicht ...«

Jetzt griff sie vor mir an das Hosentürl des Herrn Horak. Ich schaute ihr gespannt zu, wie sie seinen Schweif herausnahm, der kerzengrad und steif in die Höhe stand. »Sag's doch ... sag's doch ...«

Sie streichelte den Schweif, setzte mich auf ihren Knien frei auf und sagte: »Na so sag's doch, wenn du's weißt ...«

Wie ich aber weiter schwieg, nahm sie meine Hand und legte sie Herrn Horak an die Nudel. Ich ließ mich willig führen, und wie ich jetzt seinen langen Stachel anrührte, lächelte ich vergnügt und schaute dem Horak in das rote Gesicht. Dann begann ich ihn leise, leise zu reiben, hinauf und hinunter, und sah, wie ihm die Knie zitterten. Frau Reinthaler bog mit gelinder Kraft meinen Kopf der Schwanzspitze entgegen. Die Eichel war ganz dicht vor meinem Mund, und in meiner Hand fühlte ich, wie heftig der Schweif des Horak pulsierte. Ich konnte nicht widerstehen, öffnete die Lippen und ließ diese schöne, weiße Nudel bis an meinen Gaumen eindringen, fuhr langsam zurück und wieder vor und zuzelte, wie ich es bei Robert gelernt hatte. Ich fühlte die roten großen Hände Horaks über mein Gesicht gleiten. Dann fuhr er abwärts und suchte, ob ich nicht einen Busen habe. Wie er aber dort nichts fand, nahm er die Brüste, die ihm Frau Reinthaler über meinen Kopf hin vorhielt. Sie selbst fuhr mir von hinten unter die Röcke und fingerte mir an meiner Spalte, so gut, daß mir Hören und Sehen verging und ich schneller und schneller mir den

Schwanz in den Mund stieß. Freilich nur das oberste Stück, denn er war viel zu lang, als daß ich nur ein Viertel hätte aufnehmen können. Frau Reinthaler sagte, während sie in meiner Fut Klavier spielte, keuchend zu Horak: »Nicht spritzen ... ich möcht auch noch was haben.« Da zog er mir seine Nudel aus dem Mund. Frau Reinthaler ließ mich von ihrem Schoß herabgleiten, und schon hatte sie ihn zwischen ihre Beine genommen, während er tief in ihr Loch eindrang. Sie seufzte laut auf, wandte ihren Kopf zu mir, die ich danebenstand, und fragte jappend: »Du ... ah, ah ... weißt ... ah, ah ... wie man das heißt ...?«

»Vögeln«, sagte ich.

Und von der Seite her griff mir Horak jetzt unter die Röcke. Ich kam ihm entgegen, und während er die Frau Reinthaler bearbeitete, kniff und drückte er mich mit seinen großen roten Händen an meiner Spalte, rieb seine Finger einen nach dem anderen daran und suchte, ob mein Loch schon offen sei. Ein bißchen drang er auch auf dem Weg vor, den der Bub hinter dem Gebüsch damals gebahnt hatte. Ich hielt ihn mit meiner Hand fest und ließ mich von seinem Zeigefinger vögeln, und die Beine zitterten mir vor Wonne, denn das Seufzen, Keuchen und Sprechen der Frau Reinthaler, ihre nackten Brüste, die an den roten Warzen ganz feucht schimmerten, das schwere Schnaufen von Horak, regten mich noch mehr auf, als ich es von dem langen Zuschauen ohnehin schon war.

Als wir dann fertig waren, sagte Horak, während er sich die Hose zuknöpfte. »Das Madel ist aber schon wie eine Ausg'lernte ...«

Frau Reinthaler lächelte mich an und meinte: »Natürlich, ich hab's sowieso gleich erkannt. Ein kleines Menscherl ist sie.« Und zu mir gewendet, fragte sie: »Wie oft hast denn du schon g'vögelt ...?«

Ich leugnete natürlich: »Gar nicht ... aber meiner Seel', gar nicht ...«

»Geh' weiter.« Sie glaubte mir nicht. »Das darfst nicht sagen. Wie oft hast du's 'tan? Aber lüg nicht.«

Doch ich blieb dabei: »Gar nicht ... nur zug'schaut hab' ich manchmal zu Haus, in der Nacht ...« Die Geschichte, die ich schon Ekhardt erzählt hatte, kam mir auch hier zustatten.

Wir gingen zusammen die Treppe hinauf, Frau Reinthaler und ich. Herr Horak war noch im Keller geblieben. Sie kam mir jetzt wie eine Freundin und Kollegin vor, und ich war nicht wenig stolz auf sie und auf mich. Das war doch noch was anderes, als die Anna und die Mizzi. Mir fiel Ferdl ein und daß er die Frau Reinthaler am Boden oben gevögelt hatte. Ferdl hatte auch mich so oft gevögelt, und das war wieder ein Zusammenhang zwischen mir und ihr. Ich hielt es nicht mehr aus zu schweigen. Schmeichelnd hing ich mich in sie ein, während wir die Treppen hinaufstiegen, und sagte: »Frau Reinthaler ... das ist ja nicht wahr gewesen, was ich früher g'sagt hab' ...«

»Was meinst du denn?« fragte sie.

»Na, daß ich's noch nicht getan hab' ...«

Sie antwortete mir mit lauem Interesse: »Also hast du's schon getan?«

»Ja.«

»Das hab' ich mir gleich gedacht. Oft?«

»Ja.«

»Wie oft denn?«

»Vielleicht zehnmal, oder noch öfter ...«

»Mit wem denn?«

Jetzt spielte ich meinen Trumpf aus: »Mit dem Ferdl.«

Sie sagte gleichgültig: »Mit was für einem Ferdl?«

»Na, mit dem großen Buben«, erklärte ich ihr, »der da im Haus g'wohnt hat, der Anna ihr Bruder. Sie hab'n ihn ja gekannt.«

»Ich?« Sie stellte sich erstaunt. »Ich hab' ihn nicht gekannt!«

Das enttäuschte mich freilich, und ich bestand darauf: »Aber ja, Sie haben ihn gewiß gekannt ...«

Sie sah mich von der Seite her an: »Ich kann mich nicht erinnern ...«

Jetzt sagte ich's: »Wissen S' nicht mehr? Er hat Ihnen einmal geholfen, Wäsch' am Boden tragen . . .«

Sie fuhr merklich zusammen, dann sagte sie: »So? Mir scheint ja . . . ich weiß jetzt schon . . .«

Ich ließ nicht los, drückte ihren Arm und flüsterte: »Frau Reinthaler, der Ferdl hat mir was g'sagt . . .«

Sie unterbrach mich: »Halts Maul!« Und damit war die Sache beendigt.

Ein paar Tage später traf ich den Herrn Horak, wie er eben in den Keller ging. Ich grüßte ihn laut »Küss' die Hand«, um seine Aufmerksamkeit zu erregen. Er drehte sich in der Kellertür um, erblickte mich, kam zurück und spähte weiter, ob niemand da sei. Als er sich dessen vergewissert hatte, rief er mich: »Komm mit in' Keller . . . magst?«

Ich war gleich dabei. Im Keller unten blieb er im finsteren Gang stehen, faßte mich beim Kopf und drückte mich gegen seine Hose. Ich ergriff seinen Schweif mit beiden Händen und rieb ihn ab, und er sagte: »Ah, du kannst es aber so viel gut . . . was ist denn das?« Ich gab keine Antwort, sondern beeiferte mich, das Lob, das er mir spendete, zu verdienen; ich wurde erfinderisch. Ich fuhr in seine Hose und streichelte seine Eier, und ich zog mit der andern Hand seine Vorhaut über die Eichel und wieder zurück.

»Nimm's in' Mund«, bat er mich leise.

Ich wollte nicht; warum, weiß ich selbst nicht, aber ich glaube, ich hätte seine lange Stange lieber anderswohin genommen.

»Ich geb' dir einen Gulden«, versprach er, »wenn du ihn wieder in' Mund nimmst.«

Aber ich schlug sein Anerbieten aus: »Machen S' mir's so, wie der Frau Reinthaler«, schlug ich vor.

»Was, ich soll dich vögeln?«

»Ja.«

»Aber Kinderl, da bist du ja noch zu klein dazu.« Er war ganz erstaunt.

Ich hielt ihn am Schweif fest, wichste daran herum und rieb

meine Fut an seinem Knie. »O nein«, bestritt ich, »ich bin nicht zu klein, Sie können mich schon vögeln.«

»Aber du hast ja noch gar keine Haare drauf«, meinte er wieder.

»Das macht nichts.« Ich wollte von ihm gevögelt sein, und ich gab nicht nach.

»Ja, hast du's vielleicht schon einmal getan?«

»Na und wie oft schon ...«

Er riß mich zu sich empor, so daß ich rittlings auf seiner Hüfte saß, Brust an Brust mit ihm, wie man kleine Kinder trägt. Mit der einen Hand hielt er mich, und ich schlang die Arme um seinen Hals. Mit der andern Hand wühlte er meine Kleider zurück, spreizte mit den Fingern meine Spalte, und ich fühlte, wie er mit der Spitze seines Schwanzes an meinem Eingang bohrte. Ich tanzte mit dem Popo auf und nieder, um ihn besser zu spüren und ihn tiefer hinein zu bekommen. Er hielt sein Gesicht gegen das meinige, stieß unten, was er konnte, aber nach einer Weile sagte er doch: »Nein, nein, das geht nicht. Wart, vielleicht ist's so besser ...« Er stellte mich auf den Boden, und ich sah, wie rotgerieben sein Schwanz war. Er setzte sich auf ein niedriges Faß, rollte ein noch kleineres dicht heran, dann drehte er mich um, so daß ich mit dem Rücken zu ihm stand. Nun glaubte ich, er werde mich so traktieren, wie Robert es damals im Bett getan hatte, und freute mich darauf.

»Bück dich!« befahl er mir. Ich tat es und lag nun mit den Ellbogen auf das kleine Faß gestützt. Mein Popo stand in die Höhe. Wie ich mich umschaute, bemerkte ich, daß Herr Horak seinen Schwanz mit Speichel befeuchtete. Er sagte: »Das ist nur, damit's leichter geht ...«

Dann entblößte er meinen Hintern, und aufstehend beugte er sich über mich, daß er genau in meiner Stellung über mir war.

Voll Erstaunen, Angst und Entsetzen nahm ich wahr, daß er seinen Schweif an meinen After ansetzte und langsam zu bohren anfing. Ich wollte schreien, er aber flüsterte mir zu: »Sei stad, und wenn's dir weh tut, dann sag's.« Damit griff er aber auch nach vorn zwischen meine Beine und begann, während er sich mit dem Schwanz in mein Popoloch vorsichtig einwühlte, mit den Fingern an meiner Fut vortrefflich zu spielen.

»Tut's weh?« fragte er.

Es tat mir schon ein bißchen weh, zugleich aber taten mir seine Finger wohl, und so sagte ich: »Nein.«

Er bohrte mit einem kleinen Ruck tiefer: »Tut's weh?«

Es schmerzte, aber ich war von seinem Händespiel so eingenommen, daß ich ihn nicht fortlassen wollte und sagte: »Nein, gar nicht.«

Jetzt gab er einen stärkeren Ruck, und ich glaubte, daß mir sein ganzer Schweif im Leibe sitze. Es war aber, wie er mir nachher sagte, nur sein halber Schweif gewesen. Immerhin genug für mein Alter, für den Ort, an dem er sich befand, und für seine Riesenlänge. Bisher hatte ich mich doch auch furchtbar davor geekelt, daß mein Arsch jetzt so angebohrt wurde. Wie er aber mit dem letzten Ruck so weit eindrang, spürte ich ein eigentümliches Wonnegefühl, zum Teil schmerzhaft, aber doch nicht eigentlich so, daß es weh tat, sondern es war mehr die Angst vor einem Schmerz, und es war auch nicht geradezu Wonne, sondern mehr das Vorgefühl einer solchen, aber so aufreizend und heftig, daß ich stöhnen mußte.

Gleich fragte mich Horak: »Tut's dir weh . . .?«

Ich konnte nicht antworten, weil ich zu aufgeregt war. Aber dann zog er seinen Schweif heraus und fragte noch einmal dringend: »Tut's dir weh?«

Mir war seine Entfernung unangenehm. So hob ich den Popo, indem ich mich auf die Zehenspitzen stellte, noch mehr und flüsterte: »Lassen S' nur drin . . . nur weiter vögeln . . .«

Augenblicklich rutschte der warme Stiel wieder in mich hinein, und erregt flüsterte ich: ». . . Nur weiter vögeln . . . ah . . . so . . . so . . .«

Er stieß nicht etwa kräftig zu, sondern strich ganz sanft hin und her und spielte dabei, mich an der Mitte umfassend, mit meiner Spalte, so daß ich nach einer Weile glaubte, er sei ganz fest in meiner Fut drin. Sonderbarerweise mußte ich an den Buben denken, der mich draußen auf dem Feld gevögelt hatte, an Robert, der mir ja auch ein bißchen hineingekommen war, an den Herrn Ekhardt, und diese Erinnerungen trugen nur dazu bei, mich aufs Höchste zu erregen und geil zu machen.

Um den Schwanz, der mir hinten im Leibe saß, besser zu spüren, kniff ich ein paarmal die Arschbacken zusammen, was auf Herrn Horak eine große Wirkung übte. Er wetzte rascher aus und ein, beugte sich tiefer über mich und begann mir ins Ohr zu zischeln: »Ja, mein Herzerl ... schnapp nur ... ja, mein Mauserl ... ah ... das ist ... das ist aber ... sehr gut ... hörst ... Du bist eine süße kleine Hur ... du g'fallst mir ... jeden Tag kommst jetzt in' Keller zu mir ... weißt?«

»Jeden Tag?« fragte ich geil und zwickte ihn stärker mit den Arschbacken in den Schwanz.

Er zuckte und flüsterte heiß: »Jawohl ... du Hur, du kleine ... du Mauserl du ... jeden Tag möcht' ich dich wetzen ... ah, ah ...«

Mir gefiel das Gespräch, es regte mich noch mehr auf, und so gab ich zurück: »Alle Tag' woll'n Sie mich vögeln, Herr Horak? Das geht ja nicht ...!«

»Warum denn nicht ...?« Er stieß schon kräftiger.

»Aber«, meinte ich, »wenn die Frau Reinthaler kommt ...«

»Ah was«, flüsterte er, »du mit deinem kleinen Loch und mit deiner nackten Fut bist mir viel lieber ...«

»Das glaub ich nicht ...«

»Wenn ich's sag.« Er rieb sich jetzt so tief in mich hinein, daß ich seinen Hodensack gegen meine Schenkel leise anschlagen spürte.

»Aber die Frau Reinthaler«, erinnerte ich ihn, »die hat so schöne Duteln ...«

»Ich pfeif drauf«, zischelte er. »Du wirst sowieso bald auch Duteln kriegen.«

Ich zwickte bei dieser mir so erfreulichen Hoffnung einige

Male hintereinander die Arschbacken zusammen, und da hörte er zu reden auf: »Ah... ah... jetzt... jetzt... jetzt...« Das war alles, was er sagte. Aber ich fühlte plötzlich tief in mir etwas Heißes, und ich wußte, daß er jetzt spritzte. Sein Schweif zuckte und zuckte, seine Finger gruben sich in meine Fut, und dabei kam eine heiße Welle nach der andern, die ich in meinem Leib wie die Berührung einer nassen, weichen Zungenspitze fühlte.

Auch ich schnaufte, ächzte, stöhnte und kniff meinen Hintern zusammen. Als er mich losließ und ich mich aufrichtete, floß der Saft mir aus dem Popo heraus, die Schenkel hinunter, so daß ich ganz naß war. Ich spürte seinen Speer noch in mir nachwirken, hatte Kreuzschmerzen und war von der großen Aufregung ganz schwindlig.

Herr Horak stand wie ein Betrunkener vor mir, und sein Schweif hing ihm lang und triefend, glänzend vor Feuchtigkeit, zur Hose heraus. Er zog sein Taschentuch, ich nahm es ihm aus der Hand und trocknete seine Nudel vorsichtig und zärtlich ab.

»Hörst du«, sagte er zu mir, »du bist aber wie eine ausg'lernte Hur... So was ist mir noch nicht untergekommen...«

Statt aller Antwort fing ich nochmals von der Frau Reinthaler an: »Schöne Duteln hat sie... so dick und so weiß...«

Er meinte: »Aber du bist mir lieber...«

Das machte mich ganz stolz, und ich fragte ihn: »Wenn sie aber doch einmal herunterkommt...?«

»Na, was willst denn?«

»Wen werd'n Sie dann vögeln«, forschte ich, »sie oder mich?«

»Selbstverständlich«, bekräftigte er, »selbstverständlich dich!«

»Was wird aber dann die Frau Reinthaler sagen?«

»Soll's sagen, was will...«

»Alsdann, ich geh...« Ich wandte mich zur Treppe. Aber er hielt mich auf.

»Geh, bleib noch«, bat er nun. Er saß jetzt wieder auf

seinem Faß, hielt mich zwischen seinen Knien und fragte: »Also erzähl' mir, du hast schon früher gevögelt?«

»So wie heute noch nicht.«

»Und wie denn?«

»Gar nicht.«

»Lüg' nicht. Du hast mir's doch früher selbst g'sagt.«

»Na ja ...«

»Also mit wem ...«

»Ich weiß nicht.«

»Mit einem fremden Mann?«

»Ja, mit einem Soldaten.«

»Wo denn?«

»Am Fürstenfeld ...«

»Ja, wie ist denn das gekommen ...?«

»Er hat mich auf die Erd' gehaut und hat sich draufgelegt ...«

»Warum hast' denn nicht geschrien ...«

»Weil ich Angst g'habt hab vor ihm.«

Er zog mich an sich: »Na, vielleicht hast es auch gern getan?«

Ich schüttelte den Kopf: »O nein.«

»Aber«, meinte er, »mit mir tust es gern?«

Ich umarmte ihn und küßte sein hübsches rotes Gesicht. Als ich wegging, rief er mir scherzend nach: »Servus, kleine Geliebte!«

In diesen Tagen hatte ich den Herrn Ekhardt ganz vergessen. Ich lauerte immer auf den Herrn Horak, den ich eine Weile nicht sah. Ich ließ mich von Franz nach unserer alten Manier behüpfen und paßte in der Nacht auf, ob ich meine Eltern nicht wieder erwischte. Einmal sah ich sie, wie sich die Mutter von hinten vögeln ließ. Dann wieder konnte ich bemerken, daß der Vater unten lag und die Mutter oben, und einmal hörte ich ein Gespräch. Ich war eben vom Bettkrachen aufgewacht. Meine Mutter lag nackt da, der Vater hatte ihre Beine über die Achsel genommen und vögelte heftig, und ich vernahm eben, wie er sagte: »Jetzt kommt's mir.« Die Mutter rief flüsternd dazwischen: »Wart noch ... halt's zurück ... so wart doch ...« Aber er spritzte, was ich daraus merkte, daß er die Beine der Mutter losließ, ganz auf sie niedersank und laut ächzte. Die Mutter sagte auch gleich darauf: »So schön, jetzt ist's mir nicht einmal gekommen.«

Nach einer Weile, in der beide ruhig waren, fing sie an: »Kannst nicht noch eine Nummer machen?«

»Vielleicht später«, brummte der Vater.

Aber sie war ganz zornig: »Ah was, später ... da schnarchst du ja so ein, daß du nicht zum derwecken bist ...«

»Ich kann jetzt nicht ...«

»Hättst dich zurückgehalten, ich will auch was haben«, schalt die Mutter.

Der Vater wollte sie vertrösten: »Mußt halt warten bis später.«

Sie atmete keuchend, schwieg ein paar Minuten, dann fing sie wieder an: »Steht er dir nimmer?«

»Jetzt nicht.«

»Wart!« sagte die Mutter, »ich werd' ihn schon in die Höh' bringen ...« Sie setzte sich im Bett auf, und ich sah, wie sie, über den Vater gebeugt, heftig an seinem Schwanz herumarbeitete. Er griff ihr dabei ein paarmal an die Brust, lag aber dann ganz still da. Das dauerte beinahe eine Viertelstunde. Dann sagte er verdrießlich: »So laß doch, es geht ja nicht, du siehst es ja ...«

Die Mutter weinte beinahe: »Was soll man denn da tun ...? Was soll man denn da tun ...?«

»Gar nix kannst machen ...«, brummte der Vater, »laß stehen ... es geht halt nicht mehr ...«

Die Mutter jammerte, riß aber noch weiter an dem Schwanz herum. Dann sagte sie schwach: »Mir tut schon die Hand weh ...« und gleich darauf: »Probier ich's halt so ...« Sie bückte sich und nahm die weiche Nudel in den Mund. Ich hörte sie lutschen und schmatzen, und dabei schnaufen. Nach einer Weile aber fuhr sie wieder auf und war zornig: »Er steht und steht halt nicht. Jessas, das is ein Kreuz mit so ein' Mann ... Das versteht er, daß er mir zwei-, dreimal die Fut auswetzt, und dann spritzt er ganz teppert hinein und denkt nicht dran, daß die Frau auch was haben will.«

Mein Vater sagte kein Wort. Die Mutter aber gab nicht nach: »Ja was tu ich denn nur . . . jetzt hat mich das Vögeln so aufgeregt . . . und dann das Spielen mit dem Schwanz, und das in den Mund nehmen . . . was tu ich denn nur . . . das machst mir aber öfters so . . . das kenn ich jetzt schon . . . da kann man a narrisch werd'n . . . Was möchst denn du sagen, wenn ich dich wegstoßen möcht vor dem Spritzen? Was? . . . Du möchst halt zu einer andern gehn . . . die Mannsbilder . . . die können sich leicht helfen, die laufen halt zu einer Hur . . . Aber ich . . . was wär denn, wenn ich mich jetzt von ein' andern vögeln lassen möcht?«

»Mach was d' willst . . .«

»So? Na, das werd ich mir merken! Glaubst, ich find keinen, der was mich vögeln will . . .?«

Der Vater setzte sich im Bett auf, warf die Mutter um und griff ihr zwischen die Beine. Sofort verstummte der Redefluß meiner Mutter. Sie warf und schleuderte sich unter der Hand des Vaters, der sie nach allen Regeln der Fingerkunst bearbeitete, und keuchte nun hörbar. Der Vater faßte mit der freien Hand nach der Brust der Mutter, spielte mit den Warzen, und bald vernahm ich, wie sie flüsterte: »Jetzt . . . jetzt kommt's . . . steck den Finger ganz hinein, ganz . . . so . . . so . . . ah . . . ah . . .«

Der Vater brummte: »Na also, daß die arme Seel a Ruh hat.«

Gleich darauf schnarchten die beiden, nur ich lag wach und aufgeregt da und wußte nicht, was ich mir jetzt wünschen sollte, den Franz, den Ferdl, den Robert, den Herrn Ekhardt, den Herrn Horak, den Soldaten oder den Buben aus dem Gebüsch dort. Bei einigen Buben aus unserem Haus und aus der Gasse, in der wir wohnten, war ich jetzt sehr bekannt. Wieder muß ich es wohl meinem Gesichtsausdruck und der unwillkürlichen Beredsamkeit meiner Augen zuschreiben, daß sie alle so ohneweiters annahmen, ich lasse mich vögeln, und man brauche mich nur anzugreifen. Freilich vögelten sie alle ganz wie selbstverständlich ihre Schwestern, ihre Freundinnen, kurz, was sie kriegen konnten. Wenn ich solchen, mir oft ganz unbekannten, Buben im Hausflur, auf der Treppe oder auf der Straße begegnete, dann schlugen sie mich wie zur Begrüßung mit der flachen Hand leicht gegen die Fut, wogegen ich sie abwehrte, oder ihnen, wenn sie mir gefielen, an das Hosentürl griff.

Mit Mädchen aus der Schule hatte ich wenig Umgang in dieser Zeit. Ich war verschwiegen, und sprach ich manchmal mit einer davon, dann vertraute sie mir entweder gleich an, daß sie schon selbst vögeln könne, oder sie sah mich verständnislos, wohl auch verächtlich an, und mied von da ab den Umgang mit mir.

Es geschah mehrere Male, daß ein Bub, den ich durch so einen Griff an sein Hosentürl gereizt hatte, nicht locker ließ. Ich ging mit ihm dann stets in den Vorkeller, der ja immer offen stand, und dort vögelten wir in aller Eile stehend, worauf wir auseinanderliefen. Vielleicht mit sechs oder acht Buben hab' ich es in dieser Zeit getrieben.

Zwei Buben aber sind mir in Erinnerung geblieben, und die Geschichte des einen hängt in ihrem ferneren Verlauf mit dem Herrn Ekhardt zusammen. Dieser Bub, er hieß Alois, war der Sohn unseres Hausherrn, ein feiner Bursch, mit schönen blonden Haaren, mit einem dunkelbraunen Samtanzug, kurzen Hosen, obwohl er schon zwölf Jahre zählte. Ich glaube, daß ich ihn geliebt habe, denn so oft ich ihn traf, zitterte ich vor Sehnsucht bei seinem Anblick. Er schien mir so stolz und fein und brav, und ich schämte mich sehr vor ihm, mußte ihn aber immer ansehen. Er schaute mir immer mit einem kurzen Blick ins Gesicht und wandte sich dann mit hochmütiger Gleichgültigkeit von mir ab. Man konnte mit ihm nicht sprechen, denn er war immer von einem kleinen, furchtbar dicken Stubenmädchen begleitet, die schon recht ältlich war und eine schiefe Schulter hatte.

Zufällig traf ich ihn aber einmal an einem Nachmittag

allein im Parterrekorridor vor der Kellertüre, um die ich geil herumschlich und auf einen Buben, gleichviel auf welchen, wartete. Ich zitterte vor Achtung und Sehnsucht, als ich ihn so unvermutet und allein vor mir erblickte. Er war ohne Hut, hatte aber seinen großen weißen Schillerkragen und seinen Samtanzug an. Alois blieb vor mir stehen und sah mich an. Ich traute mich nicht, ein Wort zu sprechen, wollte aber, daß er mit mir in den Keller gehen solle. Da er nichts redete, lächelte ich. Er blieb ernst. Ich wagte es endlich, ihn zu fragen: »Warst du schon einmal im Keller unten...?«

»Nein«, erwiderte er ernst. »Aber gehn wir zusammen herunter.«

Auf der Treppe meinte er leise: »Kann uns da bestimmt niemand sehen?«

Dieser Ausspruch einigte uns und brachte sofort alles zwischen uns ins klare. Trotzdem unterstand ich mich nicht, ihn anzugreifen, und flüsterte nur: »Es ist ja niemand da.«

Er sagte nichts, aber unten im halbdunklen Gang standen wir einander gegenüber und redeten kein Wort. Uns beiden war wohl bang, aber ich war so unendlich glücklich, daß ich den Atem anhielt. Er streichelte mich an der Wange, und ich traute mich, diese Liebkosung zu erwidern. Dann streichelte er mich auf der Brust, und endlich strich seine Hand immer tiefer und tiefer, bis sie über den Kleidern auf meiner Fut lag. Ich stand gegen die Wand gelehnt, still und bebend. Er preßte seine Hand stärker zwischen meine Beine. Ich gab nach, und er tastete über den Kleidern an derselben Stelle hinan.

»Magst?« flüsterte er leise.

Ich sträubte mich. Zum erstenmal sträubte ich mich und sagte: »Wenn aber wer kommt...?«

Er hob mir langsam die Röcke auf und stellte sich zwischen meine Beine. Sein Gesicht blieb ernst, und ich fühlte, wie er mit seinem Schweif an meinem Loch herumtastete. Ich war so aufgeregt, daß es mir augenblicklich kam, sowie ich nur die erste Berührung seiner warmen Eichel wahrnahm. Meine Geilheit hielt jedoch an. Davon, daß es mir gekommen war, und wohl auch von meiner Aufregung, war meine Spalte ganz feucht geworden.

Er blieb immer ernst und ruhig. Mit der einen Hand faßte er meinen Popo, drückte mich gegen sich, so daß ich nur mit dem Rücken an der Mauer lehnte, und im nächsten Moment ächzte ich schwer auf, weil ich einen Aufschrei der Wollust unterdrückt hatte. Mit einem einzigen, wunderbar geschickten Stoß war er mir nämlich ganz bis ans Heft in den Leib gefahren. Es war ein fester, sehr kurzer und ziemlich dicker Schweif, und er rührte sich ein paar Sekunden nicht, als er ihn hineingesteckt hatte. Dann führte er kurze Stöße gegen mich, aber ohne daß er seinen Schwanz dabei nur einen Millimeter herauszog. Er blieb wie angegossen drinnen stecken, und ich war halb besinnungslos vor Geilheit. Dann fing er an im Kreise zu bohren, als wolle er mein Loch ausweiten, aber er blieb dabei immer tief drinnen stecken. Das war mir noch nicht geschehen. Ich quietschte leise, weil es mir wieder kam, und Alois sagte auf einmal: »Schluß mit Genuß!« Ehe ich Zeit hatte, über diesen Ausdruck überrascht zu sein, änderte er seine Stoßweise, zog nämlich seinen Schwanz langsam ganz heraus, fuhr dann langsam wieder ganz hinein, so etwa vier- bis fünfmal, und dann spürte ich ihn spritzen, es war nicht viel, aber doch spritzte er, sein Stachel zuckte heftig, wie er jetzt herein zu mir kam, und ganz gleichzeitig mit ihm kam es auch mir zum letzten Male. Als er fertig war, wischte er sich den Schweif an meinem Hemd ab, steckte ihn in die Hose, klopfte mich auf die Wange und sagte: »Du puderst besser als die Klementine ...« Da ich nicht wußte, wer die Klementine sei, schwieg ich, aber ich wunderte mich gar nicht, daß ein so feiner Bub vögeln könne, mit wem er will. Bevor er wegging, schlug er mir vor: »Komm morgen nachmittag zu mir. Meine Eltern fahren fort, da sind wir allein.«

Am andern Nachmittag läutete ich klopfenden Herzens an der Türe der Hausherrenwohnung. Die Köchin öffnete mir.

»Ist der Herr Alois da . . .?« fragte ich schüchtern.

Sie lachte: »Ja, der — junge Herr ist da drin . . .«

Ich wurde in sein Zimmer gewiesen, das sehr groß und wunderschön weiß möbliert war. Mir kam es wie im Paradies vor. Er zeigte mir sein schön lackiertes weißes Bett, das hellblau überzogen war. Dann seinen großen Diwan, der weiß und blau überzogen war, und sagte, auf das Bett deutend: »Da schlaf' ich«, und auf den Diwan weisend: »Da schlaft das Kindermädel.«

Dann zeigte er mir seine Bilderbücher, seine Soldaten, seine Gewehre und seine Säbel, und ich hätte nie gedacht, daß es ein Kind so gut haben könne. Mir fiel es gar nicht ein, daß man in einem so herrlichen Zimmer auch solche Dinge machen könne wie das, was wir gestern im Keller getan hatten. Nach ein paar Minuten kam das kleine, dicke, ältliche Kindermädel herein, das Alois immer begleitete, wenn er in die Schule ging oder aus der Schule kam. Wir waren also nicht mehr allein, und so entfiel für mich auch der Gedanke an eine Wiederholung der gestrigen Spiele. Das Kindermädchen setzte sich auf den Diwan und strickte und kümmerte sich gar nicht um uns, und wir saßen bei dem Tisch, der ganz mit Soldaten bedeckt war, und spielten. Auf einmal stand Alois auf, ging zum Kindermädchen, stellte sich vor sie hin und griff ihr an den dicken, weit vorstehenden Busen. Ich war so baff, daß ich sprachlos dasaß. Sie stieß ihn weg und brummte: »Aber Alois . . .« Und dabei schaute sie mißtrauisch zu mir herüber. Alois sagte: »Laß nur gehen . . . die Pepi versteht schon alles.« Und wieder griff er ihr an die großen, vorstehenden Brüste. Sie ließ sich abtätscheln, ohne ihn wieder abzuwehren, und meinte nur: »Versteh'n wird die Pepi schon, das glaub ich, aber ob sie's nicht weitersagt . . .?« Ich stand statt aller Antwort vom Sessel auf, ging auch zu ihr, nahm ihre andere Brust und preßte sie. Sie war ganz weich und wellig, und das knochige, ältliche Gesicht der Kindermagd mit den schielenden kleinen Augen wurde ganz rot. Alois hatte schon seinen Schweif herausgezogen und drückte ihn dem Kindermädel in die Hand. Sie ergriff ihn und spielte damit, aber nicht so, wie ich es immer machte. Sie hielt ihn mit dem Daumen und Mittelfinger, und mit dem Zeigefinger tupfte sie leise an die Eichel, daß die Vorhaut immer mehr davon herunterging. »Kennst du das?« fragte sie mich mit einem Lächeln, das auf ihrem mürrischen Gesicht wie ein Grinsen sich ausnahm.

»O ja ...«, nickte ich.

»Na, und wie heißt das?«

»Ein Schwanz«, sagte ich leise.

»Und was macht der Schwanz?« Sie prüfte mich.

»Vögeln ...«, antwortete ich flüsternd.

Sie begann zu schnaufen und klopfte rascher mit ihrem Zeigefinger auf die rosige Eichel von Alois. »Und ... was vögelt er ... der Schwanz ...?« Sie schnappte mit den Lippen.

»Die Fut ...«, antwortete Alois für mich. Er hatte seiner Klementine – ich wußte jetzt, wer die Klementine sei, von der er gestern im Keller gesprochen hatte – die Bluse aufgerissen und wühlte mit beiden Händen in ihren hin und her schwappenden Brüsten. Sie ließ von mir ab und prüfte jetzt Alois. Ich merkte, es war ein Spiel, das die beiden oft geübt hatten.

»Was tut der Schwanz in der Fut?«

»Vögeln.« Alois antwortete gleichmäßig, ernst und so ruhig wie immer.

Mit zitterndem Mund fragte Klementine weiter: »Wie heißt das noch ...?«

Und Alois zählte auf: »Pudern, Ficken, Remmeln, Bimsen, Petschieren, Stemmen.« Sein Ton war ernst.

Klementine aber wurde immer aufgeregter.

»Was kann der Schwanz noch?«

»Im Popo kitzeln ... in' Mund spritzen ... zwischen den Duteln liegen ...«

»Und was will der Alois jetzt machen ...?«

Ohne seine Antwort abzuwarten lehnte sie sich zurück und schloß die Augen. Alois öffnete ihre Bluse mehr und nahm ihre beiden Brüste heraus. Sie hingen tief herab, und ich sah, daß sie Warzen hatte, die so weit wegstanden, wie ein kleiner Finger. Alois nahm abwechselnd die eine, dann die andere Brust in die Hände, nahm die Warzen in den Mund und sog mit aller Kraft daran, daß es schmatzte, und jedesmal zuckte Klementine mit derjenigen Schulter, die der eben geküßten Brust entsprach. Es war ein Zucken, das ihr wie ein epileptischer Krampf oder wie ein elektrischer Schlag durch die eine Körperhälfte ging. Sie hatte den Kopf auf die Diwanlehne zurückgelehnt, hielt die Augen geschlossen, und Alois arbeitete wie abgerichtet. Nachdem er sie so eine Weile, bald links, bald rechts an den Brustwarzen begeilt hatte, bückte er sich, hob ihr die Röcke in die Höhe, daß die nackten, kurzen, dicken Beine Klementines sichtbar wurden. Alois glättete die aufgeschürzten Röcke auf Klementines Bauch, daß sie nicht bauschten, dann trat er zwischen ihre Beine, hielt mit der einen Hand ihre dicht behaarte Fut gespreizt und mit der anderen lenkte er seinen kurzen, strammen Schweif geschickt ins Loch, so daß er mit einem Ruck bis an der Wurzel drin war. Dann legte er sich auf Klementine, und nun ergriff sie ihn mit beiden Händen am Popo und hielt ihn fest an sich, so daß er wohl stoßen, aber nicht ein Haarbreit hinaus konnte. Klementine hielt ihre Augen geschlossen und schnappte nach Luft. Alois hatte jetzt in jeder Hand eine Brustwarze von ihr und zupfte wie mechanisch daran. Er war ernst wie tags zuvor, da er mich im Kellergang so gut gevögelt hatte. Nach etwa zehn Minuten sagte Klementine auf einmal: »Schluß mit Genuß«, worauf sie ihre Hände vom Popo Alois' losließ. Er fuhr jetzt, wie ich sah, langsam ganz hinein. Klementine sprang vor Wollust mit ihrem Hinterteil in die Höhe. Dann steckte er ihn wieder langsam, langsam ganz heraus, und Klementine bekam ihr epilepsieähnliches Zukken so stark, daß man meinen konnte, es reiße sie entzwei. Wieder zog Alois seinen Schweif langsam heraus. Klementine drohte zu ersticken. Wieder drang er allmählich und zögernd in sie ein, und sie war von ihren Zuckungen wild gebeutelt. Alois selbst blieb ernst. Das wiederholte sich so sechs- bis achtmal, währenddem er immer aufmerksam in Klementines Gesicht schaute. Sowie aber der Krampf aus ihren Zügen wich und sie in Befriedigtsein erschlaffend ganz in sich zusammenfiel, wurde Alois plötzlich dunkelrot, stieß zweimal heftig zu und fiel dann mit dem Gesicht auf Klementines nackte Brust. Er hatte gespritzt.

Eine Minute lang blieb er so liegen und Klementine ganz still unter ihm, und ich stand dabei und hatte nicht übel Lust, mir die Röcke aufzuheben und mich selbst zu bedienen. Dann aber richtete sich Klementine auf. Alois löste sich von ihr, wischte seinen Schweif an der Innenseite ihres Rockes ab und wir drei saßen nebeneinander auf dem Diwan. Klementine sah mich von der Seite her an: »Na, hat's dir denn gefallen ...?«

Ich lächelte nur. Und Alois, der auf der anderen Seite saß, schaute über Klementines Busenwölbung zu mir herüber. Sie fragte mich: »Kennst du das schon?« Ich lächelte wieder statt einer Antwort. Sie forschte weiter: »Hast du's schon einmal gemacht?« Ihr gegenüber, ich weiß selbst nicht warum, wagte ich es nicht, die Sache zu leugnen. Ja sagen wollte ich auch nicht, und so lachte ich verschämt, was ja ganz gut als Zustimmung gelten konnte. Klementine meinte: »Das werden wir gleich sehen.« Ohne Umstände hob sie mir die Röcke in die Höhe und untersuchte meine Fut. »Uh jeh«, meinte sie, während sie daran herumgriff, »da ist schon manches geschehen.« Mit großer Behutsamkeit und eh ich mich dessen versah, bohrte sie mir ihren kleinen Finger ins Loch: »Aber da kann man ja schon hinein«, rief sie aus. Und zu Alois gewendet fuhr sie fort: »Alois, da kann man schon hinein.« Ich zuckte bei diesen Worten, und sie bemerkte es. »Soll der Alois jetzt dich vögeln?« fragte sie.

»Ja«, antwortete ich ihr ohne Zaudern, denn ich hatte schon gefürchtet, ich werde leer ausgehen. Sie drehte sich wieder zu Alois und redete ihn an: »Na Bubi, magst du das schöne Mädi da auch ein bisserl pudern? Was glaubst du, ha?« Alois stand auf und wollte sich mir nähern. Klementine aber hielt ihn ab. »Wart«, meinte sie, »ich will dir erst wieder dein Schwanzerl richten.« Diese Vorsicht war gewiß nötig, denn Alois' Zipfel hing ziemlich trübselig herab. Er mochte mit Klementine schon mehr Reitpartien gemacht haben, als für sein Alter zuträglich war. Aber freilich, die Wiederaufrichtung hätte ich selbst ebenso gut und ebenso gerne besorgt. Allerdings wäre es mir nicht möglich gewesen, es auf dieselbe Weise zu tun, wie Klementine. Sie nahm den schlappen Schwanz zuerst in ihren Mund und feuchtete ihn an, hierauf bettete sie ihn genau zwischen ihre beiden Brüste und preßte diese mit den eigenen Händen so zusammen, daß es aussah, als vögle Alois in einen weichen Popo hinein. Auch das schien die gute Klementine sehr aufzuregen, so daß ich schon fürchtete, sie werde mich wieder um die Sache betrügen. Sie redete fortwährend dabei: »Wo ist denn mein Loisl jetzt ... was? ... Ist er jetzt bei den guten, lieben Duterln ... ja ... ist das nicht gut? Was? ... So! So! ... Langsam steht er wieder, ha? ... Wer hat denn jetzt schön gevögelt ... was ... wer denn ...? Der Loisl ...? Ja ...! Hat der Loisl aber eine gute Klementine ... nicht wahr ...? Das möcht eine andere nicht tun ... was ...? So einen kleinen Buben pudern lassen ... gelt? Aber die Klementine laßt das Loisl pudern ... nicht wahr ... so oft er will ... nicht wahr ...?« Und halb zu mir gewendet fuhr sie fort: »Da in der Nacht ... wenn alles schon still ist ... da kommt der Loisl aus dem Bett schön auf den Diwan her zu mir ... und da tun wirs so gut miteinander machen ... was? Der Loisl kanns aber auch gut, und das hat ihm die Klementine gelernt ... ja!«

Ich glaubte schon nicht mehr, daß ich daran komme, aber Loisl zog seinen Schwanz aus der Dutelpresse heraus und fragte: »Also soll ich jetzt die Pepi nehmen ...?« Sein Schweif stand wieder kerzengrad, und ich mußte mich zurückhalten, nicht danach zu greifen, denn ich fürchtete mich vor dieser dicken, häßlichen Person, die noch zu überlegen schien, ob sie's erlauben solle. Mochte sie nun mein Stillschweigen damit erkaufen wollen, daß sie auch mich von ihrem Alois besteigen ließ, oder mochte sie sich ein begeilendes Schauspiel daraus versprechen, daß sie dem Vögeln zusah, das weiß ich natürlich heute nicht mehr. Kurzum, sie willigte ein und rückte auf dem Diwan zur Seite. Ich mußte mich mit dem Kopf in ihren Schoß legen. Alois bestieg mich, streifte mir mit seinem ernsten Gesicht die Röcke hinauf, glättete sie, dann spreizte er mit seinen Fingern meine Spalte, und mit einem einzigen Ruck war er wieder, wie am Tag zuvor, bei mir, nur noch tiefer und besser, weil wir diesmal nicht stehen mußten.

Gerne hätte ich was gesagt, hätte ihn gestreichelt oder dergleichen, denn mir gingen seine kurzen, regelmäßigen Stöße durch Mark und Bein. Ich empfand aber eine lebhafte Scheu vor Klementine, in deren Schoß ich lag und die mir aufmerksam ins Gesicht blickte. Dafür redete sie desto mehr.

»Ist er drin bei dir?« fragte sie mich.

»Ganz drin ist er«, flüsterte ich zu ihr empor.

Sie schob ihren Arm zwischen unsere aneinander gedrückten Leiber und tastete über meinen Bauch nach meiner Fut hin. Dort spielte sie bald an meiner Spalte, bald wieder an Alois' Hodensack. Ich keuchte, weil ihr Busen dabei ganz auf meinem Gesicht lag.

Sie richtete sich wieder auf und setzte ihre Fragen fort: »Schmeckts dir?«

Ich gab keine Antwort, sondern schloß die Augen.

»Gelt ja?« sagte sie, »der Loisl vögelt gut ...?«

»Ja«, rief ich aus und begann nun unter ihm mit dem Popo zu hüpfen.

»Hast du schon einmal so gut gevögelt ...?« wollte sie wissen.

»Nein ...« Und mir war wirklich so, als hätte ich noch niemals eine solche Wonne gespürt.

»Mit wem vögelst du denn sonst ...?« erkundigte sie sich weiter.

»Mit'n Ferdl«, sagte ich, weil der ja nicht mehr im Hause wohnte. Aber vor Klementine gab es keine Lügen.

»Mit wem noch?« Sie fragte das in so strengem Ton, daß ich ihr antworten mußte.

»Mit dem Robert ...«

»Und weiter ...?«

»Mit meinem Bruder ...« Unter den Stößen, die ich empfing und die mich mit aufregungsvoller Lust erschütterten, fielen diese Namen wie von selbst aus meinem Mund. Glücklicherweise forschte sie nicht weiter, sondern kam auf eine neue Idee. Sie öffnete mein Leibchen, schob mir das Hemd so weit herunter, daß meine kleinen Brustwarzen bloß lagen, feuchtete ihre Fingerspitzen an und spielte leise, wie mit einer leckenden Zunge daran herum. Immer schneller, immer schneller, und bald traten meine Brustwarzen, die ganz flach gewesen waren, wie die kleinen Linsen so groß hervor und wurden ganz hart. Dazu vollführte Alois jetzt seine drehenden Bewegungen, die mir die Fut ausweiteten, die mich aber ganz verrückt machten vor Kitzel. Unter dieser Behandlung schwand mir alle Scheu, ich kreischte leise und rief: »Ach, mir kommt's ... mir kommt's ...!« und warf mich mit meinem Popo jeder Bewegung, die Alois ausführte, entgegen. Mir schien der Reiz, den das Vögeln gewährt, von überall herzukommen, nicht nur aus der Fut allein. Sanfte und heiße Schauer flogen mir über die Brust, zuckten mir über den Rücken, huschten überall auf meinem Körper herum, so daß ich es nicht auszuhalten glaubte. Wie nun gar Alois jetzt mit den Worten »Schluß mit Genuß« endete, womit er sich zum Spritzen anschickte, wie er jetzt langsam ganz herausfuhr, so daß ich die Fut aus Angst, ihres Inhaltes beraubt zu werden, heftig zusammenzog; wie er nun wieder langsam einfuhr, daß ich mit meiner Spalte zuschnappte vor Wonne, diesen dicken, blutwarmen Schaft wieder zu spüren, und wie Klementine dabei meine Brustwarzen streichelte, kam es mir dreimal hintereinander. Das drittemal ging ein Zerren und Strecken durch meinen ganzen Körper bis in die Fußspitzen, so daß meine große Zehe sich wie im Krampf schmerzhaft verbog und ich einen harten Schrei ausstieß. Klementine aber hielt mir à Tempo noch den Mund zu. In diesem Augenblick drang wie eine kleine brennheiße Welle der Samen von Alois zu mir. Ich fühlte, wie sein Schweif im Ausspritzen pulsierte, und zum viertenmal kam es mir, aber so heftig wie noch nie. Und weil ich nicht schreien konnte, biß und leckte ich die innere Fläche der Hand Klementines, die sie fest auf meine Lippen gepreßt hielt.

Ich mußte noch eine Stunde lang am Diwan liegen bleiben, so aufgelöst und ermüdet war ich von dieser Remmelei. Und ich sah zu, wie Klementine Alois auf den Diwan stehen ließ, mit dem Rücken gegen die Lehne. Sie saß vor ihm, ließ seinen Schweif wieder in ihren Busen hängen und dann nahm sie ihn heraus. Er hing noch immer schlapp herunter. Da nahm sie ihn in den Mund, zuzelte daran, und mit ihrer Zungenspitze leckte sie an seinen Hoden. Sie drückte ihren Kopf zwischen seine Beine und leckte ihn tief unten, zwischen Schwanz und Popo, und ich sah, wie es ihn vor diesem Reiz beutelte. Aber er machte dasselbe, ernste, gleichmütige Gesicht. Nur als Klementine jetzt sich seinen Schweif ganz in den Mund stieß und so ein wenig hin- und herfuhr, wie beim Vögeln mit der Fut, da legte er ihr die Hand auf den Kopf. Sie rührte sich nicht, hielt den Schwanz im Mund, daß man nicht das geringste von ihm sah, und nur an den Bewegungen ihrer Wangen konnte ich merken, daß sie heftig daran sog. Auf einmal begann Alois seine Vögelstöße. Sogleich fuhr Klementine zurück, und ich sah, daß er Alois wiederum stand, zum drittenmal. Er haschte nach dem Kopf von Klementine und drückte ihr seinen Schweif wieder in den Mund: »Da bleiben«, befahl er. Ich staunte nur, wie sie gehorchte. Sie hielt ihren Mund geduldig hin und Alois vögelte sie so mit seinen kurzen Stößen, lange, sehr lange. Ich lag ziemlich teilnahmslos da, ohne Aufregung, nur mit einer ziemlichen Neugierde. Klementine zuckte am ganzen Körper, krümmte sich und wand sich hin und her, aber ihre Lippen umschlossen getreulich den Schweif von Alois.

Nur einmal ließ sie ihn los und bat: »Komm vögeln, Bubi ... komm ...« Er aber erwischte sie gleich wieder und sagte wütend: »Dableiben, kruzifix noch einmal ...« Wieder ließ sie sich seine Stange in den Mund stecken und ihn drin hin- und herschieben. Dann sagte Alois leise: »Schluß mit Genuß«. Ich sah, wie sein Schwanz langsam und weiß aus den roten Lippen Klementines herausglitt bis zur Spitze und wie er ganz langsam in ihnen wieder verschwand. Das zweitemal aber riß Klementine sich los: »Nicht spritzen«, bat sie. Alois wollte ihren Kopf wieder zu sich heranreißen. »Nein, nein«, sagte sie hitzig. »Bubi soll mich vögeln, vögeln Bubi, nicht in' Mund, unten vögeln, wo's gut ist ...« Sie rauften eine kurze Weile miteinander, Klementine war furchtbar aufgeregt, und plötzlich packte sie Alois, wie man ein kleines Kind unter den Achseln anfaßt, riß ihn mit einem Ruck an sich, warf ihn auf den Diwan nieder, und eh er sichs versah, hockte sie mit hochgerafften Kleidern und tief herabbaumelnden Brüsten auf ihm und begrub seine Lanze in ihren Schoß. Ihr breiter Hintern flog auf und nieder, vielleicht sechzigmal in der Minute. Alois hielt eine ihrer langstieligen Brustwarzen in seinem Mund, und zuletzt lag sie bewegungslos, ein schnaufender Klumpen, auf Alois, der unter ihr ganz verschwand.

Ich bekam dann zur Jause Chokolade, die ich noch nie getrunken hatte. Und als ich fortging, begleitete mich Klementine hinaus. Im finsteren Vorzimmer griff sie mir noch einmal unter die Röcke, wühlte ein wenig in meiner Fut, während sie mir sagte: »Alsdann g'scheit sein und nix ausplauschen, dann darfst du wiederkommen.« Sie schenkte mir ein Zehnerl und schob mich zur Türe hinaus.

Der zweite Bub, der mir besonders lebhaft in Erinnerung geblieben ist, hieß Schani. Er wohnte ein paar Häuser weiter weg in derselben Gasse, in der ich wohnte. Schani war damals dreizehn Jahre alt und ich mochte ihn sehr gerne, denn er war ein blasser, schlanker, schöngewachsener Junge, hatte pechschwarzes Haar und kohlrabenschwarze Augen, und er hielt sich immer so nobel, wenn er ging. Wir sagten uns Servus, wenn wir uns trafen, es war aber sonst nie etwas zwischen uns gewesen, auch im Gespräch nicht. Weil nämlich Schani mit meinem ältesten Bruder Lorenz in eine Klasse ging und außerdem auch mit ihm befreundet war, fürchtete ich mich davor, von solchen Dingen mit ihm zu reden, und dachte, er sei ganz so keusch wie Lorenz. Manchmal kam er zu Lorenz auf Besuch, sie machten ihre Aufgaben zusammen und waren beide immer ganz still und ernst. Mit mir war Schani aber immer sehr freundlich. An einem Nachmittag kam er einmal, wie Lorenz nicht zu Hause war. Lorenz und Franz hatten aus irgendeinem Grund zum Vater in die Werkstatt gehen müssen, weit, bis in die Josefstadt. Die Mutter war in der Waschküche. Als er hörte, daß Lorenz nicht da sei, wollte er wieder umkehren. Ich bat ihn aber: »Geh, bleib ein bißl da ...« Er zauderte, und deshalb setzte ich hinzu: »Der Lorenz muß gleich kommen ...« Und weil er noch immer unschlüssig war, sagte ich: »Bleib da, ich fürcht mich immer, wenn ich allein bin.« Da trat er über die Schwelle.

Wir waren beide verlegen und gingen aus der Küche in das Zimmer. Zwar verschwand unsere Verlegenheit bald, aber wir hatten uns nichts zu sagen. Mir aber hatten es seine schwarzen Augen angetan, und ich drückte mich wie eine Schmeichelkatze an ihn heran. Er ließ sichs gefallen und lächelte, sagte aber nichts. Da schlang ich meine Arme um seinen Hals und rieb mich mit meinem Unterteil fest an ihm. Ich erwartete, er werde jetzt tun wie die anderen, mir unter die Röcke greifen oder seinen Schwanz herausnehmen und in meine Hand legen. Aber er tat nichts von alledem. Er ließ sich umarmen, lächelte nur und rührte sich nicht. Wie mir der Gedanke kam, weiß ich nicht, aber ich ließ ihn los, trat an das Bett, legte mich darauf und sagte: »Komm her.« Er kam zu mir und stand vor dem Bett. Ich hob ruckweise meine Kleider: »Jetzt siehst du noch nichts ...?« sagte ich. »Jetzt auch noch nicht?« Nun lagen meine Knie frei. »Jetzt auch noch nicht?« Ich hob wieder ein bißchen, und meine nackten Schenkel kamen zum Vorschein. »Jetzt auch noch nicht?« Er schaute mich an, lächelte und rührte sich nicht. »Aber jetzt!« rief ich und deckte mich auf. Er stand da, und ich lag und wartete. Meine Aufregung war gestiegen, um so mehr, als ich überzeugt war, daß sein Schwanz, wie der vom Alois, ganz zu mir passen müsse. Ich war begierig ihn zu sehen und zu halten und griff nach Schanis Hose. Er trat einen Schritt zurück. »Laß geh'n«, bat er betrübt und verlegen, »ich kanns nicht tun ...«

»Warum nicht?« Ich war mit einem Satz vom Bett.

»So nicht. Ich kanns nicht tun ...«, sagte er leise.

»Zeig her.« Ich langte schnell nach seinem Hosentürl. »Zeig her, ob du's nicht kannst.«

Er wollte mir entschlüpfen, aber ich hielt schon seine Knöpfe fest. So blieb er stehen, und ich wühlte in seiner Hose nach dem Schweif, den ich auch bald hervorzog. Er war dünn und sehr lang, und mir fiel es nur auf, daß seine Vorhaut beinahe bis über die ganze Eichel zurückgeschoben war. Aber sein Schwanz stand so gut wie nur irgendeiner. Und ich war so begierig, mir ihn in die Spalte zu stecken, daß ich geschwind meine Röcke aufhob. Er wehrte mich aber wieder ab. »Laß gehn, ich kann nicht.« Ich war ratlos vor Schreck und Staunen: »Du kannst ja«, sagte ich eifrig; »du lügst, du kannst schon, du willst nur nicht.«

»Ich kann wirklich nicht. Ich möchte schon selber gern, aber es geht nicht.« Er sagte das so ernst und traurig, daß es Eindruck auf mich machte und ich neugierig wurde. »Dann sag's, warum es nicht geht, wenn's wahr ist, dann sag's«, drängte ich in ihn. Ich hielt seinen Schweif noch immer in der Hand. Er entwand sich mir, steckte ihn ein und knöpfelte die Hose zu.

»Das kann ich dir nicht sagen.«

»Weil du lügst«, beharrte ich. »Du willst nicht vögeln ... wenn du nicht willst, dann sag's nur, aber lüg nicht so!«

»Ich lüg nicht«, wiederholte er. Dann griff er mir, ohne mir die Kleider aufzuheben, an die Fut, zögerte ein wenig und wiederholte zuletzt: »Nein, ich kann nicht ...«

»Ja, aber wegen was denn?«

»Wegen dieser verfluchten Frauenzimmer...«, brach er los.

»Was denn für Frauenzimmer...?«

»Zweimal hab' ich heut schon pudern müssen...«, sagte er zornig.

»Wen denn?« Ich brannte vor Begierde, es zu hören.

»Zweimal«, wiederholte er. »Und wenn ich dich jetzt vögel, dann steht er mir auf die Nacht nicht – und dann haut sie mich durch.«

»Ja, wer denn?«

»Die Mutter...«

»Deine Mutter...?«

»Ja.«

»Die haut dich durch, wenn dir der Schwanz nicht steht?«

»Ja.«

»Aber warum denn? Vögelst du vielleicht gar deine Mutter?«

»Ich muß...« Er war in Zorn geraten. »Diese gottverfluchten Frauenzimmer«, rief er aus, »die sind ja alle miteinand so schlecht!«

»Und heut hast sie schon zweimal gevögelt...?«

»O nein, sie kommt erst am Abend z'haus.«

»Alsdann, wen hast du denn gefickt?«

»Meine Schwestern...«

»Deine Schwestern...? Alle zwei...?«

»Ja, alle zwei, und wenn ich dich jetzt vögeln möcht, dann möcht er mir vielleicht am Abend im Bett nicht steh'n, und dann weiß die Mutter gleich, daß ich mit der Rosa und mit der Wetti was gemacht hab' und dann schlägt sie mich«, sagte er ganz betrübt.

Und nun erzählte er mir eine ganze Geschichte. Ich brauchte gar nicht mehr hin und her fragen. Es war ihm offenbar selbst ein Bedürfnis, sich mir anzuvertrauen. Seinen Vater hatte er nie gekannt, wußte sich seiner auch kaum zu erinnern, denn der war gestorben, als Schani noch ein ganz kleines Kind war. Seine Schwestern hatte ich oft gesehen.

Seine Mutter auch. Die Mutter war eine eher kleine, ganz magere Frau, noch nicht alt. Und sie hatte so schöne schwarze Augen wie ihr Sohn. Rosa, die älteste, war achtzehn Jahre alt, ein blondes, schlankes Mädchen, das wohl viel Sommersprossen hatte, dafür aber zwei harte, hoch aufstehende, spitze Brüste, und Wetti, die jüngere, die sechzehn Jahre alt war und dick, kurz, mit vollen jungen Brüsten und einem breiten Popo, daß ihr die Männer auf der Straße nachliefen. Wetti hatte angefangen. Sie war als zwölfjähriges Kind von einem Kolporteur, der mit Schauerromanen hausieren ging, entjungfert worden, als er sie einmal allein zu Hause traf. Der Mann hatte sie jedoch keineswegs vergewaltigt, sondern es war eher anzunehmen, daß Wetti ihn verführt hatte. Denn sie begann damals eben sich zu entwickeln und schaute alle Männer mit verlockenden Augen an.

Von diesem Abenteuer erzählte sie ihrem Bruder, sie zeigte ihm, wie das geschehen war, und die beiden spielten seither öfter ›Kolporteur‹. Eines Tages, als sie mitten im Kolporteurspielen waren, erwischte sie Rosa. Sie blieb ganz ruhig vor ihnen stehen, und als die beiden erschrocken auffuhren, sagte sie: »Was treibt ihr denn da?« Natürlich bekam sie keine Antwort. Wetti und Schani fürchteten sich, die große Schwester werde sie prügeln oder verraten. Es geschah aber nichts von alledem. Rosa prügelte sie nicht und verriet sie nicht. Dafür rief sie in der Nacht, als die drei Geschwister, die in einem Zimmer beisammen schliefen, schon im Bett lagen, Schani zu sich. Schani kam. »Was hast du heute mit der Wetti getan?«

»Nichts.«

»So? Wegen nichts hast du ihr die Röcke aufgehoben und die Duteln herausgenommen?«

»Oh, wir haben uns nur gespielt . . .«

»Na, so zeig mir, wie ihr gespielt habt.«

Schani stand neben dem Bett im Finstern. Wetti schlief, im Kabinett schlief die Mutter, und diese Zwiesprache ward flüsternd gehalten.

»Zeig mir, wie ihr euch gespielt habt . . .« Schani rührte

sich nicht. Da sagte Rosa: »Komm, leg' dich zu mir...«, und lüftete die Decke.

Als Schani zu seiner Schwester ins Bett geschlüpft war, merkte er, daß sie kein Hemd anhatte, sondern nackt dalag. Er begann sofort mit ihren Brüsten zu spielen, die ihm schon lang gefallen hatten. Und Rosa ergriff seinen Schweif, sie streichelte ihn, preßte ihn und war so aufgeregt, daß sie kaum zu sprechen vermochte. Auch Schani war ganz geil geworden, dennoch hatte er Angst. Er hatte immer nur so bei Tag und in den Kleidern mit Wetti gevögelt, hatte als kleiner Bruder vor Rosa stets einen großen Respekt gehabt, und jetzt lag er da bei ihr im Bett, hielt ihre harten, kugelförmigen, brennheißen Brüste in der Hand, und sie spielte mit seinem Schweif.

»Hast du's schon oft mit der Wetti gemacht?« fragte Rosa keuchend.

»Ja«, gestand Schani, »schon oft...«

»Soll ich's der Mutter erzählen?« drohte sie und rieb dabei seinen stehenden Schweif.

»Nein, nix sagen...«, bat Schani.

Aber Rosa fuhr fort: »Na, jetzt liegst du sogar bei mir im Bett und tust meine Duteln in die Hand nehmen und spielst mit deiner Nudel bei mir herum. Wart nur, wenn ich das morgen der Mutter sag...«

Schani widersprach ihr: »O nein, das kannst nicht sagen. Du hast mich ja gerufen...«

»An Schmarrn hab' ich dich gerufen«, erklärte Rosa, »die Mutter glaubt ja mir mehr als wie dir. Ich sag ihr, du bist ins Bett zu mir gekommen und hast mich vögeln wollen. Und ich sag ihr, daß du die Wetti gevögelt hast...«

Dabei drängte sie sich an ihn und gab ihm selbst ihre Duteln zum Spielen. Schani wollte fort, aber sie hielt ihn beim Schweif fest. »Bleib nur da – du Tschapperl«, meinte sie, »ich sag' ja nix. Fürcht dich nicht. Ich will ja, daß du mir's auch machst. Komm.«

Schani schwang sich auf sie hinauf. Sie hatte ihm das Hemd in die Höhe geschoben, daß er ihren ganzen glühenden Körper spürte. Sie spreizte die Füße auseinander und führte seinen Schweif zu sich. Er spürte voll Entzücken ihre vollen, warmen Schamlippen und das seidenweiche Haarpolster darüber. Er preßte seinen Schweif in ihre Fut. Rosa half nach, aber sie war noch eine Jungfrau, und da ging die Sache doch nicht so einfach. Schani stieß, was er konnte, und Rosa stöhnte leise. Endlich faßte sie ihn mit ausgestreckten Händen beim Popo und preßte sich ihn ganz hinein. Schani spürte, wie ihre Fut langsam auseinanderging und es kam ihm auf der Stelle. Auch Rosa war von dem Ergebnis befriedigt und schickte ihn auf sein Bett zurück. Am nächsten Morgen sah Schani, daß sein Hemd mit Blut befleckt sei, und Rosa erklärte ihm, das käme von ihrer Jungfernschaft.

Es dauerte nur kurze Zeit, und Wetti entdeckte die nächtlichen Spiele ihrer Geschwister. Sie schlüpfte zu ihnen, und nun unterhielten sie sich zu dritt, und Schani mußte herhalten. Mochte nun das blasse Aussehen des Jungen der Mutter aufgefallen sein oder mochte sie des Nachts etwas gehört haben, genug, sie paßte schärfer auf, und als einmal Schani in Rosas Bett eingeschlafen war, kam sie herein, weckte die drei und hieß Schani in sein eigenes Bett gehen.

Am andern Tag in der Früh sagte sie: »Das gehört sich nicht, daß der Bruder bei den Schwestern schläft.« Rosa fuhr gleich dazwischen und log: »Der Schani hat sich gefürchtet.«

Aber die Mutter erklärte: »Wenn sich der Bub fürchtet, dann schläft er von heute an bei mir, schon damit mir das nicht mehr vorkommt, daß er bei seinen Schwestern liegt...«

Schanis Bett wurde also richtig ins Kabinett gestellt, neben das der Mutter, so daß er Seite an Seite mit ihr lag. Die Mutter kam nun in der Nacht zu ihm, drückte ihn an sich, damit er sich nicht fürchten solle. Sie nahm seine Hände, legte sie sich auf die Brüste, und Schani spielte damit, bis er einschlief. Diese Brüste waren nicht so voll und rund wie die seiner Schwestern, aber doch noch fest genug. Das ging so einige Nächte, bis Schani mutiger wurde und sich enger an die Mutter schmiegte, daß sie merkte, wie ihm die Nudel stand. Sie spürte den harten kleinen Schweif an ihrer Lende und zuckte zurück. Aber sie wühlte ihm dabei ihre Brüste noch fester in die Hände, und Schani hörte, wie sie keuchte. Wieder vergingen in diesem Spiel ein paar Nächte. Schani schob seinen Schwanz an den nackten Schenkel. Sie fuhr jedesmal davor zurück, sagte wohl auch hie und da leise: »Nicht!«, aber sie drängte ihm ihre Brust auf, so daß seine Erregung immer höher stieg. Nach zehn oder zwölf Nächten ließ sie seinen Schwanz in ihrem Schenkel liegen, und langsam, langsam fuhr sie mit der Hand herunter, faßte ihn und streichelte ihn leise. Endlich warf sie sich auf Schani, nahm seinen Schweif, und auf ihrem Buben reitend stieß sie sich die Nudel hinein, beugte sich vor und preßte ihren Busen an sein Gesicht. »Na, stoß! Stoß!« ächzte sie. »Die Mutter erlaubt's dir! Stoß nur! Fest!«

Schani erzählte, wie er jede Nacht, von da ab, seine Mutter gevögelt hatte. Einmal von unten, dann von der Seite, dann von hinten, dann oben liegend. Manchmal drei- oder viermal, immer aber mußte er zwei Nummern machen. Bei Tag liefen ihm die Schwestern nach, die es ja bald belauscht hatten, was im Kabinett der Mutter vorging, und die nun keine Scheu mehr kannten. Es gab keine Tageszeit, wo er nicht schon eine seiner Schwestern oder die Mutter hatte vögeln müssen. Keine Stellung, in der er es nicht schon getan hätte, kein Winkel in der ganzen Wohnung, das nicht schon hatte herhalten müssen, auf dem Sofa, auf den Sesseln, auf dem Tisch, auf der Küchenbank, auf dem Fußboden, mit den drei Weibern, von denen jede ihm sofort nach dem Schwanz griff, wenn sie ihn nur allein erwischte.

Die beiden Schwestern genierten sich voreinander längst nicht mehr, weil sie gegen ihre Mutter zusammenhielten. Waren die beiden Schwestern ohne die Mutter, dann ließen sie sich von ihrem Bruder vögeln, schauten einander zu und nahmen seinen Schwanz in den Mund, damit er ohne Pause nach einer Minute wieder steif werde, ehe sie gestört würden. Auch die Mutter behalf sich mit dem Schlekken, um seine Leistungsfähigkeit zu erhöhen, trotzdem merkte sie bald, daß der Schani anderweitig geschwächt werde. Es kam zu einem Riesenskandal zwischen den drei Weibern, die es aber zuletzt doch für geraten fanden, sich friedlich in den Knaben zu teilen. Oft wurde Schani nun, kaum, daß er bei seiner Mutter gevögelt hatte, zu den Schwestern gerufen, und die Mutter ließ ihn gehen, oder Rosa oder Wetti erschienen im Kabinett und holten sich dort gleich ihre Befriedigung, und die Mutter sah zu und zwang den Buben dann, wenn er die Runde durch alle drei Fummeln beendigt hatte, zu einem vierten Fick, weil das Zuschauen sie geil gemacht hatte. Sie hatte nichts mehr dagegen, daß ihre Mädchen sich an den nächtlichen Orgien beteiligten, nur wenn sie den Buben bei Tage verbrauchten und ihm seine Kraft für die Nacht nahmen, wurde sie böse und schlug ihn, so oft sie es entdeckte.

Schani erzählte mir diese Dinge und erzürnte sich dabei wegen der ›verfluchten drei Frauenzimmer‹, die ihm, wie er mir sagte, alle schon zuwider seien. Ich hörte ihm begierig zu, und je länger er sprach, desto aufgeregter wurde ich. Wiederholt machte ich während seiner Erzählung den Versuch, seines Schwanzes habhaft zu werden und damit zu spielen, aber er wehrte mich immer in aller Sanftmut ab. Endlich hob ich meine Röcke hoch, zog seine Hand herbei und ließ mir an der Fut von ihm Fingerübungen machen, um doch beim Zuhören dort einigermaßen beschäftigt zu sein. Es half nichts; denn Schani sprach und sprach, und seine Finger wurden, wenn er kaum ein bißchen gespielt hatte, wieder unbeweglich. Ich geriet aber mehr und mehr in Wollust und Verlangen, und als endlich draußen die Türe geöffnet ward und unser Beisammensein unterbrochen wurde, zitterte ich vor Geilheit und Schrecken.

Es war Herr Ekhardt, der nach Hause kam. Kaum erblickte ich ihn, als ich mein ganzes Verlangen ihm entgegenwarf. Der wird mich jetzt vögeln, dachte ich, und ich verabschiedete Schani mit solcher Eile, daß er ganz verwundert darüber war. Dann lief ich eilig in die Küche zu Herrn Ekhardt. Ich hatte lange nichts mit ihm zu tun gehabt, war ihm eher ausgewichen, und seit mich der Herr Horak im Keller unten gevögelt hatte und Alois im Schoß seiner Klementine, war mir Herr Ekhardt nicht mehr so wichtig. In diesem Augenblick aber schaute ich nur wieder nach ihm. Er erschien mir in meiner momentanen Not wie eine Erlösung. Ich erinnerte mich an seinen Schweif und war doch zugleich neugierig, ihn zu sehen. Ich erinnerte mich gewisser Griffe von seinen Händen, gewisser Liebkosungen, und dabei dachte ich an Schanis Mutter und Schwestern, die ich nicht wenig beneidete, weil sie immer eine Nudel hatten, so oft sie sie wollten. Und ich vergaß völlig, daß ich ja meinen Bruder Franz besaß, der mich immer, so oft ich es noch verlangt hatte, vögelte. Aber wie lang war das nicht geschehen. Ich dachte gar nicht mehr an Franz, er interessierte mich nicht.

Ich lief also in die Küche, lief direkt auf den Herrn Ekhardt zu, und ehe er noch Zeit hatte, mich zu begrüßen, war ich schon mit der einen Hand an seinem Hosentürl, wühlte in seinem Hemd nach dem Schwanz, mit der andern umschlang ich seinen Hals und flüsterte ihm ins Ohr: »Rasch, rasch! Es kann wer kommen.«

Herr Ekhardt war augenblicklich von meiner Geilheit ergriffen, das fühlte ich, weil sein Schweif in meiner Hand sich blitzartig aufrichtete und in einer Sekunde ganz heiß wurde. Trotzdem fragte er: »Was denn – rasch? Was willst du denn?« Ich hatte keine Scheu. Er hatte gefragt, weil er das Wort aus meinem Mund zu hören wünschte. Ich spürte den geilen Wunsch in seiner Frage, geriet noch mehr in Aufregung und zögerte nicht: »Vögeln will ich, schnell vögeln.«

Herr Ekhardt zitterte. Er warf sich auf mich, wie ich so vor ihm stand, und wir wären beide auf die Erde zu liegen gekommen. Aber das wollte ich nicht. Ich zog ihn ins Zimmer; an seinem Schwanz zog ich ihn nach und warf mich dort aufs Bett. Bleischwer sank er auf meine Brust, und sein

Schweif tobte gegen meine Fut. Er hätte mich damals wahrscheinlich ganz auseinandergesprengt, wenn ich ihn hätte gewähren lassen.

Doch ich fing seinen Schwanz mit der Hand auf und lenkte ihn. Mit der rechten Hand bildete ich einen Schlauch, in dem er hin- und herwetzen konnte wie in einer Fummel, und nur die Eichel, die lange, spitze Eichel, die er hatte, ließ ich zu mir ein. Sie spreizte mich ganz, so dick war sie. Aber sie entfachte mich zum höchsten Genießen.

Herr Ekhardt vollführte so heftige Stöße, daß ich seine Eier gegen meine Hand, die den Schwanz hielt, anschlagen spürte. Ich war ganz hingerissen und begriff nicht, wie ich noch einen andern Mann hatte drüberlassen können als ihn. Und ich kam in Ekstase: »Vögeln Sie mich nur ... gut ... gut ... gut ...«, rief ich ihm zu. »Vögeln, pudern, stemmen Sie mich.« Und dabei fühlte ich in der Hand die Pulse von seiner Nudel und fühlte in mir seine Eichel zucken. Ekhardt schnaufte besinnungslos, und auf einmal spürte ich wie eine Sturzwelle seinen Samen sich ergießen.

Ich hatte ein wenig nur gekostet vom Vergnügen. Genug war mir diese eine Nummer ganz und gar nicht. Ekhardt aber saß erschöpft da und ließ sich von mir abtrocknen. Ich wollte, daß er mich, so tief es ging, in den Arsch vögeln solle. Deshalb begann ich wieder mit seiner Nudel zu spielen. Ich nahm sie erst zwischen zwei Finger, wie ich es von Klementine gesehen hatte, und tippte mit dem Zeigefinger an seiner Vorhaut. Und als das nicht viel half, begann ich kurz entschlossen mit der Schleckerei. Ich nahm den weichen Schwanz ganz in den Mund und warf ihn darin mit der Zunge hin und her. Mit den Händen wühlte ich unterdessen in den langen, schwarzen Schweifhaaaren, die mich in die Augen kitzelten, oder streichelte seine Hoden, und dabei wartete ich voll Aufregung darauf, daß der Schwanz größer und größer werden solle, was er denn auch bei so guter Behandlung bald genug tat. Endlich stand er wieder ganz stramm in die Höhe. Ekhardt wollte nach mir greifen, um die zweite Nummer abzumachen, aber ich umhalste ihn und sagte ihm ins Ohr: »Wollen Sie ihn nicht tiefer hineinstecken?«

»Ja! Ja!« schnappte er. »Tiefer ... Aber wie denn, es geht ja nicht.« Und dabei wühlte er mit seinen Händen unter meinen Röcken herum und stieß mir den Finger so fest in die Fut, daß ich beinahe aufgeschrien hätte. Ich drängte ihn fort: »So nicht ... aber es geht ...«

»Wie denn? Wie denn?« wollte er wissen.

Ich kehrte ihm den Rücken zu, bückte mich, und zwischen meine Beine hindurchlangend schob ich seinen Schweif zu meinem Popo. Herr Ekhardt grunzte wie ein Schwein, während seine von meinem Speichel glitschrig gemachte Nudel langsam in meinen Hintern eindrang. Immer tiefer und tiefer bohrte er mich an, viel tiefer, wie mir schien, als es dem Herrn Horak je gelungen war. Ich fühlte mich so schön ausgefüllt, daß mir nichts mehr zu wünschen übrig blieb, als wie seine Finger in meiner Fut kitzeln zu spüren. Und ich holte mir diese Finger. Aber Herr Ekhardt war so wild vor Geilheit, daß er mir meine Spalte blutig gerissen hätte. Ich zog den Popo zusammen, und Herr Ekhardt stöhnte laut auf vor Wonne. Weil mir das Freude machte, ihn so aufächzen zu hören, zog ich alle Augenblicke den Popo zusammen. Das hatte zur Folge, daß mich früher, als mir lieb sein konnte, sein Samen durchrieselte.

Ganz erschöpft lehnte er gegen die Wand, indem ich mich wieder emporrichtete. Aber ich war noch so erfüllt von der Empfindung, seinen Schwanz bei mir zu haben, daß ich mich vor Wollust schüttelte, und der Saft, den Herr Ekhardt mir gelassen und der jetzt in dünnen Schnürchen zum Popo herausgelaufen kam, kitzelte mich.

Ich ließ nicht von ihm ab und machte mich, unter dem Vorwand, ihn abzuwischen, wieder an seinem Schweif zu schaffen. Als ich seine Vorhaut auf und nieder zog, sagte er matt: »Geh, laß mich.«

Allein ich hatte noch nicht genug. Mir kam immer Schani, seine Mutter und seine beiden Schwestern in den Sinn, und ich fragte: »Sagen Sie, haben Sie schon einmal nackt gevögelt?«

Noch nie hatte ich bis dahin so ungeniert und aufrichtig mit Herrn Ekhardt gesprochen.

Er meinte: »Aber du bist ja selbst schon bei mir im Bett gewesen.«

Worauf ich erwiderte: »Ja, aber ganz nackt, ohne Hemd?«

Er fragte: »Hast denn du das schon getan . . .?«

»Nein«, sagte ich, »aber ich möcht es einmal tun. Haben Sie's schon gemacht?«

Er lächelte: »Natürlich. Ich bin ja verheiratet gewesen.«

»Ist Ihre Frau gestorben?«

»Nein, gestorben ist sie nicht.«

»Wo ist sie denn?«

»Na, eine Hur ist sie geworden.«

Ich erinnerte mich, daß mich der Herr Horak so genannt hatte und fragte: »Bin ich vielleicht auch eine Hur?«

»O nein!« Er lachte heftig über diese Frage. »Du bist meine liebe kleine Peperl.«

Und dabei drückte er mich an sich, und ich benutzte die Gelegenheit, mit seinem Schweif zu spielen.

»So ein kleines Mädel wie dich hab' ich noch nie gefickt«, meinte er. »Schmeckt dir denn das Vögeln so gut?«

Ich neigte mich statt aller Antwort herunter und nahm leise seinen Schwanz in den Mund. Ich leckte mit der Zungenspitze die Eichel, fuhr den ganzen Schaft herunter, küßte seine Eier und ließ mich von den Haaren im Gesicht kitzeln. Aber sein Schwanz blieb weich. Ich zuzelte und zuzelte, und er sagte nur manchmal: »Das tut wohl!«

Dann zog er seine Nudel aus meinem Mund und ließ mich zwischen seine Beine treten. Er hob mir die Röcke auf, und mit der Hand wischte er seinen schlappen Schweif an meiner Fut herum und kitzelte mich, wie mit einer dicken Zunge.

»Ist das gut?« meinte er.

»Ja, aber warum steht er Ihnen nicht?« gab ich zurück. »Ich möcht', daß er Ihnen wieder steht.«

»Wenn das aber deine Mutter wüßt', was du da tust«, sagte er plötzlich.

Ich lachte: »Die Mutter will auch, daß er dem Vater öfter steht ...«

Er wurde aufmerksam: »Woher weißt du das?«

Ich erzählte ihm, während er mit seiner weichen Nudel an meiner Spalte herumstrich, die nächtliche Szene, die ich belauscht hatte. Er hörte gespannt zu: »So, also das hat sie gesagt, daß sie jemanden andern zum Vögeln finden wird ...?«

Und auf einmal stand ihm der Schweif so fest wie früher. Er hob mich auf, daß ich mich auf ihn setzen konnte, und so hielt er mich in den Armen und drückte nun seine Schwanzspitze hinein, so weit er konnte. Ich tauchte auf und nieder, und mir kam es rasch nacheinander, was ich ihm auch sagte: »Mir kommt's ... jetzt ... jetzt ... nicht so tief, das tut weh ... jetzt ... so ... so ... jetzt kommt's schon wieder ...«

Er fragte dazwischen: »Warum will sich deine Mutter nicht von mir vögeln lassen?«

Ich schob auf der Schwanzspitze hin und her und meinte: »Ich weiß nicht ...«

Er fuhr fort: »Ich werde deiner Mutter sagen, daß sie's tun soll ... ja?«

»Meinetwegen«, gab ich zur Antwort. »Mir kommt's wieder ... ah ... ah ... das Pudern ist gut ... gut ... ist das ...«

Es vögelte mich jetzt wunderbar, aber er dachte nur an das, was ich ihm erzählt hatte, und ich dachte wieder nur an Schanis Mutter und Schwestern.

»Glaubst, daß sie sich von mir vögeln läßt?« fragte er keuchend.

»Vielleicht ... ich weiß nicht ...« Und weil er heftiger zu stoßen begann, bat ich ihn: »Nicht so tief ...«

»Bei deiner Mutter ginge er ganz hinein ... was?«

»Natürlich ...«

»Möchst du's haben, daß ich sie vögel ...?«

Aus Gefälligkeit sagte ich: »Ja ...« Und im selben Moment spritzte er mich an. Ich fuhr weg von ihm. Aber er war noch nicht fertig und wurde böse.

»Bleib doch, du Fratz, du dummer ... es kommt mir erst, sapperment ... mitten drin darf man ja nicht fort ...«

Ich wichste ihm den Rest mit der Hand herunter, und es regte mich wieder auf, wie hoch er spritzte; es wollte gar kein Ende nehmen.

Mittlerweile war es finster geworden. Ich legte mich zu Bett, und Herr Ekhardt tat in der Küche dasselbe. Nach einer Weile aber lief ich zu ihm, zog das Hemd ab und trat nackt an sein Lager.

Er wollte mich zuerst nicht haben, aber er streichelte mich doch am ganzen Körper, küßte mich auf die Brustwarzen, was mir sehr wohl tat. Dann fuhr er mir mit angefeuchteten Fingerspitzen über Brust und Bauch hinunter in meine Muschel, daß ich ganz außer mir geriet vor Geilheit.

Ich fürchtete, es könne jemand nach Hause kommen, ehe das Spiel zu Ende gespielt sei, deshalb bat ich ihn: »Gehn's, Herr Ekhardt, tummeln Sie sich, es könnt' wer kommen.«

»Was denn tummeln?« fragte er.

»Mit dem Vögeln ...«, flüsterte ich ihm zu.

»Na hörst du!« Er setzte sich im Bett auf, hielt mich quer auf seinen Knien und suchte im Finstern mein Gesicht zu erspähen. »Na hörst du ... dreimal hab' ich dir's getan, und jetzt willst du's wieder ...?«

»Nackt ...«, sagte ich schüchtern.

»Schau dir doch einmal deine Fut an«, meinte er, »die ist ja ganz ausgewetzt von heut abend.«

»Oh, das ist nicht von heute«, entschlüpfte es mir.

»So? Von wann denn?« Er war mit dem Finger in mein Loch geglitten, und das brachte mich ganz in Aufregung. »So? Von wann ist das denn? Mit wem vögelst du denn so herum? Na? Mir scheint, du treibst es aber zuviel! Sag mir mit wem?«

Er bohrte mit seinem Finger an mir herum, und ich war wie von Sinnen. Trotzdem überlegte ich blitzschnell meine

Antwort und beschloß, den Herrn Horak zu verraten. Das war auch ein Erwachsener.

»Also wer hat das so ausgewetzt?« fragte er, tief über mich gebeugt, heiser vor Neugierde und mit den Fingern in meiner Fut wühlend. »Wer? Das mußt' mir jetzt sagen ...«

»Der Horak ...«, antwortete ich.

Er wollte alles wissen: »Der Bierversilberer von unten?«

»Ja.«

»Seit wann?«

»Schon lang.«

»Früher als ich dich gevögelt hab?«

»Nein, später ...«

»Wo denn? Wo hat er dich denn erwischt ...?«

»Im Keller ...«

»Na, und wieso hat er dich so ausgewetzt ...?«

»Weil er so einen langen Schweif hat ...«

»Wie lang? Länger als meiner ...?«

»Ja, viel länger, aber nicht so dick.«

»Und wie oft vögelt er dich auf einmal?«

Ich log: »Fünfmal macht er mir's immer ...«

Ekhardt war ganz aufgeregt: »Komm«, keuchte er plötzlich, »komm, ich werd dich noch einmal pudern.«

Ich schlüpfte unter ihn, er drehte sich vor, hob sich das Hemd auf und lag nun nackt auf meinem nackten kleinen Körper. Aber es ging nicht. Sein Schweif war ganz weich und wollte nicht stehen.

»Verflucht«, flüsterte er, »und ich möcht wirklich ...«

»Ich auch«, gab ich zurück und bäumte mich ihm entgegen. Aber es half nichts.

»Weißt was«, meinte er, »nimm ihn wieder in den Mund, da steht er gleich ...«

Ich versuchte noch immer, mit der Hand da unten nachzuhelfen und mir den weichen Zumpel hineinzustopfen. Aber er wiederholte: »Nimm ihn wieder in 'n Mund ... den Horak seinen wirst ja auch zuzeln, was?«

»Ja«, gestand ich.

Ekhardt rutschte an mir herauf, und als ich verstand, was

er wollte, rutschte ich im Bett tiefer, bis er, immer auf mir liegend, seinen Schwanz an meine Lippen brachte. Ekhardt schob mir seine Nudel ganz in die Lippen. Sein Bauch lag auf meinem Gesicht, daß ich kaum Luft bekam. Dennoch arbeitete ich, wie ich nur konnte, weil die Angst, von meinen heimkehrenden Leuten gestört zu werden, mich peinigte. Er hatte seinen Kopf in das Polster vergraben, stöhnte leise und hob sein Gesäß, als ob er vögeln würde. Ich lag unter ihm und sog und schleckte und züngelte an seinem Schweif, der mir im Mund hin- und herging. Das dauerte eine ganze Weile. Der Schweiß brach mir aus, und die Lippen schmerzten mich. Endlich, endlich fühlte ich den Speer sich aufrichten, fühlte ihn rund, steif, hart, groß werden. Endlich ging er nicht mehr ganz in meinen Mund hinein, endlich spürte ich, wie er zu pulsieren begann.

Wie eine Eidechse glitt ich unter Ekhardt höher, bis der warme Stiel zwischen meinen Beinen lag. Dort haschte ich ihn mit den Händen und vergrub ihn in meiner Fut, so weit er nur darin Platz hatte. Das draußen bleibende Stück, es war der größere Teil, hielt ich in beiden Händen sanft umklammert und freute mich, wie er hin- und herging.

Ekhardt vögelte mich mit einer wahren Wut: »Das hätt' ich nicht geglaubt«, schnaufte er, »das hätt' ich nicht geglaubt, daß wir noch eine Nummer machen.«

»Besser stoßen«, bat ich, »besser stoßen.«

»Na wart«, raunte er mir zu, »ich will dich ficken, daß du die Engel singen hörst . . . na wart . . .«

Er legte mir die Hände auf die Brust und spielte mit nassen Fingerspitzen an meinen Brustwarzen, daß mir wonnige Schauer bis in die Fußsohlen herunterliefen.

Ich warf meine Fut seinem Schweif entgegen, ließ mit den Händen ein bißchen nach und fühlte, wie er tiefer eindrang.

»Wart«, sagte er jetzt, »du Hur, du nichtsnutzige, du Fratz, du geiler, du Petschiermädel, du läufiges, wart nur, du Hure du, ich werd's dir zeigen . . .«

Und er preßte seinen Mund an mein Ohr und begann mir die Ohrmuschel auszuschlecken. Im selben Moment war mir, als ob ich losschreien müßte. Mir war, als ob er mit sechs Schwänzen mich vögeln würde, in der Fut, im Mund, in den beiden Ohren und auf den beiden Brustwarzen. Ich hielt das laute Schreien mit Mühe zurück, aber reden mußte ich: »Jessas, Herr Ekhardt ... das ist gut ... das ist gut ... ich werd' mich immer von Ihnen vögeln lassen ... immer nur von Ihnen ... Jessas, mir kommt's ... mir kommt's ... ganz tief herein ... so ...« Ich ließ ihn wieder ein Stückchen mehr zu mir, es tat schon weh, aber ich achtete nicht darauf.

»Wart nur«, flüsterte Ekhardt an meinem Ohr, indem er zwischen seinen Worten mit der Zunge in meiner Ohrmuschel herumfuhr: »Wart nur, dir werd' ich das Pudern beibringen ... du wirst mir nicht mehr in' Keller gehen ... mit dem Bierversilberer auf'n Faßl pudern ... wart nur ... dich vögle ich jetzt, wie ich meine Frau gevögelt hab' ... so ... so ... und wenn du gleich ein Kind kriegst ... das geniert mich nicht ... stoß nur zu ... so ... mit entgegenstoßen ... was? G'spürst es ... ja?«

Ich war so aufgelöst, daß ich immerfort sprach und ihm Antwort gab: »Nein, Herr Ekhardt ... nein ... ich geh' nicht mehr in' Keller ... ich laß mich nicht ... mehr vom Horak vögeln ... nein ... von niemand mehr ... nur von Ihnen ... von Ihnen ganz allein ... vom Alois nicht mehr ... und nicht mehr vom Franzl ... und von Robert nicht mehr ... und von kein Soldaten auch nicht mehr ... nur von Ihnen ...«

»So viele Schwänze hast du schon drin gehabt?«

»Ja«, sagte ich, »so viele Schwänze ... und noch viel mehr ... noch ein Haufen anderer Buben ...«

Er vögelte drauflos wie im Sturm. »Alsdann brauch ich mich nicht genieren ... mich wirst nicht verraten.«

»Nein, Herr Ekhardt«, stammelte ich in Ekstase. »Ihnen nicht! Aber Sie müssen mich alle Tag so vögeln ... ah, so gut ... so gut is der Schwanz in der Fut ... ah, es kommt mir schon wieder ... es kommt mir ... nur so weiter stoßen ... nur so weiter ... nur fest ...«

»Wann was g'schieht«, sagte er, »dann sagst du, daß es der Horak war ... verstehst ...?«

»Ja, aber Sie müssen mich alle Tag vögeln ... alle Tag ...«

»Mein' letzten Baaz geb' ich her«, rief er, »soll sein, was will, ich werd dich schon so ausvögeln, daß der Schweif noch ganz hineingeht ...«

Und dann remmelten wir wortlos weiter im Takt. Meine Hände brannten, meine Fut brannte, meine Ohren sausten, mein Atem versagte. Ekhardt puderte weiter wie eine Maschine. Mehr als eine Stunde dauerte diese Nummer. Ich rührte mich nicht mehr, und hie und da wagte ich die Frage: »Noch nicht bald fertig?«

»Nein ...«, keuchte er.

Und weiter remmelte sein Schweif. In mir war alles vorbei. Die letzten Male, da es mir noch gekommen war, hatte ich eher Schmerz als Wonne gefühlt. Es hatte nur flüchtig in mir gezuckt, und wie ein rascher Krampf war es mir in die Zehenspitzen gefahren und hatte mich gestreckt. Dann aber spürte ich nur den Brand meiner halb wund geriebenen Haut.

»Noch nicht ...?«

»Bald.«

Nach einer Weile: »Bitt schön, Herr Ekhardt, es tut mir schon weh.«

»Gleich, mein Mauserl ... kommt's dir nicht noch einmal?«

»Nein ... es kommt mir gar nicht mehr ... Bitt schön, spritzen Sie, Herr Ekhardt ... spritzen Sie ...«

Er machte einen solchen Stoß, daß ich glaubte, er sprenge mir die Fut auseinander. Und dann begann er zu spritzen. Es rann mir so in meine Spalte hinein und quietschend wieder heraus, als ob er uriniere. Das Bett war naß. Dabei lag er ganz still und wie ein Klotz so schwer auf mir und röchelte.

Ich wand mich, als er fertig war, unter ihm hervor, halbtot vor Müdigkeit. Er stieß nach mir und brummte: »Schau aber jetzt, daß du weiterkommst, du Hurenfratz, du vermaledeiter ...«

Ich gab ihm gar keine Antwort, sondern trat nackt, wie ich war, ins Zimmer, zog das Hemd an und warf mich auf mein Bett. Mir brannte meine Muschel inwendig und an ihren äußeren Rändern wie Feuer. Ich glaubte, ich müsse voll Wunden sein, zündete ein Licht an und besah mich mittels eines Handspiegels. Wund oder blutig war ich allerdings nicht, aber ich erschrak doch, wie rot die Fut war, wie weit sie klaffte und weh mir alles tat. Ich legte mich hin, blies das Licht aus. Zwei Minuten später kamen meine Leute. Ich tat so, als ob ich schliefe, verbiß meinen Hunger, indessen sie ihr Nachtmahl verzehrten, und später schlief ich wirklich ein.

Am nächsten Morgen war Herr Ekhardt krank. Er lag in der Küche im Bett, legte sich kalte Umschläge auf den Kopf und, wie ich glaubte, auch anderswohin. Ich war ganz wohl, nur die Fut brannte mir noch ein wenig. Ekhardt sah mich nicht an, und auch ich vermied es, mit ihm zu reden. Er schlief übrigens beinahe den ganzen Tag. Als ich abends bei ihm vorbeiging, zischelte er mir zu: »Da bist du schuld!«

Ich bekam eine plötzliche Angst und lief ins Zimmer, wo meine Mutter war, und es gab mir keine Ruhe, ich mußte sie fragen: »Was fehlt denn dem Herrn Ekhardt?«

»Ich weiß nicht«, erwiderte sie gleichgültig, »krank ist er halt.«

Wenige Minuten später ging sie in die Küche, und ich hörte sie fragen: »Was fehlt Ihnen denn eigentlich, Herr Ekhardt . . .?«

Ich erschrak furchtbar, weil ich nichts anders meinte, als daß er jetzt sagen werde: ›Die Pepi ist dran schuld . . .‹

Er flüsterte etwas, das ich nicht verstand, und ich vernahm nur, wie die Mutter sagte: »Gehn S', hörn S' auf.«

Vorsichtig schlich ich zur Tür, um zu horchen. Ich mußte, koste es was es wolle, ich mußte hören, was vorging.

Ekhardt flüsterte in seinem Baß, und die Mutter sagte auch schon leiser: »Aber warum tun S' denn so was?«

Er antwortete flüsternd: »Das Madl hat mich ganz aufgeregt, sag' ich Ihnen, ich bin ein ganzer Narr g'wesen . . .«

Ich war vor Angst mehr tot als lebendig.

Meine Mutter sagte: »Das muß aber ein sauberes Luder g'wesen sein ...«

Ekhardt widersprach: »Nein, nein, Sie ist noch ein Kind, die weiß ja selbst nicht, was sie anstellt, die ist vielleicht so alt wie Ihre Pepi ...«

Jetzt atmete ich auf.

Aber meine Mutter schlug die Hände zusammen: »Da traun Sie sich und tun so ein Kind schänden ...«

Ekhardt lachte: »Ach was, schänden! Schänden! Wenn sie mir selber den Schwanz aus dem Hosentürl herausnimmt, wenn sie selber mit die Nudel in' Mund nimmt und abschleckt, dann werd ich sie wohl nicht geschändet haben.«

Meine Mutter war entsetzt: »Nein, wie die Kinder schlecht sind ... da sieht man, man kann nicht genug aufpassen.«

Dann senkte sie ihre Stimme völlig zum Flüstern herab, und ich entnahm nur aus seiner Antwort, was sie gefragt haben mochte. Herr Ekhardt wurde lebhafter und meinte: »Aber nein, wo wird er denn ganz hineingehen ... Nur so weit, nur so ein Stückerl ... geben S' die Hand her, ich zeig's Ihnen ...«

»Nein, nein, ich dank schön ... was fällt Ihnen denn ein?«

»Na, da wär' auch nix dabei«, meinte Herr Ekhardt.

Die Mutter unterbrach ihn: »Wie oft ham' S' g'sagt?«

»Sechsmal ...« Herr Ekhardt log, und es machte mir Spaß, daß ich es wußte und daß die Mutter keine Ahnung davon hatte. »Sechsmal hab' ichs petschieren müssen«, fuhr er fort, »die hats nicht anders getan ...«

»Gehn S' mir weg ...«, fiel meine Mutter ein. »Das gibts ja gar nicht, sechsmal ... Was lügen S' denn so daher ...«

»Wenn ich Ihnen aber sag'« beteuerte Ekhardt, »Sie sehen doch, daß ich mich nicht rühren kann. Sechsmal ...«

»Ah nein!« Meine Mutter glaubte ihm nicht. »Das bringt ja gar kein Mann zusammen ...«

»Hören S' Frau Mutzenbacher«, sagte Ekhardt lachend, »hat Ihr Mann noch nie sechs Nummern g'macht auf Ihnen?«

Meine Mutter kicherte: »Ja, freilich, was denn ...?

In diesem Augenblick kam jemand. Das Gespräch war zu Ende, und ich fühlte mich von jeder Angst befreit.

Auch die nächsten Tage war Herr Ekhardt noch krank, wie er sagte. Er lag freilich nicht mehr zu Bett, aber er ging in Unterhosen und Pantoffeln und nur mit einem alten Überzieher bekleidet im Haus herum, saß bei der Mutter in der Küche, und oft merkte ich, daß sie noch von der Sache sprachen.

Am dritten oder vierten Tag, ich war schon um zehn Uhr von der Schule frei, kam ich am Vormittag nach Hause. Die Küche war leer; die Glastür, die in das Zimmer führte und mit einer weißen Spitzengardine verhängt war, war geschlossen. Ich sah gleich, daß die Mutter mit dem Herrn Ekhardt im Zimmer war. Und da sie mich nicht hörten, verhielt ich mich still und trachtete ihr Gespräch zu erlauschen, weil ich dachte, es werde wieder von mir die Rede sein.

Ich hörte, wie meine Mutter sagte: »Nix ham S' g'hört, eine Lug ist das von Ihnen . . .«

Ekhardt entgegnete: »Aber erinnern S' sich nur, es wird schon stimmen . . . ich hab' ganz genau g'hört, wie Sie g'sagt haben, es ist Ihnen noch nicht gekommen, und wie Sie von Ihrem Mann verlangt haben, er soll noch eine zweite Nummer machen.«

Die Mutter lachte: »Ja, von dem eine zweite Nummer . . . da muß man froh sein, wenn er eine zusammenbringt.«

»Na sehen Sie«, meinte Ekhardt eifrig, »er wird halt früher fertig wie Sie, weil er zu viel Schwäche hat . . .«

Die Mutter antwortete mürrisch: »Andere Männer werden auch nicht viel besser sein.«

»Oho, da täuschen Sie sich aber recht sehr«, widersprach ihr Ekhardt, »ich kanns so lang zurückhalten, wie ich will, und wenn Sie es sich dreimal wollen kommen lassen, liegt mir auch nix dran.«

Die Mutter lachte: »Das kann ein jeder sagen. Das glaub ich nicht . . . Sie tun sich nur prahlen . . .«

»Was prahlen...? Was prahlen...? Geben Sie's her einmal... dann werden Sie sehen...«

Die Mutter schüttelte den Kopf: »Aber nein, das wissen Sie schon, das tu ich nicht.«

Ekhardt erwischte sie bei den Hüften: »Na gehen S', jetzt wär ich grad aufgelegt, ein paar Nummern zu machen...«

Er rang mit ihr, die sich sträubte: »Lassen S' mich los, Herr Ekhardt, ich schrei...«

Ekhardt ließ sie los, blieb aber dicht bei ihr und flüsterte: »Gehn S', Frau Mutzenbacher, lassen S' mich drüber, Sie g'fallen mir schon lang.«

Die Mutter trat von ihm fort und schüttelte heftig den Kopf: »Geben Sie mir an Ruh – ich bin eine anständige Frau!«

Meine Mutter war eine schlanke, aber festgebaute Frau und mochte damals sechsunddreißig oder achtunddreißig Jahre alt sein. Sie hatte noch ein frisches Gesicht und schöne blonde Haare.

»Hören Sie«, sagte Ekhardt, »Ihnen möcht mans aber nicht ankennen, daß Sie schon drei Kinder g'habt haben...«

Meine Mutter schwieg, und er fuhr fort: »Das heißt nämlich, im Gesicht merkt mans nicht... anderswo wird mans schon merken...«

»Nirgends merkt man was«, rief die Mutter eifrig, »ich bin noch ganz so, wie ich als Mädchen war.«

Jetzt spielte er den Ungläubigen: »Gehn S' weiter... bei die G'spaßlaberln wird mans schon kennen.«

Die Mutter war ganz beleidigt: »Nix kennt man. Meine Brust ist noch grad so wie sie war.«

Ekhardt sprang zu ihr und wollte sie bei den Brüsten packen. »Das muß ich selber sehen«, rief er.

Aber meine Mutter entzog sich ihm: »Lassen Sie's bleiben, wenn Sie's nicht glauben wollen.«

Dennoch gelang es Ekhardt, eine Brust zu erwischen. Ich sah, wie er sie faßte und zusammendrückte. Und er war außer sich vor Freude: »Nein, so was! Nein, so was!« rief er ein- ums anderemal. »Das ist ja wie bei einer Jungfrau ... hören Sie, das ist mir mein' Leben noch nicht vorgekommen.«

Die Mutter wehrte sich noch ein wenig, dann aber hielt sie still und lächelte stolz: »Na sehen Sie«, sagte sie, »jetzt glauben Sie's mir.«

»Meiner Seel, jetzt glaub ich's«, erwiderte Ekhardt und nahm die zweite Brust in die Hand, ohne daß meine Mutter es ihm verwehrte.

»Wissen Sie«, fuhr er fort, und dabei spielte er mit beiden Händen an den beiden Brüsten, so daß man durch die dünne Perkailbluse die Warzen hervortreten sah. »Wissen Sie, Sie sind schön dumm, daß Sie mit so einer schönen Brust noch sich anstrengen, damit's Ihnen einmal kommt, bei Ihrem Mann. Da möchten andere sich das Beuschel herausvögeln, nur wegen dieser Duterln da ...«

»Ich bin halt eine brave Frau«, sagte die Mutter, aber sie stand ruhig und ließ mit ihren Brüsten spielen.

»Brav hin, brav her«, redete ihr Ekhardt zu, »wenn der Mann nix hergibt, hört sich die Bravheit auf. Da haben Sie keine Verpflichtung mehr. Die Natur will befriedigt sein ...« Mit diesen Worten hatte er die Bluse aufgeknöpft und nahm jetzt die nackten Brüste aus dem Hemd. Sie lagen weiß in seinen braunen Händen.

»Gehn S', hören S' auf«, flüsterte meine Mutter und suchte sich frei zu machen. Aber er bückte sich rasch und küßte sie auf die linke Brustwarze. Ich sah, wie meine Mutter am ganzen Körper erbebte. »Hören S' auf! Hören S' auf!« flüsterte sie eindringlich. Und dann setzte sie hinzu: »Es könnt' wer kommen ...« Sie stand vor den Doppelbetten, die noch von der vergangenen Nacht nicht aufgeräumt waren. Ekhardt warf sie mit einem plötzlichen Stoß quer auf die Betten und lag gleich darauf zwischen ihren Beinen.

Sie strampelte mit den Beinen, und Ekhardt hatte viele Mühe, sie niederzuhalten.

»Nein, nein ...«, flüsterte sie, »ich will nicht ... ich will nicht ... ich bin eine brave Frau ...«

»Ach was«, herrschte sie Ekhardt an, »Sie wer'n schon einmal ein' andere Nudel g'nommen haben.«

»Nein, noch nie ... noch nie ... Gehn Sie weg ... oder ich schrei ...«

Ekhardt suchte schon den Eingang mit seinem Schweif. »Machen S' keine G'schichten, wegen ein' Mal ...«, keuchte er. Dabei sah ich von der Seite, wie er die Brüste streichelte und drückte.

»Wenn jetzt wer kommt ...«, bat ihn die Mutter.

»Es kommt niemand«, beruhigte er sie und begann schon mit seinen heftigen Stößen. Die Mutter lag ruhig da und regte sich kaum. Sie sagte nur immer: »Ich bitt Sie, tun Sie's nicht ... bitt Sie ... nicht ...« Auf einmal lachte sie: »Sie finden ja gar nicht hin ...« Ekhardt stieß auf ihr herum. Und plötzlich hörte ich sie flüstern: »Warten Sie ... nicht ... nicht ...« Ein kurzes Stöhnen kam, ein langer Seufzer. Ekhardt hatte ihr den Schweif hineingestoßen.

Im Augenblick war alles verändert. Sie wurde von einem Beben am ganzen Körper geschüttelt, dann breitete sie die Füße weit auseinander, und Ekhardt nahm sie und legte sie sich auf beide Arme: »So«, flüsterte er, »so, Weiberl.«

Ich kannte seine taktmäßigen Stöße und sah, daß er jetzt mit voller Lust drauflosvögelte, und ich überlegte, ob ich dableiben und zuschauen, oder hinuntergehen und im Keller den Herrn Horak suchen sollte. Aber ich fürchtete, die beiden könnten mich hören, wenn ich mich rührte, und dann bannte mich doch die Neugierde an meinen Platz.

Meine Mutter begann die Stöße Ekhardts zu erwidern.

»Ah«, rief er, »du kannst es aber ... du kannst es ... ah ... so eine warme enge Fut ... und so schöne Duterln ... ah ... und so gut zurückstoßen tust du ... ah ... da laß ich mirs gar nicht kommen ... da bleib ich immer drin ...«

Die Mutter atmete immer schwerer und immer schneller, dann brach auch sie endlich mit ihren Reden los: »Maria und Josef ... du tust mir weh ... so ein Schwanz, so ein großer ... und so dick ... ah ... süß ... süß ... ah ... ah ... das ist ganz anders als wie sonst ... fest, nur fest ...

das g'spür ich bis in die Duteln herauf ... vögel mich ... vögel mich gut ... Gleich kommt's mir.«

»Laß dir nur Zeit«, meinte Ekhardt, der sich wie ein Drescher auf und niederbewegte. »Laß dir nur Zeit ... ich spritz nicht, warte nur.«

»Ah, das ist gut ... das kenn' ich noch gar nicht, wenn man so ruhig sich ausvögeln darf«, flüsterte sie. »Mein Mann wär jetzt schon längst fertig ... ah ... so ist's gut ... so fest hinein ... fest ... und remmel ... ah ... das ist wunderbar ... so lang hat's mein Mann noch nie gemacht ...«

»Wär jetzt das Herausziehen unangenehm?« fragte Ekhardt. Dabei zog er sich ein wenig zurück.

Meine Mutter schrie laut auf, umklammerte ihn, und wie er wieder hineinfuhr, schrie sie noch einmal auf: »Ah ... Gott ... mir kommts ... mir kommts ... um Gottes willen, nur jetzt nicht fort ... nur jetzt nicht ... bitte ... bitte, bitte.«

Ekhardt flog nur so hin und her. »Was, jetzt darf ich dich auf einmal vögeln, nicht wahr? Jetzt darf ich? Gelt ja? Und zuerst hast mich nicht drüberlassen wollen ...«

»Puder mich nur ... Ach Gott, wenn ich das gewußt hätt, wie gut das ist, wie gut der Schwanz ist und wie der remmeln kann ... ach ... ach ... jetzt ... jetzt ...«

Sie brach in ein Weinen, Quietschen und Schluchzen aus und jappte nach Atem. Ekhardt vögelte weiter.

Meine Mutter sagte: »Mir ist's schon gekommen ...«

»Macht nichts«, unterbrach er sie, »wird's dir halt noch einmal kommen.« Und er stieß mit unverminderter Kraft drauflos.

»Noch! Es kommt mir wirklich schon wieder ... hah! Das hats bei meinem Mann nie gegeben ... oh ... ich sterbe ... ich sterbe ... ich spür den Schwanz bis zum Mund herauf, bitt dich ... nimm die Duteln ... spiel mit meiner Brust, bitte spiel mit den Duteln ... so ... so ... und vögel mich nur immer weiter ...«

Ekhardt gab sich noch mehr Mühe: »Jetzt darf ich halt mit den Duterln spielen, was?« fragte er flüsternd, »jetzt heißt's nicht mehr, ich bin eine brave Frau, was ... mit der Nudel in der Fut hören sich die Dummheiten auf ...«

Sie antwortete glücklich: »Ja, laß sie nur in der Fut, deine Nudel ... laß sie nur ... ah, mir kommt's schon wieder, zum drittenmal ... ach was ... brave Frau ... ach was ... mir kommt's ... brave Frau ... vögel mich, vögel mich ... und wenn auch wer kommt, mir liegt gar nix dran ...«

Ekhardt wütete auf ihr. Er riß an ihren Brüsten, hob ihre Beine hoch, und indem hörte ich das Röcheln, das ich kannte: »Jetzt ... jetzt spritz ich ...«

»Spritz nur, spritz!« Mit Entzücken empfing meine Mutter seinen Samen. »Ach ... jetzt ... jetzt spür ich's ... jetzt ... wie er spritzt ... ganz warm kommt's zu mir herein ... ach, und wie oft daß er zuckt ... ach, das ist ein Schwanz, das ist ein Schwanz ... hihi, die Duteln, nimm sie ... so ... mir kommt's auch ... ich werd gewiß ein Kind kriegen ... so viel spritzen tut's ... macht nix ... und wie er noch stoßt ... wenn mein Mann spritzen tut, rührt er sich nimmer ... und du vögelst noch so gut dabei ... so ... so ... und mein Mann spritzt zweimal und dann ist's vorbei ... ah ... ah ... ah ...«

Sie lagen alle beide ganz still aufeinander. Es war vorüber. Dann erhob sich Ekhardt, und meine Mutter setzte sich auf. Ihr Haar hatte sich aufgelöst, ihre Brüste standen frei und nackt hervor. Ihre Röcke waren noch verschoben. Sie hielt sich die Hände vor das Gesicht, schaute aber durch die gespreizten Finger zu Ekhardt auf und lächelte.

Er griff nach ihren Händen, zog sie ihr vom Gesicht fort. »Ich schäm' mich«, sagte sie.

»Ach nix!« tat er sie ab. »Jetzt ist schon alles eins.«

»Mein Schwanz, mein guter!« sagte sie, hielt seinen Schweif in ihrer Hand und betrachtete ihn neugierig. »Nein, so ein schöner Schweif ... mir ist noch immer, als ob er drinn stecken würde.« Dann beugte sie sich herab und nahm die ganze, rote, dicke Nudel Ekhardts, die halb weich war, auf einmal in den Mund. Sofort stand die Geschichte so fest wie früher.

»Komm ... vögeln.« Ekhardt zog den Schweif aus dem Mund und wollte sie wieder auf's Bett werfen.

»Nein ...«, rief sie erstaunt, »noch einmal ...? Du kannst es wirklich noch einmal?«

»Da ist doch nichts dabei ...«, sagte er. »Natürlich ... noch fünfmal ... wenn niemand kommt ...«

»Wenn nur niemand kommen möcht'«, rief die Mutter, »ich weiß nicht, ich bin ganz verrückt ... ich halt's nicht aus ...«

»Am besten«, meinte Ekhardt, »am besten ist's, für den Fall, daß jemand käm', wir legen uns gar nicht nieder ... setzen wir uns daher.« Er setzte sich auf einen Sessel, und aus seiner schwarzen Hose stand sein roter Schweif hoch empor.

Vorsichtig bestieg die Mutter diesen Sattel, und ich sah, wie sie selbst mit ihrer Hand heruntergriff und sich den Stift befestigte. Gleich darauf hüpfte sie wie rasend auf und nieder: »O Gott, o Gott, so ist's noch besser, so ist's noch viel besser ... o Gott, o Gott ... da tupft mich der Schwanz direkt am Herzen ...«

Ekhard brummte: »Siehst du, wärst nicht immer so stolz gewesen, hätten wir schon lang vögeln können ...«

Die Mutter rief: »Halt mich bei den Duteln, daß ich dich überall hab' ... halt mich ... ach Gott ... ach Gott ... jetzt bin ich schon so lange verheiratet ... und nie hab' ich so gevögelt ... nein ... so ein Mann verdient's nicht ... ach Gott, ach Gott ... daß man brav bleibt.«

Ihre Brüste flogen bei ihrem Tanz auf und nieder. Jetzt griff Ekhardt danach und hielt sie fest. Und bald auf die eine, bald auf die andere Warze drückte er schmatzende, saugende Küsse. »Mir kommt's ... immerfort kommt's mir ... alle Augenblicke rinnt mir die Natur heraus ... ach, du guter Mann ... du kannst es, was ...? Mir kommt's schon wieder ... schon wieder ...«

Es währte nicht lange, und Ekhardt begann wieder sein Röcheln. Dann sah ich, wie er mit seinen letzten Stößen die Mutter hoch emporhob, die Brüste, die er dabei festhielt, wurden ganz lang ausgezogen, aber das spürte sie nicht. Sie hielt sich jetzt bewegungslos und ließ sich den spritzenden Schaft in den Leib bohren. Aber ich konnte wahrnehmen, wie ihr ganzer Körper dabei zitterte, und sie hatte alle Worte verloren, sondern wimmerte nur noch leise. Dann lag sie in seinen Armen eine Weile wie tot. Endlich standen beide auf, und die Mutter kniete vor Ekhardt hin, nahm seinen Schweif in den Mund und fing an wie rasend daran zu saugen.

Er sagte, während es ihn beutelte: »Na, werden wir jetzt öfter beisammen sein ...?«

Sie hielt inne und meinte: »Ich bin Vormittag immer allein, das weißt du ja ...«

Ekhardt schüttelte den Kopf: »Ich muß aber morgen schon wieder ins G'schäft ...«

Die Mutter fand gleich einen Ausweg: »Dann komm ich halt in der Nacht zu dir, wenn mein Mann im Wirtshaus ist ...«

»Und die Kinder ...?«

»Ah was«, gab sie zurück, »die Kinder schlafen ...«

Ekhardt dachte wohl an mich und sagte skeptisch: »Das ist doch nicht so gewiß, daß die Kinder schlafen ...«

»Aber ja«, beteuerte die Mutter, »die hören nie was ...«

Wieder mußte Ekhardt wohl an mich denken. »Soo? Na, mir ist's recht«, meinte er.

Währenddessen hatte die Mutter immer seinen Schweif im Mund gehabt und ihn nur herausgezogen, wenn sie sprach. Jetzt sagte Ekhardt: »Machen wir g'schwind noch eine Nummer ... bevor wer kommt ...«

Die Mutter sprang auf: »Nein, so was ... so was ... aber g'schwind ... nur einmal laß ich mir's noch kommen ... aber nur sehr g'schwind ...«

Sie warf sich mit dem Rücken aufs Bett und hob ihre Röcke.

»Nein«, sagte er, »dreh dich um.«

Er richtete sie so, daß sie, vor dem Bett stehend, mit dem Kopf auf dem Leintuch sich stützte und ihren Popo in die Höhe streckte. Dann rannte er ihr den Speer von hinten hinein. Sie ließ nur ein tiefes Gurgeln hören, und gleich darauf seufzte sie: »Mir kommt's ... schon ... jetzt ... bitt dich, spritz du auch ... spritz ...«

Ekhardt flüsterte ihr zu: »Jetzt spritz ich, schad ... daß ich deine Duteln ... nicht angreifen kann ... so ... jetzt spritz ich ... ah ... ah ...«

Er zog seinen Schwanz gleich heraus, wischte ihn ab und knöpfte die Hose zu. Dann setzte er sich auf einen Sessel und trocknete sich den Schweiß von der Stirn.

Die Mutter nahm das Lavoir vom Waschtisch, stellte es auf den Boden, hockte sich darüber und begann sich die Fut zu waschen. Wie sie damit fertig war, ging sie zu Ekhardt. Ihre Brüste hingen noch heraus. Sie reichte ihm eine nach der anderen zum Mund hin: »Noch ein Bussel«, verlangte sie, und Ekhardt nahm nacheinander ihre beiden Warzen in den Mund und küßte sie. Dann schloß die Mutter ihre Bluse.

»Vielleicht komm ich schon heut abend in die Küche hinaus«, sagte sie.

Ekhardt meinte: »Na schön, wird mich freuen.«

Die Mutter fing plötzlich von mir an, freilich ohne zu wissen, daß sie von mir redete: »Na, und was ist denn mit dem kleinen Luder, mit der du sechs Nummern gemacht hast ...?«

Ekhardt erwiderte: »Was soll denn wohl mit ihr sein ...?«

»Willst du sie vielleicht auch jetzt noch vögeln ...?«

»Die ...?« Ekhardt lächelte. »Bist du eifersüchtig ...?«

»Ja«, sagte die Mutter energisch, »ich will, daß du nur mich vögelst ... nur mich, ganz allein ...«

»Aber du laßt dich doch auch von einem andern vögeln?«

Sie war erstaunt: »Ich ...? Von wem denn?«

»Na, von deinem Mann doch ... nicht?«

»Oh, von dem ... den laß ich jetzt gar nicht mehr drüber.«

»Das gibt's doch nicht, der wird dich doch pudern wollen ...«

»Na«, meinte sie zögernd, »der tut's ja doch nur alle zwei, drei Wochen einmal, und das kann dich nicht genieren ...

Der steckt ihn ein bisserl herein, fahrt zweimal hin und her und ist gleich fertig ...«

»So«, sagte Ekhardt, »und ich werd mein Mäderl alle zwei, drei Wochen einmal pudern, ich steck ihr ihn ja auch nicht ganz hinein, und so sind wir quitt ...«

»Ich bitt dich«, warnte sie, »gib nur acht. Du kannst erwischt werden und dann kommst ins Landesgericht ...«

Ekhardt lachte: »Nein, nein, mich erwischen's nicht. Und du wirst deswegen auch nicht zu kurz kommen, wenn ich das Mädel auch einmal hernehm und petschier sie ...«

»Geh jetzt hinaus«, sagte die Mutter, »es ist eben bald z' Mittag, und es könnt leicht wer kommen ...«

Sie umarmten sich noch einmal. Ekhardt mit beiden Händen an den Brüsten der Mutter, sie mit der Hand an seinem Hosentürl. Dann kam Ekhardt heraus.

Als er mich erblickte, erschrak er im ersten Moment.

Ich lächelte ihn verschmitzt an, und er war einige Sekunden lang so verlegen, daß er nicht reden konnte. Dann kam er zu mir und flüsterte: »Hast du was geseh'n?« Ich lächelte weiter, statt jeder Antwort. Er fuhr mir mit der Hand unter die Röcke, und an meiner Fut spielend, meinte er: »Du wirst niemandem was sagen ... nicht wahr ...?« Ich nickte nur, und er ließ von mir ab, weil er fürchtete, die Mutter könne herauskommen.

Seither habe ich ein paarmal gelauscht, daß die Mutter abends, wenn der Vater noch im Wirtshaus war, zu Ekhardt in die Küche ging, und ich hörte sie beide eine ganze Weile schnaufen. Auch vormittags traf ich sie hie und da beisammen. Ich selbst aber ließ mich von Herrn Ekhardt nicht mehr vögeln. Warum, wußte ich eigentlich nicht, doch widerstrebte es mir. Er packte mich einmal, als er nachmittags offenbar zu diesem Zweck nach Hause gekommen war und mich allein traf. Da ich mich sträubte, warf er mich zu Boden und legte sich auf mich. Aber ich preßte die Knie zusammen und stieß nach ihm, und da ließ er plötzlich von mir ab, warf mir einen eigentümlichen Blick zu und hat mich seither nicht wieder angerührt.

In dem darauffolgenden Jahr ließ ich mich abwechselnd von Alois vögeln, dann von Herrn Horak, den ich fleißig in seinem Keller aufsuchte. Auch Schani erschien einmal bei mir und sagte mir im Hereinkommen schon, daß seine Mutter und die älteste Schwester die Periode hätten und daß er deshalb heute nacht nur die Wetti gepudert habe. Und die folgende Nacht brauchte er gar nicht zu vögeln. Wir benutzten das, um in der Küche stehend in aller Eile eine Nummer zu machen, von der mir aber nichts in Erinnerung geblieben ist als die Tatsache, daß Schani konstatierte, ich bekäme schon einen Busen. Wirklich hatte ich schon ein paar kleine Halbäpfel angesetzt, die ganz hübsch wegstanden. Über den Kleidern waren sie noch nicht so zu fühlen, aber als ich dann ein paar Tage nachher Herrn Horaks Hand unter mein Hemd führte, war er davon so entzückt, daß ihm sein Schwanz sofort wieder stand, obwohl er mich eben zweimal gefickt hatte, und fortwährend mit meiner Brust spielend, vermochte er es gleich ein drittesmal, was mir den Wert meines neuen Reizes erst recht deutlich zeigte. Auch mein Bruder Franz vögelte mich in diesem Jahr ein paarmal. Er hatte nicht aufgehört, an Frau Reinthaler zu denken, konnte ihrer jedoch nicht habhaft werden.

Zufällig sah ich sie in dieser Zeit am Vormittag auf den Boden gehen. Ich rief sofort Franz vom Hof herauf und teilte ihm die Gelegenheit mit. Er kam, wagte es aber nicht, auf den Boden zu gehen. Ich redete ihm zu, daß sich Frau Reinthaler von Herrn Horak vögeln lasse, daß sie gewiß bereit sein werde, ihn zu nehmen, ich malte ihm aus, was sie für schöne Brüste habe – er traute sich nicht. Frech, wie ich war, erbot ich mich, ihn zu begleiten. Wir trafen Frau Reinthaler, wie sie oben ihre Wäsche vom Strick abnahm.

»Küß die Hand, Frau Reinthaler«, sagte ich bescheiden.

»Grüß euch Gott, was macht denn ihr da?« fragte sie.

»Wir kommen zu Ihnen ...«

»So, was wollt ihr denn von mir?«

»Vielleicht können wir Ihnen ein bissel was helfen«, meinte ich heuchlerisch.

»Na, na, ich dank euch schön.« Sie legte eben ein Leintuch zusammen.

Ich schlich mich an sie heran und griff ihr plötzlich an die Brust. Ich spielte mit ihr und ließ sie auf- und abschnellen. Franz stand da und schaute auf diesen Busen und ließ kein Auge davon.

Frau Reinthaler preßte mich an sich und fragte: »Was machst denn da?«

»Das ist so viel schön«, schmeichelte ich ihr.

Sie wurde feuerrot und schielte nach Franz und lächelte. Und Franz wurde ebenfalls rot, lächelte dumm, aber wagte es nicht, sich zu nähern.

Ich fuhr ihr unter die Bluse und holte die nackte Dutel heraus, und sie ließ es geschehen und sah auf Franz, während sie sagte: »Was machst du denn?«

Da flüsterte ich ihr zu: »Der Franzl möcht so gern...«

Ich spürte, wie sich ihre Brustwarze momentan aufrichtete. Trotzdem fragte sie: »Was möcht er denn...«

»Na, Sie wissen schon...«, flüsterte ich ihr zu.

Sie lächelte und ließ sich von mir die Brust entblößen, die voll und weiß unter der roten Bluse hervorkam.

»Ich kann ja aufpassen«, sagte ich, und damit sprang ich von ihr fort. Ich gab Franz einen Stoß, daß er geradewegs gegen die Brust der Frau Reinthaler flog. Dann stellte ich mich auf den Vorboden, und wie ich früher im Keller aufgepaßt hatte, damit niemand die Frau Reinthaler störe, während sie von Herrn Horak gestemmt wurde, paßte ich jetzt hier auf dem Boden auf, damit die Frau Reinthaler nicht gestört werde, wenn sie meinen Bruder bedient.

Es war, wenn ich mich recht besinne, die erste Kuppelei meines Lebens. Es sei denn, man will annehmen, daß ich meine Mutter an den Ekhardt verkuppelt habe, indem ich ihm von ihren unbefriedigten Nächten erzählte. Und nimmt man's genau, so muß man wohl zugeben, dieser Ekhardt ist wohl erst durch diese Geschichte auf die Idee gekommen, meiner Mutter mit seinem Lausewenzel zwischen die Beine zu fahren, und er hätte sich wahrscheinlich ansonsten begnügt, die Tochter in ihren beiden noch unvollkommenen Löchern auszubohren.

Franz stand also mit seinem Gesicht, wo ich ihn hingeschleudert hatte, an der nackten Brust der Frau Reinthaler. Sie drückte ihn an sich und fragte ihn: »Was willst du denn, Kleiner?«

Er antwortete nicht, aber er konnte auch nicht antworten, denn sie hatte ihm ihre Brustspitzen in den Mund gegeben wie einem Säugling, und Franz leckte oben an dieser süßen Beere, die immer größer wird statt kleiner, je mehr man von ihr genießt. Und von seinen Lippenbewegungen, von seiner Zunge begann es die Frau aber am ganzen Leib zu reißen. Es durchfuhr sie, und man konnte merken, daß sie nun bald der Worte überdrüssig sein werde.

Ich dachte nicht weiter daran, aufzupassen, sondern beteiligte mich an dem Spiele, das nun anfing. Frau Reinthaler legte sich auf ihren großen, hochgefüllten Wäschekorb, hob die Röcke auf und ließ ihren schwarz behaarten Schlund sehen, so daß ich meinte, mein Bruder werde nun per Kopf darin verschwinden. Dann zog sie den Buben zu sich und versorgte seinen Kleinen mit einem Ruck in ihre Bauchtasche, die quatschend zuschnappte.

Franz begann wie eine Taschenuhr zu ticken, so genau und so präzise, und Frau Reinthaler fing zu lachen an: »Ach, das kitzelt ja ... wie gut das kitzelt ...« Sie lachte und lachte und lag ganz bewegungslos: »Wie gut er das kann ...«, meinte sie zu mir, »macht er das oft?«

»Ja«, sagte ich.

»Und macht er's immer so g'schwind?«

»Ja«, erklärte ich ihr, »der Franzl vögelt immer so schnell.«

Dann aber kniete ich nieder, nahm ihren Kopf und tat, wie mir Ekhardt getan, ich leckte und kitzelte sie mit der Zunge im Ohr.

Sie gurrte mit heiserer Stimme vor Wollust.

»Vögel nicht so schnell, Bubi«, bat sie Franz, »ich will auch stoßen ... wart ... so ... siehst du ... so geht's noch besser.«

Sie regulierte den Takt von Franzls Bewegungen und schupfte ihn nun mit ihrem repetierenden Hintern, daß der Wäschekorb krachte.

»Ach ... es kommt mir ... ach, das ist gut ... ach, das halt ich nicht aus ... wenn die Pepi mich noch so im Ohr schleckt ... da kommt's mir gleich wieder ... nein ... Kinder ... was seid ihr für Kinder ... ach ...«

»Du, Bubi«, sagte sie plötzlich mitten im Keuchen, »warum nimmst du denn das Duterl nicht in den Mund?«

Franz nahm ihre strotzende Brust und leckte an der Warze, als wolle er daraus trinken.

Sie schrie auf: »Aber ... du hörst ja zu vögeln auf ... du hörst ja auf ... und mir kommt's grad ... vögel doch! So ... fester, schneller ... ja ... gut ... so ist's gut ... Jesses, jetzt laßt er die Brust aus ... warum laßt du denn die Brust aus?«

Franz hatte es noch immer nicht gelernt, beides zugleich zu tun. Deshalb ließ ich das Ohr der Frau Reinthaler los und kam ihm zu Hilfe, indem ich die schöne, volle Brust der Frau Reinthaler nahm. Auch die zweite Dutel holte ich ihr heraus, und über ihrem Kopf liegend, küßte ich sie bald rechts, bald links, wobei ich spürte, wie der heiße Atem zwischen meine Beine hinstrich, denn ich lag gerade mit der Fut über ihrem Gesicht. Sie hatte mir die Röcke zurückgestreift und fuhr mir mit der Hand an die Spalte, und sie traf mit ihrem Finger den rechten Punkt so gut, daß es mir sehr wohltat und ich meinte, ich werde auch gevögelt.

Ganz gleichzeitig kam es uns drei. Frau Reinthaler keuchte vor Wonne: »Ach, meine lieben Kinder ... ach, wie gut ist das ... ach, Franzl ... ich spür, wie du spritzen tust ... und du, Peperl ... du bist auch ganz naß geworden ... ach ...!«

Dann lagen wir eine Weile ganz matsch übereinander

und mochten wohl auch wie ein Wäsche- oder Kleiderbündel ausgesehen haben.

Frau Reinthaler, die emporschnellte, warf Franz und mich zur Seite. Sie richtete sich zusammen, war sehr rot und schämte sich plötzlich. »Nein ... so was ... diese Kinder ...«, murmelte sie. Dann lief sie fort, vom Boden herunter.

Franz und ich blieben allein und machten es uns auf dem Wäschekorb bequem. Ich nahm seinen Schwanz in den Mund, damit er wieder stehen könne. Das tat er denn auch bald genug, und jetzt verlangte ich: »Vögel mich ...«

»Nein«, sagte er, »die Frau Reinthaler könnt' kommen «

»Das macht nichts«, redete ich ihm zu, »das macht doch nichts, sie weiß ja, daß wir miteinander vögeln.«

»Ich will aber nicht«, weigerte er sich weiter.

»Warum nicht?«

»Weil ... weil ... du keine Duteln hast«, erklärte er.

»Was?« Ich riß mein Leibchen auf und zeigte ihm meine beiden kleinen Äpfel.

Er begann damit zu spielen, und ich legte mich auf den Korb der Frau Reinthaler. Franz legte sich auf mich, und ich fädelte ihn so schnell ein, daß er bis an den Schaft drin saß. Er puderte ausgezeichnet, und mir schmeckte es. Wir waren bald fertig, standen auf, ließen die Wäsche liegen wie sie lag und gingen vom Boden fort.

Franz lauerte von nun ab der Frau Reinthaler noch hitziger auf als früher. Aber wenn er sie jetzt traf, nahm sie ihn, sooft es ging, in ihre Wohnung und unterrichtete ihn, wie man es machen müsse, die Fut und die Brust gleichzeitig mit Schmeicheleien zu versehen. Und Franz machte bald die erfreulichsten Fortschritte. Oft holte sie ihn aus unserer Wohnung und hatte jedesmal eine Ausrede. »Franzl, möchst nicht für mich zum Greißler gehn, um Petroleum?« Oder: »Franzl, möchst mir nicht g'schwind ein Bier bringen?« Und wenn sie so kam, dann wußte ich schon jedesmal, was bevorstehe, wenn Franzl mit dem Gebrachten in ihrer Wohnung verschwand.

So standen die Dinge, als meine Mutter plötzlich starb. Wir Kinder weinten sehr, denn wir hatten sie sehr lieb gehabt. Sie war immer gut zu uns gewesen, hatte uns nur selten geschlagen; während wir uns vor dem Vater, der immer streng war, doch weit eher fürchteten, als wir ihn gern hatten. Mein Bruder Lorenz sagte damals zu mir: »Das ist die Strafe Gottes für eure Sünden, für den Franzl seine und für deine ...« Ich war tief erschüttert von diesen Worten und glaubte ihm.

Nach dem Tod meiner Mutter gelobte ich mir, mich nie wieder vögeln zu lassen, und der Anblick des Herrn Ekhardt war mir unerträglich. Er war übrigens sehr niedergeschlagen und zog, acht Tage nachdem die Mutter gestorben war, von uns fort. Ich atmete auf, als er aus dem Hause war. Franzl, mit dem ich jetzt natürlich noch viel öfter als sonst allein blieb, griff mir einmal an die Brüste. Aber ich gab ihm eine Ohrfeige, und so ließ er mich in Ruhe. Dieser Todesfall bildete einen Abschnitt in meinem jungen Leben. Ich hätte mich vielleicht noch gebessert, aber es kam anders.

Ich war jetzt braver als je vorher in der Schule und fleißiger. Meine Mutter war schon zwei Monate tot, und ich hatte ein keusches Leben geführt. Weder einen Schwanz noch eine Schwanzspitze hatte ich die ganze Zeit gesehen, und wenn ich meine Muschel kitzelte und ich wider Willen ans Vögeln denken mußte, hatte ich doch der Versuchung widerstanden, das Verlangen, das mir zwischen den Füßen brannte, mit eigenen Fingern zu trösten. Da wurde für unsere Klasse und für die ganze übrige beichtpflichtige Schule wieder eine Beichte angesetzt. Ich wollte mich diesmal von der Sünde der Unkeuschheit reinigen und beschloß, alles zu beichten. Auch für die Todsünde, die ich begangen hatte, indem ich meine Vergehungen bei allen früheren Beichten verschwiegen, wollte ich diesmal Vergebung erbitten.

Bisher hatte ich, sooft ich bei unserem jungen Katecheten zur Beichte war, immer »nein« gesagt, wenn er mich am Schluß meines Bekenntnisses fragte: »Hast du Unkeuschheit getrieben?« Es war ein schwarzhaariger, langer und bleicher junger Mann, und er besaß eine strenge Miene, vor der ich mich ebensosehr fürchtete wie vor seiner mächtigen Nase. Diesmal aber wollte ich alles gestehen.

Die Kirche war voller Kinder, und es wurde an drei Beichtstühlen gebeichtet. Ich kam zu einem ältlichen, fetten Kooperator mit einem großen runden Gesicht. Ich kannte ihn nur vom Sehen, und er schien mir nachsichtig zu sein, weil er immer so freundliche Miene machte.

Zuerst beichtete ich meine kleinen Sünden. Doch er unterbrach mich: »Hast vielleicht gar Unkeuschheit getrieben?«

Zitternd sprach ich: »Ja . . .«

Er legte seine harten Wangen dicht an das Gitter und fragte: »Mit wem . . .?«

»Mit dem Franzl . . .«

»Wer ist das?«

»Mein Bruder . . .«

»Dein Bruder . . .? So! So! Und vielleicht noch mit wem?«

»Ja . . .«

»Also . . .?«

»Mit dem Herrn Horak . . .«

»Wer ist das?«

»Der Bierversilberer in unserem Haus.«

»Mit wem noch . . .?« Seine Stimme bebte.

Ich mußte das ganze Namensregister herzählen.

Er rührte sich nicht, als ich fertig war. Nach einer Pause fragte er: »Wie hast du Unkeuschheit getrieben . . .?«

Ich wußte nicht, was ich antworten sollte. Da herrschte er mich an: »Also wie habt ihr's denn gemacht?«

»Mit . . . na . . .« – ich stotterte – »mit dem, was ich zwischen den Füßen . . .«

Er schüttelte den Kopf: »Habt ihr gevögelt . . .?«

Mir kam das Wort aus seinem Munde merkwürdig vor, aber ich sagte: »Ja . . .«

»Und hast du's auch in den Mund genommen . . .?«

»Ja.«

»Und hast du dir's auch in den Arsch stecken lassen?«

»Ja.«

Er schnaufte und seufzte und sagte: »Ach Gott, ach Gott, mein Kind ... Todsünden ... Todsünden ...«

Ich war ganz weg vor Angst. Er aber meinte: »Da muß ich alles wissen, hörst du? Alles!« Nach einer Weile fuhr er fort: »Das wird aber eine lange Beichte werden ... und die andern Kinder warten ... bleibt nix übrig, als daß du extra beichten kommst, verstehst?«

»Ja, Hochwürden ...«, stammelte ich.

»Gleich Nachmittag, so um zwei ... kommst zu mir ...«

Ich verließ verzweifelt den Beichtstuhl. »Bis dahin«, sagte mir der Kooperator Mayer noch zum Schluß, »bis dahin erinner' dich an alles. Denn wenn du nicht alles beichten wirst, hilft die die Absolution nicht ...«

Ich schlich beklommenen Herzens nach Hause, setzte mich nieder und dachte krampfhaft nach und ließ mir alles, was ich getan hatte, wieder einfallen. Vor der Beichte im Zimmer des Kooperators hatte ich eine große Angst und fürchtete mich vor der Buße, die er mir auferlegen werde. Als es aber Zeit war und ich gehen mußte, fragte mich mein Bruder Lorenz, wohin ich in dem schönen Kleid wolle, und da sagte ich stolz: »Zum Herrn Kooperator Mayer muß ich ... er hat mir's geschafft, daß ich hinkommen soll.«

Lorenz sah mich mit einem sonderbaren Blick an, und ich ging.

Es war Sommer, aber im großen Pfarrhaus umfing mich eine heilige Kühle und eine Stille, die mir Ehrfurcht einflößte. Ich las an den Türen die Namensschilder und klopfte an die Türe, auf der *Kooperator Mayer* stand. Er öffnete mir selbst. Er war in Hemdsärmeln, und seine schwarze Weste war aufgeknöpft, so daß sein ungeheurer Bauch hervorquoll.

Jetzt, da ich ihn außerhalb des Beichtstuhles zum ersten Male wiedersah und sein dickes, roten Pfaffengesicht mir Respekt erregte und mir außerdem einfiel, daß er von mir das viele wußte, trieb mir die Beschämung und die Angst das Blut ins Gesicht.

»Gelobt sei Jesus Christus ...«

»In Ewigkeit ...«, antwortete er. »Da bist du ja ...« Ich küßte seine fleischige, warme Hand, und er versperrte die Tür. Wir traten durch ein kleines dunkles Vorgelaß in sein Zimmer. Es ging auf den Friedhof. Die Fenster standen offen, und die grünen Baumwipfel versperrten jede Aussicht. Das Zimmer war breit und ganz weiß gestrichen. Ein großes Kruzifix hing schwarz an der einen Wand, davor stand ein Betschemel. An der anderen Wand stand ein Eisenbett, eine gesteppte Decke war darüber gebreitet. Ein breiter Schreibtisch nahm die Mitte ein, mit einem riesigen, schwarzledernen Armsessel.

Der Kooperator zog seine Soutane an und knöpfte sie zu.

»Komm«, sagte er.

Wir traten an das Betpult, knieten nebeneinander nieder und sprachen ein Vaterunser.

Dann führte er mich an der Hand zum Großvaterstuhl, setzte sich hinein, und ich stand vor ihm gegen die Schreibtischkante fest angelehnt.

»Na«, sagte er, »also ich höre ...«

Ich schwieg aber und wußte nicht, wie ich anfangen sollte vor Verwirrung.

»Also erzähl ...«

Ich schwieg noch immer und schaute zu Boden.

»Hör zu!« begann er, faßte mich unterm Kinn und zwang mich, ihm in die Augen zu schauen. »Du weißt, daß du schon gesündigt hast ... Unkeuschheit ... eine Todsünde ... verstehst du ... und mit dem eigenen Bruder ... Blutschande ...«

Ich hörte das Wort zum ersten Mal, und ohne es zu verstehen, erbebte ich.

Er fuhr fort: »Wer weiß ... vielleicht bist du ganz verdammt und hast dein Seelenheil schon verwirkt für immer ... wenn ich deine Seele noch retten soll, muß ich alles wissen, ganz genau ... und du mußt es mit Bußfertigkeit erzählen.«

Er sprach mit leiser, stockender Stimme, und das machte

einen solchen Eindruck auf mich, daß ich schließlich zu weinen anfing.

»Wein nicht«, herrschte er mich an. Ich schluchzte.

Er wurde milder: »Na, wein nicht, Kinderl. Vielleicht wird alles gut ... erzähl nur.«

Ich wischte mir die Tränen ab, vermochte aber nichts zu sagen.

»Ja, ja«, hub er an, »die Versuchung ist groß ... und du hast vielleicht gar nicht gewußt, daß das so eine Sünd ist, was? Gewiß, du hast nichts gewußt ... nicht wahr?«

Ich faßte Mut: »Nein, nichts hab' ich gewußt ...«

»Na«, sprach er, »das ist schon besser ... bist du nicht dem eigenen Drang gefolgt ... sondern verführt worden ... zum Beispiel ...?«

Ich erinnerte mich sofort an das erste ›Vater- und Mutterspiel‹ und beteuerte lebhaft: »Ja, Hochwürden ... verleitet bin ich worden ...«

»Hab' mir's gleich gedacht«, nickte er mild, »wenn man das da sichtbar tragt ... das lockt die Versucher an.« Er legte seine Hand leicht auf meine Brust, die schon spitz und hoch unter meiner Bluse hervorstach. Ich spürte die Wärme, die von ihm ausging, und es beruhigte mich, aber mir fiel nichts Arges dabei ein.

»Das ist ein Werk des Satans«, fuhr er fort, »daß er einem Kind schon die Brüste eines Weibes gibt ...« Dabei nahm er meine andere Brust in die zweite Hand.

»Aber die Duteln müssen die Weiber verstecken«, sprach er weiter, »sie müssen sie unsichtbar machen und schnüren, um die Männer nicht zu reizen. Diese Duteln sind Werkzeuge der Wollust ... Gott hat sie dem Weibe verliehen, damit sie ihre Kinder säugen, aber der Teufel hat ein Spielzeug für die Unkeuschen daraus gemacht, und man muß sie verstecken.«

Ich fand nichts dabei, daß er das tat, sondern hörte ihm voll Spannung und Erbauung zu.

»Also wie ist das gewesen«, fragte er wieder.

Aber wieder war es mir nicht möglich, davon zu reden.

»Gut«, meinte er milde, nachdem er eine Weile gewartet hatte, daß ich spreche: »Gut ... ich sehe ... dein Herz ist rein ... und du trägst Scham, von diesen Dingen zu sprechen.«

»Ja ... Hochwürden«, stammelte ich begeistert.

»Also«, flüsterte er, »ich werde dich fragen und du wirst antworten, oder besser, wenn du nicht sprechen kannst, wirst du mir durch Gebärden zeigen, was du verbrochen hast! Ja?«

»Ich will's, Hochwürden«, versprach ich dankbar, nahm seine Hand von meiner Brust und küßte sie inbrünstig.

»Ich muß«, erläuterte er weiter, »alle Grade und Arten der Unkeuschheit kennen, die du begangen hast. Also beginne. Hast du den Schweif in den Mund genommen ...?«

Ich nickte.

»Oft ...?«

Ich nickte wieder.

»Und was hast du mit ihm gemacht ... der Reihe nach?«

Ich schaute ihn ratlos an.

»Hast du mit der Hand gespielt damit?«

Ich nickte wieder.

»Wie hast du gespielt ...?«

Ich stand da, ohne zu wissen, was ich sagen oder tun sollte.

»Zeig mir genau«, flüsterte er, »wie du's gemacht hast ...«

Meine Ratlosigkeit stieg auf ihren Gipfel.

Er lächelte salbungsvoll: »Nimm nur meinen Schweif«, sagte er, »an dem geweihten Priester ist alles rein ... nichts an ihm ist Sünde ... und nichts an ihm ist sündig.«

Ich war sehr erschrocken und rührte mich nicht.

Er faßte mich bei der Hand und flüsterte weiter: »Nimm nur mein Glied und zeige mir alle deine Sünden. Ich leihe dir meinen Leib, damit du vor meinem Angesicht beichtest und dich reinigst.« Und damit führte er mich an sein Hosentürl. Ich mußte dabei tief unter seinen Bauch greifen und zitterte vor Ehrerbietung dabei. Er knöpfte sich auf, und ein dicker kurzer Schwanz stand aufrecht und steif unter der schwarzen Mauer seiner Hose.

»Wie hast du mit ihm gespielt?« fragte er.

Ich war furchtbar verlegen. Aber ich faßte, wenn auch zaghaft, die Nudel, zu der er mich führte, umschloß sie mit der Hand und fuhr zwei-, dreimal schüchtern auf und nieder.

Er machte ein ernstes Gesicht und forschte weiter: »Das war alles? Verheimliche mir jetzt nichts ... ich sag' es dir!«

Ich fuhr noch ein paarmal hin und her.

»Was hast du noch damit getan?«

Ich erinnerte mich an den Griff Klementines, faßte ihn mit Daumen und Mittelfinger unter der Eichel und tupfte mit dem Zeigefinger die Vorhaut herab.

Er lehnte sich im Großvaterstuhl zurück. »Was hast du noch für verruchte Künste geübt?«

Ich scheute mich, mehr zu tun, ließ ihn beim Schwanz los und lispelte: »In den Mund ... hab' ich's genommen ...«

»Wie ...?« Er atmete heftig. »Wie hast du das getan?«

Zweifelnd blickte ich ihn an. Aber er schaute voll Ernst und Würde auf mich und meinte: »Bist du bereit? Oder willst du mir undankbar sein für die Gnade, die ich dir erweise. Wisse denn, du bist von aller Sünde schon halb gereinigt, wenn du mich so berührst wie deine Buhlen ...«

Das leuchtete mir außerordentlich ein, und ich pries mich glücklich, daß ich so von den Sünden kommen dürfe.

Wie er also nochmals fragte: »Was hast du noch damit getan«, kniete ich ungesäumt nieder und nahm vorsichtig seinen Schwanz in den Mund.

»Nur das Spitzel ...«, fragte er.

Augenblicklich stieß er mir den Storchenschaft tiefer in den Rachen.

»Und sonst nichts?« tönte die Stimme von oben.

Ich fuhr mit den Lippen auf und ab, zuzelte und sog an diesem Speer und kitzelte mit der Zunge daran herum, und eine heftige Erregung erfaßte mich. Aber ich wußte damals nicht, ob es mehr Angst, Bußfertigkeit oder Geilheit war.

Ich hörte, wie der Kooperator stöhnte: »Ach ... ach ... so was ... so eine Sünderin ... ach ... ach ...« Und ich bedauerte ihn so sehr, daß ich nachließ, ihm diese Qual nicht länger zu bereiten, sondern aufhörte. Ich ließ seinen Schwanz aus meinem Mund gleiten; trocknete ihn, der in meiner Hand zuckte, mit dem Taschentuch sorgsam ab und stand auf.

Der Kooperator war blaurot im Gesicht und haschte mit der Hand nach mir.

»Und was noch ... was hast du mit den Schwänzen, so du gehabt hast ... noch getan?«

»Unkeuschheit getrieben, Hochwürden«, flüsterte ich.

»Das weiß ich«, flüsterte er, nach Atem ringend. »Du hast mir jetzt drei Arten davon gezeigt ... hast dich von drei Arten gereinigt ... du hast aber noch mehr mit einem Schwanz getan ... willst du jetzt leugnen ...?«

»Nein, Hochwürden ...«

»Also, was war's, was du getan hast ...?«

»Gevögelt habe ich, Hochwürden ...«

»Wie gevögelt ...?«

»Na ... gevögelt«, wiederholte ich.

»Damit weiß ich gar nichts«, brauste er auf, »du mußt mir zeigen, wie du's gemacht hast.«

Ich war wieder ratlos. Meine Röcke aufzuheben und mich selbst mit seinem Schweif zu vögeln, traute ich mich doch nicht.

»Soll ich dir's vielleicht zeigen, wie du's gemacht hast?« fragte er. »Soll ich dich selber fragen?«

»Ja ...« Ich war jetzt selbst begierig, daß alles geschehen möge, und war froh zugleich, denn mit ihm schien es ja keine Sünde, sondern ein Mittel, die Sünde abzubüßen. Und da ich so lange schon keinen Schwanz im Mund oder sonstwo gehabt hatte, war mir bei diesem Schlecken doch der Wunsch erwacht, diesen Pfeil auch in das Zentrum gestoßen zu kriegen.

Der Kooperator stand auf und führte mich zum Bett.

»Wie hast du's gemacht?«

Ich sagte: »Hochwürden wissen schon ...«

»Nichts weiß ich«, fiel er ein, »du mußt mir alles sagen. Hast du dich niedergelegt oder bist du oben gelegen ...?«

»Einmal so und dann wieder so ... Hochwürden ...«

»Also wie bist du unten gelegen ...?«

Ich legte mich, wie ich stand, quer mit dem Rücken über das Bett. Meine Beine hingen über den Rand herab.

»So bist du gelegen?«

»Ja.«

»Da wirst du aber wohl schwerlich was angestellt haben«, meinte er, »da kann dir ja der böse Versucher nicht an den Leib ... was hast du dann noch gemacht ... oder hat er dir die Röcke aufgehoben ...?«

»Ja.«

»So vielleicht ...?« Er streifte mit einem Ruck meine Kleider in die Höhe, so daß meine nackten Schenkel und die blondbraune frischbehaarte Grotte freilagen.

»War es so?« fragte er.

»Ja ... Hochwürden«, gab ich liegend zur Antwort.

Er schob meine Knie auseinander: »Und so ...?«

»Ja ...«

Er trat zwischen meine Beine, und sein dicker Bauch lag auf dem meinigen, obwohl der Herr Kooperator stand.

»Und ist der Schweif so zu dir hineingekommen, um dir fleischliche Lüste zu bereiten?«

Stehend schob er mir seine geweihte Kerze, die ganz warm war, an die Öffnung. Ich mußte, als ich das verspürte, ihm entgegenstoßen. Langsam, sehr langsam drang er ein. Der Kooperator, dessen Gesicht ich nicht sah, keuchte laut. Ich hielt mit meiner Muschel seinen Stil umklammert, der ziemlich weit eingedrungen war. Jetzt wollte ich auch gevögelt sein. Da es keine Sünde war, erst recht. Ich lag da, mit einem Gefühl, in das sich Staunen, Wollust, Freude und Lachlust mengten und in dem meine Befangenheit sich endlich löste. Ich fing an zu begreifen, daß der Herr Kooperator eine Komödie spielte, und es einfach darauf abgesehen hatte, mich zu pudern. Aber ich war entschlossen, diese Komödie mitzumachen, mir nichts merken zu lassen und im übrigen glaubte ich doch daran, daß der Herr Kooperator die Macht habe, mich von meinen Sünden zu absolvieren. Wie er nun so mit seinem Pfahl in meinem Fleische steckte und nicht hin- noch herfahren wollte, nur schnaufte, begann ich mit dem Popo auf- und niederzuhüpfen, wodurch sein Keuchen sich nur vermehrte.

»Hochwürden ...«, flüsterte ich.

»Was denn?« fragte er schnaubend.

»So ist's nicht gewesen«, sagte ich leise.

»Wie denn ...?«

»Hin und her, aus und ein ist er mir gefahren.«

Er begann vorsichtig, aber kräftig und rasch zu stoßen. »So vielleicht?«

»Ach ...«, rief ich, von Wollustschauern durchzuckt, »ach ... ja ... so ... nur schneller ... Hochwürden ... schneller ...«

»Brav, mein Kind ... brav ...«, keuchte er, »so ... sag mir alles, wie es war ... sprich nur ...« Er konnte nicht weiterreden, so stürmisch flog sein Atem und so heftig remmelte er.

Ich ließ mich nicht weiter aufmuntern: »Ach ... ach ... so war's ... so ist's gut ... besser ... Hochwürden ... spritzen Sie ... mir kommt's ... mir kommt's ... ich kann nichts dafür ... aber ... Hochwürden ... der Schwanz ist so gut ... so viel gut ist das, was Hochwürden tun ...«

Er stützte seine Hände auf und war über mich gebeugt, so weit es sein fetter Bauch gestattete. Sein dunkles breites Gesicht war blau angelaufen. Er sah mich mit Augen an; wie ein abgestochenes Kalb, remmelte wie ein Ziegenbock und flüsterte: »Nimm nur den Gnadenhammer ... so ... so ... das schadet dir nichts ... nimm nur Mäderl ... spritzen soll ich ... das willst du auch ...? Also gut, ich werde spritzen ...«

»Hochwürden«, fiel ich ihm ins Wort, »Hochwürden, ich hab auch mit der Brust dabei gesündigt.«

»Wieso ...?« Er glotzte mich fragend an.

»Weil ... ach ... ach ... mir kommt's schon wieder ... weil ich mir beim Vögeln hab immer die Duteln streicheln und küssen und abzuzeln lassen.« Ich sagte das, damit er es tue, denn ich fühlte den Wunsch, meine Brüste gepreßt und gestreichelt zu bekommen.

Aber seine Fettleibigkeit hinderte ihn, auch meine Brüste zu bedienen. Mit den Händen mußte er sich auf dem Bett stützen, und mit dem Kopf erreichte er mich überhaupt nicht. »Das kommt ... später ... später ... will ich deine Duterln hernehmen«, sagte er stoßend. »Laß mich zuerst spritzen ... ich ... beweg dich nur, Muzerl, das ist mir angenehm, reib nur dein Fotzerl, dein süßes, hin und her ... ach du kannst es gut ... sehr gut kannst du's ... laß mich nur ausspritzen, dann werd ich deine schönen kleinen Duterln schon noch hernehmen ... so ... mir kommt' ... ist das süß ...« Und indem er so stammelte, platzte ihm der Samen los, und ein großer Strom flutete aus ihm zu mir herüber.

Als er fertig war, sagte er mit Würde: »Du hast gehört, meine Tochter, was ich gesprochen habe ... Siehe, ich habe die Reden des Erzfeindes und des Verführers nachgeahmt, in deinem Interesse ... damit auch die unflätigen Worte, die du in buhlerischer Umarmung vernommen hast, ihre böse Gewalt über dich verlieren.«

Ich saß auf dem Bettrand und wischte mit meinem Sacktuch die Überschwemmung fort, die der Kooperator zwischen meinen Beinen angerichtet hatte. Und ich merkte sehr wohl, was er jetzt mir vorlügen wollte. Aber ich sagte nichts. Gevögelt war eben gevögelt, der Kooperator war für mich jetzt wie der Herr Horak oder der Herr Ekhardt. Nur interessierte er mich doch mehr, weil er ja viel feiner war als diese und weil ich bei alledem sehr viel Respekt vor ihm hatte. Und dann auch, weil ich ja auch gern zu ihm hielt, da er für mich den Vorzug hatte, mich doppelt zu erfreuen, erstens durch seinen Gnadenhammer und zweitens durch seinen Sündenablaß, an den ich noch immer glaubte. Er hatte sich wieder in den Großvaterstuhl gesetzt und rief mich.

»Komm jetzt«, sagte er noch schnaufend, »jetzt werde ich dir nach deinem Willen die Duteln behandeln.« Er knöpfte mir das Kleid auf und nahm meine runden kleinen Brüste heraus. Sie standen wie zwei Elfenbeinkugeln von mir ab und trugen die Warzen, als läge auf dem Elfenbein je eine Himbeere. Der Kooperator mochte ein Freund von so frischem Obst sein, denn er nahm in aller Eile eine Himbeere nach der anderen in den Mund und zuzelte sie ab, daß sie davon nur noch glänzender wurden, wie manche Obstverkäufer in Capri ihre Erdbeeren mit der Zunge ablecken, um ihnen durch den Speichel einen appetitlichen Glanz zu verleihen.

Als er das mit vielem Grunzen und Schnaufen eine hübsche Weile so getrieben hatte, sagte er: »Ist es so recht ...?«

»Ja«, antwortete ich, »so ist's recht ...«

»Na, und bist denn du ganz faul gewesen, wenn dir an der Brust gespielt wurde?« fragte er weiter, indem er meine Gspaßlaberln auf und ab hupfen ließ. »Hast denn du gar nichts dabei getan? Hast du nicht mit der Nudel gespielt?«

Nun wußte ich, was er wollte, und begann sein Gehänge zu traktieren. Es war aber schlaff und erhob sich nicht mehr.

»Setz dich herauf ...«, befahl er mir.

Ich setzte mich vor ihm auf den Schreibtisch, so daß meine Füße auf seinen Knien sich stützten.

»Jetzt«, sagte er, »kommt das beste, die Hauptsache ...«

Ich wußte nicht, was er meinte, und sah ihn lächelnd an.

»Ja, meine Tochter«, fuhr er stöhnend fort, »jetzt will ich selbst dich reinigen und alles austilgen, was deinen Schoß befleckt.«

Damit nahm er meine Kleider hoch, daß ich wieder ganz entblößt war. Er legte sich meine Schenkel über seine Schultern, hatte seinen Kopf zwischen meinen Beinen, und ich mußte mich mit den Ellbogen auf die Schreibtischplatte stützen.

Er hatte seinen Mund meiner Spalte genähert und sein heißer Atem bestrich mich dort. Ich wußte nicht, was er wollte, aber ich hoffte auf etwas Angenehmes.

Wie ward mir, als ich seine dicken heißen Lippen auf meinen Schamlippen spürte, als er mit seiner weichen, heißen Zunge einmal von unten her bis oben meine Spalte auswischte. Ein nie gekanntes Gefühl ließ mich erbeben. Diese Wonne hatte ich noch nie gespürt. Bisher ließen sich die Männer immer von meinem Mund bedienen, aber dieser wackere Priester war der erste, der mir auch seine Zunge lieh.

Ich zuckte mit den Hinterbacken und zog meine Männerfalle zusammen, als gelte es einen neuen Stößer einzufangen.

Er hob den Kopf und fragte mich: »Ist dir das angenehm . . .?«

Vor Begierde zitternd und nach mehr verlangend, sagte ich rasch: »Ja, Hochwürden.« Er fuhr wieder mit der Zunge über mein Loch und über meinen Wollustweiser hin, so zart, daß die Wonne peinigend und beglückend war. Dann fragte er wieder:

»Hat dir das schon einer gemacht . . .?«

»Nein«, sagte ich und hob den Popo, daß meine Muschel wie ein dargereichter Becher an die Lippen gesetzt wurde. Ich faßte mit einer Hand keck seinen Kopf, erwischte ihn bei der Tonsur und duckte ihn herunter, damit er von seinem Mund einen besseren Gebrauch mache als reden.

Er fing nun an, zuerst meinen Kitzler zu bearbeiten. Mir war, als säße alles, was Empfindung war, plötzlich dort unten, mein Mund, meine Brustwarze, das Innerste meiner Fut. Wo seine Zungenspitze mich berührte, schien mir Elektrizität in den Körper einzuschießen. Ich verlor den Atem, das Zimmer drehte sich mit mir, und ich schloß die Augen.

Da ließ er plötzlich ab davon, glitschte tiefer und fuhr mir mit der Zunge in die Einfahrt. Ich tanzte mit dem Popo einen Czardas auf dem Schreibtisch. Denn was war das Vögeln gegen diesen Reiz? Ich fuhr ihm, indem ich mit dem

Arsch auf- und absauste, mit meiner Spalte über das ganze Gesicht. Ich fühlte seine Zunge bald tief in mich eindringen, bald auf dem Kitzler zitternde Wirbel schlagen, bald seine Lippen an meiner ganzen Geschichte saugen. Es kam mir, daß ich glaubte, mein Inneres werde ausgeleert. Was mir da geschah, war besser noch als das beste Vögeln, und doch hatte ich dabei nur einen Gedanken, den Gedanken an einen riesigen Schweif, der mir vorschwebte, den ich mir wünschte und der in mich hineinfahren solle bis zum Magen.

»Es kommt mir... immerfort kommt's mir«, rief ich aus, »ach, das ist wie im Himmel, Hochwürden... so gut ist mir's noch nie gewesen... bitte... vögel mich, Hochwürden... gib mir deinen Schweif... vögel mich... nein, bleib... so... so... ach, ich schrei... ich schrei...«

Ich fühlte mich plötzlich umgeworfen, lag mit dem Kopf auf dem Tintenfaß. Hochwürden aber hatte sich erhoben. Sein Gesicht tauchte blau angelaufen, mit Schaum vor dem Mund, vor mir auf.

»Komm«, schnaufte er mir zu, »setz dich auf mich... dann kannst du den Schweif noch einmal haben.«

Er lag dann in seinem Großvaterstuhl weit zurückgelehnt. Ich hielt mich an beiden Armlehnen fest und ritt auf der Spitze seiner Lanze, denn mehr kam unter seinem dicken Bauch nicht zum Vorschein. Damit ich aber nicht herunterfalle, hatte er meine beiden Brüste mit seinen Fäusten umklammert, und so ließen wir die zweite Nummer abschnurren, die uns allen beiden mächtig viel Vergnügen bereitete.

Dann ließ er mich von seinem Knie herabgleiten und reichte mir ein Handtuch. Wie ich mich abwischen wollte, meinte er: »Wart, Mauserl, du wirst brunzen wollen...« Und er brachte mir selbst einen riesigen blauen Nachttopf herbei. Ich ließ mein Wasser da hinein.

Er stand dabei und knöpfelte seine Hose zu. Dann machte ich mich zurecht, und als ich mein Kleid wieder geschlossen hatte, nicht ohne daß der Kooperator vorher von meinen Brüsten tätschelnd Abschied nahm, wartete ich der weiteren Dinge.

Aber es kam nichts. Der Kooperator sagte: »Geh jetzt, meine Tochter, ich werde heute für dich beten, und morgen kommst du in der Früh zu mir in die Kirche beichten ...«

Ich küßte ihm die Hand und ging. Wie er mir das Vorgemach aufschließen wollte, klopfte es draußen.

Er öffnete, und eine Schulkameradin von mir stand draußen. »Ich hab' heut keine Zeit mehr«, sagte ihr Hochwürden ziemlich unwirsch. »Komm vielleicht morgen nachmittag ...«

Damit schob er auch mich hinaus und schloß hinter uns zu. Wir zwei Mädchen gingen nun zusammen fort und sprachen natürlich miteinander. Sie hieß Melanie und war die Tochter eines Gastwirtes. Sie war sehr dick, so dick, daß sie beim Gehen die Beine breit auseinandersetzte. Sie hatte einen großen, breiten Popo und so volle Brüste, daß sie weit von ihr abstanden und sie hinderten, ihren Nabel zu sehen.

Wie wir die Treppe heruntergingen, fragte sie mich: »Was hast du denn beim hochwürdigen Herrn gemacht ...?«

»Was hast denn du bei ihm wollen?« gab ich zurück.

»Ich kann mir schon denken«, meinte sie, »was es war ...«

»Na, was soll's gewesen sein ...?«

»Gewiß eine Unkeuschheits-Beicht ...!«

Ich mußte lachen.

»Warst schon oft bei ihm?« fragte sie.

»Heut zum ersten Mal. Und du?«

»Ach ich!« Sie lächelte. »Ich war vielleicht schon zwanzig Mal oben ... und die Ferdinger und die Großbauer und die Huser und die Schurdl auch ...« Sie nannte lauter Namen von Schulkameradinnen.

Ich war sehr erstaunt.

Melanie aber fuhr weiter: »Hat er dir's auch mit dem Mund gemacht ...?«

»Dir ...?« fragte ich vorsichtig.

»Natürlich«, sagte sie schnell. »Er macht mir's immer mit dem Mund ... einer jeden macht er's so ... und gut ist das ... nicht wahr?«

»Ja«, gestand ich, »sehr gut.«

»Hat's dir schon einer mit dem Mund gemacht?« wollte sie jetzt von mir wissen.

»Nein«, sagte ich, »das war heute zum ersten Mal ...«

Sie prahlte: »Mir macht's immer unser Zahlkellner ... so oft ich will ... ich brauch nur in die Burschenkammer gehen ...«

»Und die anderen Burschen?« meinte ich.

»Ah, es kommt niemand herein, wenn wir drin sind ... die wissen schon ...«

»Was?« fragte ich perplex, »die wissen das?«

»Natürlich«, erwiderte sie gleichmütig, »die pudern mich ja auch, wenn ich will.«

Sie erzählte mir: »Wir haben einen Zahlkellner, einen Piccolo und einen Schankburschen und dann den Kutscher, die schlafen alle in der Burschenkammer. Und vor zwei Jahren, da bin ich mit dem Kutscher Johann einmal nach Simmering gefahren. Na und es war schon finster, und wie wir übers Feld kommen, da hab' ich auf einmal seine Hand auf meinen Duteln gespürt. Ich hab' schon damals so große Duteln gehabt wir du heute. ›Johann‹, sagte ich zu ihm, ›was machen S' denn?‹

Er gibt mir keine Antwort und laßt das Pferd stehen und fahrt mir in die Kleider, so daß er die nackte Brust gehabt hat. ›Johann‹, sagte ich ihm, ›was machen S' denn?‹ Da hebt er mir die Röcke auf und griff mir an die Fut. ›Was wollen S' denn, Johann?‹ sag ich zu ihm, aber ich hab' ganz gut gewußt, was er will. Die Ferdinger hat mir ja schon lange alles gesagt, wie das ist mit Mann und Frau, nur selber hab' ich's noch nicht getan gehabt.

›Was wollen S' denn, Johann?‹ frag' ich ihn noch einmal.

Da laßt er mich los und steigt vom Wagen. Und dann sagt er: »Kommen S', Fräulein Melanie ...‹, und hebt mich vom Bock herunter. Und gleich am Weg legt er mich ins Getreide. Ich hab' mich gefreut, denn ich hab' mir gedacht, jetzt werd ich's sehen, wie das ist und ob mir die Ferdinger die Wahrheit gesagt hat.

Wie ich so dalag, legte er sich gleich zwischen meine Füße.

›Was wollen S' denn, Johann?‹ fragte ich. Aber er packte mich bei den Duteln, und im selben Moment spür ich, wie er mir hineinfuhr. Ich hab' schreien müssen vor Schmerz, aber er hielt mir den Mund zu. Und dann, wie er so hin- und herg'fahren ist, hat's mir angefangen zu schmecken. Aber ich hab' nur zu ihm gesagt: ›Was machen S' denn, Johann?‹ Er hat mir keine Antwort gegeben, hat mir's hineingespritzt und dann sind wir aufgestanden und haben uns wieder auf den Bock gesetzt. Nach einer langen Weile erst sagte er: ›Die Fräul'n Melanie muß sich zu Haus abwaschen, daß niemand was vom Blut merkt.‹

›Was für ein Blut?‹ fragte ich.

›Na‹, sagte er, ›weil die Fräul'n Melanie noch eine Jungfrau war . . .‹

Ich hätte gern gewußt, wie das Ding ausschaut und wie es sich anfühlt, was er mir da hineingesteckt hat, aber ich traute mich nicht.

Da fängt er, nachdem wir wieder ein Stück gefahren sind, an: ›Die Fräul'n Melanie wird wohl nix verraten, was?‹

Da hab' ich mich fest an ihn gelehnt und hab' ihm in die Hosen gegriffen, und er hat mir seinen Schwanz gegeben, und mit dem hab' ich gespielt, ohne daß wir ein Wort miteinander sprachen, bis die ersten Häuser da waren.

Dann sagte er auf einmal: ›Der Peter ist ein Lugenschippel.‹

»Warum?‹ fragte ich.

›Na, weil er mir erzählt hat, er hat die Fräul'n Melanie gevögelt . . .‹

Ich bekam einen großen Zorn und schwur dem Johann, daß mich der Peter nicht angerührt habe.

Nach ein paar Tagen war ich im Stall, und da hat mich der Johann auf die Futterkisten gelegt und mich gepempert. Aber damals ist der Schwanz noch nicht ganz so tief hineingegangen wie jetzt.«

»Geht er bei dir denn ganz hinein?« sagte ich neidisch. »Von einem Großen der Schwanz?«

Sie lachte: »Aber natürlich, schon lang, unser Zahlkellner,

der Leopold, der hat einen so großen wie ein Hengst, und der geht bis auf'n Beutel hinein und der vom Kooperator auch...« Sie war stolz darauf.

»Das glaub ich nicht«, meinte ich.

»Wenn du's nicht glaubst, laß bleiben«, schmollte sie.

Nach einer kleinen Pause schlug sie mir vor: »Weißt, wenn du's nicht glaubst, komm mit zu mir, ich geh sowieso in die Burschenkammer, weil mir's der hochwürdige Herr heut nicht gemacht hat, und wenn der Leopold da ist, kannst du ja selbst es sehen. Die Ferdinger hat's auch nicht geglaubt und hat auch schon einmal zugeschaut.«

»Gut«, meinte ich darauf, »ich geh mit dir.« Mich interessierte es, dieses schöne, dicke Mädchen mit den großen Brüsten an der Arbeit zu sehen, ich hoffte, endlich mit ihren Duteln spielen zu können. Denn von jeher hatten Frauenbrüste einen großen Reiz auf mich ausgeübt. Und dann hoffte ich, vielleicht zu einem neuen Schweif zu kommen und heute noch eine Nummer zu machen, was mir nicht unlieb war.

Melanie erzählte weiter: »Wieder ein paar Tag drauf hab' ich den Johann gesucht und geh ins Burschenzimmer. Es war aber nur der Schankbursch, der Peter, da. Und wie ich den seh, fallt mir die Lüge ein, die er von mir gesagt hat, und ich sag ihm: ›Sie Lugenschippel, was haben Sie denn zum Johann über mich geprahlt...?‹ — ›Was denn?‹ meinte er lächelnd. Ich kam über sein Lachen erst recht in Wut und schnauz ihn an: ›Sie haben gesagt, daß Sie mich gevögelt haben...‹ Und damit hab' ich mich natürlich nur selbst verraten, denn da hat der Peter gleich gewußt, daß der Kutscher mich gepudert hat.

Das hab' ich ihm auch angemerkt, wie er mich so lächelnd angeschaut hat. Dann sagte er: ›Der Johann ist selbst ein Lügner, ich hab' nicht gesagt, ich hab' die Fräul'n Melanie gevögelt... ich hab' nur gemeint, ich *möcht* die Fräul'n Melanie gern einmal verbimsen... nur das hab' ich ihm gesagt... und da ist doch nichts dabei... wenn doch die Fräul'n Melanie so viel schön ist... da kann sie doch nicht bös sein, daß man sich das wünscht ...‹ Damit kam er zu mir herbei und streichelte mich auf der Brust. Mein Zorn war weg und vögeln wollte ich. Und wie er mir sagte: ›Gehn S', Fräulein, lassen S' mich drüber‹, schaffte ich ihm, er soll die Tür zuriegeln.

Na, und da hat er mich auf sein Bett gelegt und hat mich schön langsam gevögelt.«

»Puderst du mit dem Piccolo auch?« fragte ich.

»Mit dem Maxl?« Sie lachte. »Natürlich. Der hat mich ja einmal mit dem Peter belauscht, und dann ist er mir am andern Tag nachgeschlichen, wie ich auf den Abort gegangen bin, und da hat er mir gesagt, daß er alles weiß und daß ich ihn lassen soll. Na, so hab' ich ihn halt gelassen. Wir haben eine Stehpartie gemacht. Ist ja nix dabei.«

»Und wie ist's mit dem Leopold, mit dem Zahlkellner?« wollte ich wissen.

»O der!« Sie hängte sich in mich ein. »Weißt du, der Maxl hat mir von dem erzählt, daß er einen so langen Schweif hat, und da bin ich so neugierig geworden. Der Leopold darf immer bis zu Mittag schlafen, weil er die Nacht am längsten auf ist, und da ist er Vormittag allein im Burschenzimmer. Da bin ich halt einmal zu ihm hinauf.

Er war noch im Bett und hat geschlafen, und ich hab' die Tür verriegelt. Er ist aufgewacht, und ich sag ihm: ›Wer wird denn so lang im Bett sein ... auf! Auf!‹ — ›Lassen S' mich nur liegen ...‹, meinte er. ›Nein!‹ sag ich und fang ihn zu kitzeln an. Und wie er so aushaut, erwischt er mich bei der Dutel, und da bin ich ganz ruhig geworden und hab' ihn nur angeschaut. Da packt er mich fester an und zieht mich zu sich, und wie ich einmal bei ihm gelegen bin, hat er mir seinen Schweif gleich in die Hand gegeben. Ich sag dir ... so lang ist der ...«

Sie zeigte mir die Länge mit der Hand.

»Er hat zum Vögeln angefangen, hat aber gleich aufgehört. ›Ich fürcht' mich, ich tu Ihnen was, Fräul'n, mit dem Salzstangerl da‹, sagte er, ›wir werden es anders machen.‹ Na, und da ist er herunter und hat mich zu schlecken angefangen, daß ich geglaubt hab', ich werd närrisch. Und wie ich dann ganz hin war, sagte er: ›Jetzt kann ich.‹ Und nimmt mir die Duteln heraus, steckt seinen Schwanz dazwischen und vögelt mich zwischen der Brust, daß es mir dann bis ins Gesicht gespritzt hat ...«

»Was?« fragte ich sie, »der Zahlkellner macht dir's immer nur zwischen der Brust ...?«

»Ach nein, jetzt nicht mehr«, lachte sie. »Das war vor zwei Jahren, jetzt vögelt er mich schon ganz ... ich hab' dir doch gesagt, du kannst mitkommen, zuschauen ...«

Wir waren bei ihrem Haus angelangt und gingen durch die Wirtsstube.

»Leopold«, sagte sie, »ist der Vater zu Haus ...?

»Nein«, antwortete er, »der Vater ist im Kaffeehaus.«

»Und die Mutter ...?«

»Die schlaft noch ...«

»Und der Johann ...?«

Er lachte: »Der ist in Simmering ...«

Sie sagte: »Also gehen wir hinauf.«

Leopold verfärbte sich und flüsterte: »Ich komm gleich ...«

Er war ein kleiner Mensch, mit einem bartlosen, faltigen gelben Gesicht und einer langen schiefen Nase. Ich fand ihn abscheulich, aber ich war begierig, seine Stange zu sehen.

Wir gingen in das Burschenzimmer, einen großen, weißgetünchten Raum, in dem vier Eisenbetten standen.

Gleich darauf erschien Leopold.

Er war vor mir verlegen, aber Melanie warf sich auf das Bett und rief ihn zu sich.

»Vielleicht«, sagte Leopold zu mir, »will das Fräulein auch ein bisserl pudern?«

Dann kniete er nieder, schlug Melanie die Kleider zurück und vergrub sein Gesicht in ihrem Schoß.

Ich setzte mich ihr zu Häupten und sah, wie sie die Augen verdrehte.

»Wart«, sagte ich, »ich werd dir auch was tun.« Und ich fiel über sie her, riß ihr die Kleider auf und war ganz begeistert von ihrer Brust. Sie hatte zwei Duteln, so groß wie die von Klementine, aber sie schwappten nicht weich hin und her, sondern standen fest und hart, wie zwei Kürbisse so groß, von ihr weg, und dazu hatte sie kleine rosarote Wärzchen.

Wenn man ihre Brust drückte und preßte, soviel man nur wollte, sie schnellte immer elastisch in die Höhe.

Ich bearbeitete sie mit meinen Händen, und zuletzt begann ich die Warzen zu küssen und zu saugen.

Sie kreischte unter mir, warf sich unter Leopolds Futküssen mit dem Popo hoch empor.

»Das halt ich nicht aus ... das halt ich nicht aus«, schrie sie. »Gott ... wie gut das ist ... ja ... schleck nur die Duteln ... schleck sie nur ... Jesus, wenn ich nur könnt ... wenn ich nur könnt, ich möcht auch was tun ... ich möcht dir's auch schlecken ... warum denn nicht?« sagte sie plötzlich mitten unter ihrem Kreisen. »Es ist doch nichts dabei ... wenn ich nur deine Fut erwischen könnte ... ich möcht dir's machen wie der Leopold ... Ah ... ah ... ah ...« Sie schrie so laut, daß ich Angst bekam, ihre Brust losließ und meinte: »Es wird vielleicht jemand hören ...«

Leopold hörte auf und sagte: »Da hört kein Mensch was.«

Der Speichel und der Futsaft tropften ihm von den Lippen. Er wischte sich ab und meinte: »Jetzt wird sie gleich noch mehr schreien.« Damit schickte er sich an, sich auf Melanie zu legen.

Sie rief: »Schau dir jetzt seinen Schweif an.«

Ich glitt zu Leopold hin, der sich, auf Melanie liegend, bereitwillig so hoch aufhob, daß ich bequem alles sehen konnte. Es war die längste Stange, die ich je erblickt hatte, und sie war so gebogen wie eine Extrawurst. In meiner Verwunderung griff ich danach und konnte mir's nicht versagen, diesen Spargel so zu behandeln, wie man Spargel behandelt, nämlich den Kopf in den Mund zu nehmen.

Leopold spielte mit Melanies Brüsten und ließ sie nicht merken, was ich unten tat. Aber er zuckte so heftig und mit solcher Kraft, daß er mir die Kinnladen auseinandertrieb.

Ich spielte mit der Zunge daran, rieb mit der Hand die

übrigbleibende Stange und wunderte mich jedesmal, wie weit der Weg war, den ich von der Eichel bis zur Wurzel zurückzulegen hatte.

Da sagte Melanie: »Also, laß ihn jetzt vögeln, Pepi.«

Ich mußte ihn freigeben und schaute mir noch beneidend Melanies Fut an. Ihre dicken weißen Schenkel gingen in einen breiten, kugelrunden Popo über, und wie eine schwarze Rose lag ihre Muschel auf den Polstern. Sie stand weit offen und glänzte an ihren Rändern von Feuchtigkeit, und sooft sie ihre Schamlippen zusammenzog, kam ein weißer Tropfen heraus und hing wie eine Perle auf dem dunklen Haar.

Melanie stieß langanhaltende Schreie aus: »Hah ... hah ... haaah ...«

»Pepi, Pepi«, rief sie, »schau jetzt, ob er hineingeht, wenn du's nicht glaubst.«

Schauen konnte ich nicht, aber greifen, und so suchte ich mit der Hand, wie sein Anker sich immer tiefer und tiefer in den Grund bohrte, bis mir nichts mehr in der Hand blieb als die beiden Spulen, auf denen sein Zaun aufgestellt war.

Dann schöpfte sie Atem und sagte: »Nur beim Leopold muß ich so schreien ... weil's mir ... da immer kommt ... hah ... hah!«

Leopold vögelte wie eine Maschine. Sein Popo flog hoch in die Höhe und senkte sich tief herab. Weil aber Melanie ihn mit ihren Beinen eng umschlang, wurde sie mit hinauf- und heruntergerissen von jedem Stoß, und das ganze Bett wackelte unter dieser Erschütterung. Ich kroch wieder neben ihnen in die Höhe, bis ich mit meinem Popo auf dem Kopfpolster saß. Und ich sah, wie Leopold beide Brüste so zusammenpreßte, daß die Warzen ganz beieinander waren und sich berührten, und beide Warzen nahm er auf einmal in den Mund.

Ich hob meine Röcke auf und dachte, etwas werde ich doch wohl abbekommen. Melanie bemerkte es und sagte: »Schleck sie auch ...«

Leopold drehte sein Gesicht zu mir, ich bot ihm meine

offene Muschel dar, und sogleich begann er mit der Zunge einen Wirbel auf meinem Kitzler zu schlagen, daß ich vor Wollust geschüttelt mich zurücklegte. Leopold war ein Künstler. Er konnte seine Zunge beinahe so steif machen wie seinen Spargel, und so stieß er mir sie in die Höhle, im selben Takt und nach der Melodie, die er auf Melanies Fummel unten spielte. Ich wußte gar nicht, was ich vor Wonne tun sollte, und verhielt mich still, bis es uns dreien zugleich kam.

Leopold verschwand sofort, und wir richteten uns noch zurecht, ehe wir gleichfalls die Burschenstube verließen.

Am andern Morgen, nach diesem für mich so ereignisreichen Tag, ging ich zur Kirche, um zu beichten. Der Kooperator fragte mich: »Also, hast du Unkeuschheit getrieben mit vielen Männern?«

»Ja«, sagte ich.

»Du hast dich vögeln lassen?«

»Ja.«

»Du hast die männlichen Geschlechtsteile in den Mund genommen?«

»Ja.«

»Du hast mit der Hand daran gespielt?«

»Ja.«

»Hast du noch was getan?«

»Ja.«

»Was?«

»Ich hab' mir's auch rückwärts hineinstecken lassen.«

»Rückwärts?«

»Ja.«

»Doch nicht ins Arschloch?«

»Doch, Hochwürden.«

»Das hast du gestern vergessen ...«

»Hochwürden haben mich nicht gefragt.«

Er dachte nach: »Da hab' ich leider selbst drauf vergessen. Hast du noch was getan?«

»Ja.«

»Was denn noch ...«

»Ich hab' mir die Fut ausschlecken lassen.«

Er sagte streng: »Das brauchst du nicht zu beichten, das war keine Sünd ...«

»Hochwürden«, meinte ich, »ich mein ja nicht Sie. Es war wer anderer ...«

Er schüttelte den Kopf: »Hast du noch was getan... vielleicht, daß dich jemand noch mehr geschleckt hat...«

»Nein«, sagte ich, »aber gestern nachmittag hat mir's noch jemand getan ...«

»Wer denn?« Er war sehr erstaunt.

»Der Leopold ...«

»Wer ist denn das ...?«

»Der Zahlkellner von der Melanie ...«

»Ja, wieso denn?«

Ich beichtete alles.

Er schüttelte den Kopf: »Hast du noch was getan... vielleicht mit weiblichen Geschlechtsteilen gespielt ...?«

»Ja, mit den Brüsten von der Melanie, und noch mit vielen anderen ...«

»Und mit deinem Bruder hast du Blutschande getrieben?«

Ich wußte nicht, was er meinte, sagte aber »Ja«, um ihn nicht zu erzürnen.

Er gab mir eine große Anzahl Vaterunser, Englischen Gruß und Glauben als Buße zu beten auf, nachdem er mich noch gefragt hatte, ob ich meine Sünden bereue, und ich dies bejahte.

Dann sagte er: »Geh hin und sündige nicht mehr, deine Sünden sind dir vergeben. Bessere dich! Wenn du jedoch wieder in Sünde fällst, dann verzweifle nicht, komme zu mir, und ich werde dich wieder reinigen. So du aber irgendeiner Seele davon ein Wort verratest, ist dein ewiges Seelenheil verloren, und du wirst in der Hölle vom Teufel auf glühenden Kohlen gebraten werden.«

Ich verließ den Beichtstuhl mit leichtem Herzen.

In der Schule aber bemerkte ich einige Wochen lang, daß

mich der Katechet mit eigentümlichen Blicken ansah. Ich fürchtete mich vor ihm und glaubte, er wolle mich besonders sekkieren. Er spazierte zwischen den Bänken hin und her, und wie er bei mir vorüberkam, legte er mir plötzlich die Hand auf das Haar, so sacht und freundlich, daß ich bei dieser Berührung heftig zusammenschauerte. Er streichelte mich noch am Rücken und sprach dabei zur Klasse weiter. Ich fühlte mich sehr ausgezeichnet und blickte ihm liebevoll nach.

In der nächsten Stunde prüfte er. Wir mußten die Fragen, die er gab, aufschreiben, und eine war immer am Katheder oben, die Fragen zu beantworten. Auch das mußten wir aufschreiben. Er rief zwei Mädchen auf, und dann mich. Ich mußte auf sein Geheiß vor ihm stehen, mit dem Rücken gegen das Lehrpult, das meine Unterseite den Blicken der Klasse verbarg. Er saß, und ich stand zwischen seinen Beinen.

»Du hast gewiß recht brav gelernt?« meinte er und faßte mich bei der Hand, aber so, daß die meinige sein Hosentürl berührte. Ich ahnte nicht, daß er das beabsichtigt hatte.

Aber er bewegte meine Hand, daß sie wie zufällig an seinem Hosentürl hin- und herfuhr. Jetzt fühlte ich, wie etwas Hartes darin zuckte.

Er schaute mich an. Dann legte er meine Hand ganz fest auf sein Hosentürl, und ich konnte seinen Schwanz durch das Tuch fühlen.

Er ließ meine Hand frei, und ich zog sie nicht zurück.

Darauf sah er mich nochmals an, und jetzt wußte ich, was er wollte. Ich war ganz aufgeregt vor Stolz und jäher Geilheit und griff zu, das heißt, ich schloß meine Finger, so daß ich seinen Kolben jetzt, wenn auch nur im Futteral, halb umschloß.

Er begann ein langes Diktat, das, wie ich merkte, nur den Zweck hatte, die anderen zu beschäftigen. Dabei schauten wir uns fortwährend in die Augen, und auf einmal knöpfte er die Hose auf, und seine Triebfeder sprang nackt heraus.

Sie war ganz krumm, wie die Nase des Katecheten, aber furchtbar dick und brennend heiß.

Immer noch sahen wir uns an, und so begann ich ihn leise, ganz leise zu reiben und seinen Bewegungen, damit niemand etwas merken solle, zu folgen.

Er wurde blaß im Gesicht, und behutsam fuhr er mir unter die Röcke, so geschickt, daß niemand eine Bewegung an ihm wahrgenommen hätte.

Ich trat ein klein wenig mit den Füßen auseinander und schob den Bauch vor, um ihm Zugang zu verschaffen.

Er fand sofort die richtigen Stellen und kitzelte mich so zart, daß es mir heiß und kalt über den Rücken lief.

Aug in Aug standen wir. Dabei sprach er immer weiter und weiter sein Diktat.

Endlich ließ er mich los und schickte mich in die Bank. Dann rief er die Ferdinger.

Sie trat auf's Katheder, und ich paßte von meinem Sitz verstohlen, aber scharf auf. Ich sah, wie sie sich von selbst zwischen seine Beine stellte, und weil sie ungeschickt war, merkte ich gleich, daß sie an seinem Schwanz herumspielte und er an ihrer Muschel.

Gleich darauf rief er wieder mich.

»Bring dein Schreibheft mit.«

Als ich bei ihm war, sagte er: »Du kannst hier schreiben.«

Ich drehte ihm den Rücken, beugte mich stehend über das Pult und wußte, jetzt wird etwas anderes geschehen.

Und richtig, wie ich so vor ihm stand und er hinter mir saß, hob er langsam meine Kleider auf. Ich wollte ihm behilflich sein und reckte ihm den Popo entgegen.

Immer weiter drückend, suchte er mit seinem Schwanz, den er schon parat hatte, meine Öffnung. Auch dabei wollte ich ihm helfen und kam ihm mit ganz unmerklichen Drehungen, so weit ich konnte, entgegen.

Wie er nun mit seinem Schwanzkopf an meinem Eingang angelangt war, drückte er mich mit den Händen nieder und gab mir zu verstehen, ich solle mich draufsetzen.

Ich begriff die Situation, daß nämlich er ja nicht zustoßen konnte, ohne sich zu verraten.

So ließ ich mich langsam auf seiner Stange nieder, daß sie so tief wie möglich eindrang, dann hob ich mich, ließ mich wieder nieder, und verrichtete so für ihn das Geschäft des Stoßens.

Er beugte sich vor, als ob er mir beim Schreiben zuschauen wollte. Dabei legte er die Hand flach auf den Tisch.

Auch das verstand ich, und mich fester an den Tisch beugend, legte ich ihm meine Brust in die Hand, die er durch meine dünne Bluse sehr gut durchfühlen konnte. Er preßte sie leise und streichelte unmerklich die Warzen, die sich aufgerichtet hatten.

Mir war die Situation, die Anwesenheit so vieler Mädchen, und der Gedanke, daß ein Katechet es war, der mich vögelte, der lange Zeit so gefürchtete Katechet, eine Ursache, meine Geilheit und meine Aufregung zu vermehren. Dazu kam, daß ich mich nicht rühren durfte, daß es nicht möglich war, sich zu mucksen, weil sonst alles verloren gewesen wäre.

Ich rieb also seinen Klöppel in meinem Mörser hin und her, so gut ich konnte. Nur als es mir kam, vermochte ich nicht, ganz langsam zu bleiben, sondern wurde vorsichtig ein wenig schneller und mutiger. Es tat mir weh, denn sein Schwanz war sehr dick, und ich hatte es doch bei aller Vorsicht so getrieben, daß er beinahe zur Hälfte in mir steckte.

Er machte meiner Schnelligkeit ein Ende, indem er mich mit der freien Hand zum ruhigen Sitzen nötigte. So bohrte ich mir ihn nur so tief als möglich hinein, ließ mir's kommen und schnappte dabei natürlich mit der Fut so fest es ging zusammen. Das mochte auch ihm den Saft in die Höhe treiben, denn plötzlich sprudelte er so heiß hervor, daß es mir gleich ein zweitesmal kam. Er diktierte ruhig immer weiter, während er spritzte. Ich hatte natürlich kein Wort verstanden, noch geschrieben.

Als er ausgespritzt war, glitschte er von selbst heraus.

Dann spürte ich, wie er mir das Kleid in Ordnung brachte, und hörte ihn sagen: »Du kannst in die Bank gehen.«

Gleich darauf war die Stunde aus.

Als wir aus der Schule gingen, kamen die Ferdinger und die Melanie zu mir.

»Heut hat dich der Katechet gevögelt«, sagte sie.

»Habt ihr was gesehen?« fragte ich sie.

»Nein, aber das heißt ja«, lachte die Ferdinger.

Und Melanie meinte: »Das kennen wir schon.«

»Mich hat er noch nie gevögelt«, sagte die Ferdinger, »ich hab' ihm immer nur einen heruntergerissen.«

Sie war ein hageres, unschönes Ding. Nur zwei kleine, spitze Brüste fielen an ihr auf, weil sie so frech aus ihren Kleidern hervorstachen, und ihr breites Untergestell.

»Mich pudert er schon seit vorigem Jahr«, meinte Melanie.

Jetzt war offenbar ich an der Reihe.

Er behielt mich auch einmal nach der Schule da.

Kaum hatten die Mädchen das Lehrzimmer verlassen, als er mich auf das Podium rief. Ohne ein Wort zu sagen, gab er mir seinen Schwanz in die Hand, und ich bemühte mich, ihn zufriedenzustellen, jetzt, da ich mich in meinen Bewegungen nicht zu genieren hatte.

Nachdem er sich sein Bajonett so lange hatte putzen lassen, bis er glaubte, daß es nun blank genug sei, und nachdem er mir mit den Fingern die Scheide ausgewischt hatte, damit es dann nicht wieder staubig werde, ließ er mich auf sich reiten.

Es war sehr gut, wie er das machte. Mit der einen Hand, die er auf meinen Rücken legte, preßte er mich an sich, mit der andern Hand fuhr er mir auf der Brust herum, und dabei küßte er mich so sanft und zärtlich auf den Mund, daß ich ganz gerührt davon wurde.

Und weil er sich jetzt vor niemandem mehr zu verbergen brauchte, bekam ich seine Stöße zu spüren, die mir schier das Kreuz brachen. In fünf Minuten war alles vorüber. Er ließ seine Fontäne springen, und ich zog meine Schleuse auf. Dann konnte ich nach Hause gehen.

Mit diesem Katecheten passierte etwas, was mir in der Erinnerung oft leid tat, denn ich hatte ihn gern.

In einer der anderen Klassen war ein Mädchen von auffallender Schönheit. Sie war die Tochter eines Bauarbeiters, für ihr Alter klein, aber sehr breit, und hatte ein blühendes Engelsgesicht, rote Wangen und blonde Locken. Aber sie war beinahe so breit als sie hoch war, ungewöhnlich fleischig und hatte schon Busen.

Dieses Mädchen nun hatte der gute Katechet vorgenommen, hatte es auf dem Katheder das Bajonett putzen, den Klöppel schwingen, den Spargel putzen gelehrt, und hatte seine nackte fleischige Vogelschale mit dem besten Männerschaum gefüllt. Das Mädchen mochte das für ein angenehmes Spiel gehalten haben, kurz, sie erzählte es ihrer Mutter, diese wieder machte ein großes Geschrei und berichtete diese Schauermär ihrem Gatten, und der Gatte wieder, der ohnehin eine Wut auf die Pfaffen hatte, lief zur Polizei.

Eine Untersuchung wurde eingeleitet. Mein armer Katechet wurde verhaftet, und alsbald wurde in der Schule Umfrage nach anderen Opfern gehalten.

Die Kinder zeigten sich gegenseitig an, und eines Tages bekam auch mein Vater eine Vorladung, mit mir auf dem Kommissariat zu erscheinen.

Als wir hinkamen, war eine ganze Versammlung von Mädchen da, mit ihren Müttern und Vätern. Die Großen legten sich keinen Zwang vor uns auf und klagten einander ihr Leid.

Mein Vater erfuhr hier erst, was los sei, war aber ganz still und fragte mich nur, ob es wahr sei.

Ich gab ihm keine Antwort, ich schämte mich.

Melanie war mit ihrem Vater da, der aber die Geschichte sehr ruhig nahm und seiner Tochter, wenn sie erzählen wollte, immer nur »Halt's Maul« zuschrie. Die Leute sahen sie an und meinten, bei ihr sei es kein Wunder, denn sie sei ja eigentlich schon eine erwachsene Person. Endlich wurden wir vor den Kommissär gerufen. Es war noch ein Herr da, der Arzt, wie sich zeigte. Der Kommissär, ein junger, hübscher Mensch, hatte immer Mühe, sein Lachen zu verbeißen. Ich aber zitterte vor Angst.

Er fragte: »Hat dir der Katechet etwas getan?«

»Nein«, sagte ich, »getan hat er mir nichts ...«

»Ich meine, ob er dich angerührt hat ... du weißt schon wie?«

»Ja ...«

»Wo hat er dich angerührt ...?«

»Da ...« Ich zeigte schüchtern auf mein Mittelstück.

»Und was hat er noch getan?«

»Nichts ...«

»Hat er dir nichts in die Hand gegeben?«

»Ja ...«

»Na also ... was denn?«

Ich schwieg.

»Na, ich weiß schon«, sagte der Kommissär. »Und hat er das Dingsda ... hat er das vielleicht auch dorthin gegeben ...?«

Er deutete auf meine Eingangsstelle.

»Ja.«

»Ganz hinein?«

»Nein, nicht ganz.«

»Also nur ein bisserl?«

»Ja, die Hälfte.«

Der Kommissär lachte laut auf, der Doktor lachte. Mein Vater sah mich an und schwieg.

»Wo hat er dich noch angerührt ...?«

»Da ...« Ich zeigte auf meine Brust.

»Na.« Der Kommissär blickte zweifelnd hin. »Ich weiß nicht«, sagte er zum Arzt, »ich weiß nicht, Herr Doktor ... ob da ein Anlaß für ihn war.«

Der Arzt kam auf mich zu, zwackte mich geschäftsmäßig an den Brüsten, griff daran herum und meinte dann: »Oh, genug ... ganz genug.«

Mein Vater schaute verwundert auf meinen Busen.

»Na, und sag mir einmal«, fragte der Kommissär weiter, »hast du dich nicht gewehrt?«

»Was, bitte ...?«

»Ich meine, hast du ihm nicht die Hand weggestoßen?«

»Nein.«

»Und warum hast du denn eigentlich seinen ... sein Dingsda angegriffen?«

»Weil's der Herr Katechet gewollt hat.«

»So ... so ... aber gezwungen hat er dich nicht?«

Zögernd erwiderte ich: »Nein.« Aber ich merkte, daß die Frage für mich gefährlich sei.

»Also, warum hast du dir denn das alles tun lassen?«

»So, weil der Herr Katechet gewollt hat ...«

»Ja, warum hast du denn nicht gesagt: Bitte, Herr Katechet, das mag ich nicht?«

»Weil ich mich nicht getraut hab' ...«

»Also aus Respekt und aus Angst vor dem Herrn Katecheten?«

»Ja«, rief ich erleichtert, »aus Angst.«

Aber der Kommissär ließ nicht nach: »Sag mir, und hast du ihm keinen Anlaß gegeben, hast du nie gesagt: ›Ich will's machen ...‹ oder ihn so angeschaut ... so ...?« Der Kommissär machte verliebte Augen.

Ich mußte in all meiner Angst lächeln, aber ich sagte: »Nein.«

»Und jetzt«, fuhr der Kommissär fort, »jetzt sag mir noch eins, aber die reine Wahrheit, verstehst du, die reine Wahrheit: War dir das, was dir der Herr Katechet getan hat, angenehm?«

Ich schwieg voll Angst.

»Ich meine«, wiederholte er, »hast du gern mit seinem, mit dem Dingsda gespielt?«

»O nein!« beteuerte ich eifrig.

»Oder – aber ich will die Wahrheit wissen ...«, sprach er weiter, »oder wenn er dir das Dingsda hineingesteckt hat, war dir das angenehm, oder hat's dir weh getan ...?«

»Weh hat's mir manchmal getan, aber nicht immer«, gab ich zu.

»Also manchmal hat's auch wohlgetan?« forschte er scharfen Tones.

»Ja«, platzte ich heraus, »manchmal...« Und stotternd fügte ich hinzu: »Aber nur ... selten ...«

Der Kommissär lächelte, mein Vater aber sah mich erstaunt und zornig an.

»Also weiter, Kleine«, setzte der Kommissär fort, »es hat dir wohlgetan, und du hast's also gern gemacht ... was?«

»Nein«, widersprach ich, aus Furcht vor meinem Vater, »ich hab's nicht gern gemacht.«

»Ja, aber du sagst ja doch selbst, daß dir's wohlgetan hat?«

»Da kann ich nichts dafür«, rief ich aus, »wenn das so hin und her ...«

Er unterbrach mich: »Schon gut, schon gut ... Du hast es also nicht gern gemacht, aber es war dir unwillkürlich angenehm ...?«

»Ja.« Ich nickte.

»Bitte, Herr Doktor«, wandte sich der Kommissär an den Arzt, »wollen Sie die Sache konstatieren ...«

Ich wußte nicht, was geschehen solle, als der Arzt mich aufforderte, mich auf einen erhöhten Stuhl zu setzen. Er schlug mir die Röcke in die Höhe, griff mir an die Fut und spreizte sie mit den Fingern, dann spürte ich, wie er etwas Hartes hineinsteckte und es wieder herauszog.

»Die Sache stimmt«, sagte er, »das Kind hat Verkehr gehabt mit ihm.«

Verwirrt und verlegen stieg ich wieder herab.

»Sag mir jetzt«, meinte der Kommissär, »ist es dir bekannt, ob der Katechet es mit anderen Mädchen auch so gemacht hat?«

»Es sind ja so viele draußen im Vorzimmer«, erwiderte ich.

Er lachte wieder: »Das weiß ich schon, du sollst mir nur sagen, ob du selbst was gehört oder gesehen hast ...?«

»Ja«, entgegnete ich. »Die Melanie Hofer und die Ferdinger, die haben's mir selber gesagt.«

»Und hat er es mit ihnen auch so gemacht wie mit dir ...?«

»Nein«, sagte ich lebhaft, »die Ferdinger hat er nicht gevögelt.«

Der Kommissär sagte: »Kennst du das Wort vom Katecheten?«

Ich war verlegen: »Nein, von ihm nicht ...«

»Von wem denn?« wollte er wissen.

»Ach, nur so ... aus der Schule ... von den anderen ...«

»Von der Hofer oder von der Ferdinger ...«

»Nein ...«

»Von wem denn?«

»Ich weiß nicht mehr ...«

»Also du sagst, die Ferdinger hat er nicht gevögelt?«

»Nein, mit der hat er sich nur gespielt ...«

»Aber die Hofer ...«

»Ja, die hat er oft gevögelt ...«

»Hast du's gesehen?«

»Ja, einmal hab' ich's gesehen ...«

»Und die andern Male ...?«

»Na, sie hat mir's erzählt ...«

»Herr Mutzenbacher«, sagte der Kommissär zu meinem Vater in strengem Ton, »es tut mir leid, daß Sie so Trauriges haben hören müssen. Es ist beklagenswert, daß ein gewissenloser und verirrter Mann Ihrer Tochter die Unschuld genommen hat, aber trösten Sie sich, die Kleine ist jung, niemand wird etwas davon erfahren, und durch eine streng moralische Erziehung können Sie böse Folgen hoffentlich verhindern.«

Wir gingen nach Hause. Ich war in diesem Moment überzeugt, daß der Katechet mir meine Unschuld genommen hat. Er ist zu einer schweren Strafe verurteilt worden, und es wurde ihm besonders hart angerechnet, daß er Melanie und mich verführt hatte. Wenn ich bedenke, daß an uns nichts mehr zu verderben war und daß er gewiß bei noch vielen anderen Mädchen nicht der erste gewesen ist, der ihnen einen Schwanz zu spielen gab, tut er mir herzlich leid.

Die Geschichte mit dem Katecheten ist aber für mein ganzes Leben entscheidend geworden, wie ich im weiteren Verlaufe der Begebenheiten zeigen werde. Denn trotz dieser Geschichten wäre ich vielleicht eine brave Frau geworden, wie Melanie es wurde, die heute mit einer Schar von Kindern im Gasthaus ihres Vaters sitzt, oder wie manche andere von meinen damaligen Genossinnen, denen diese frühzeitigen Ausschreitungen nichts geschadet haben.

Sie hielten sich, als das Jungfrauengefühl in ihnen erwachte, und als besonders die Angst vor dem Kinderkriegen sich einstellte, vom Geschlechtsverkehr zurück, wurden keusch, wurden dann von einem ernsthaften Geliebten, der nichts ahnte, wie viele Wenzeln schon an dieser Stelle gewetzt hatten, ernsthaft entjungfert, wurden geheiratet, und sind, wenn sie auch hie und da einer Versuchung nicht widerstehen konnten, wie meine Mutter, doch keine Hure geworden wie ich.

Nur die Ereignisse, von denen ich jetzt berichten werde, haben mich zur Dirne gemacht, nur sie sind Veranlassung gewesen, daß ich den Weg ging, den man den ›Weg des Lasters‹ nennt. Ich bereue es nicht, diesen Weg gegangen zu sein. Das habe ich schon gesagt und wiederhole es. Mir tut höchstens die Ursache leid, aber nicht die Wirkung.

Sonst aber, und auch das muß ich hier, um der Wahrheit die Ehre zu geben, wiederholt feststellen, sonst aber führen Tausende und Tausende von Mädchen aus den unteren, ja selbst – wie ich heute weiß – aus den besten Gesellschaftsschichten ein so geschlechtliches Dasein, treiben ahnungslos, verführt von ihren Gespielen und Gespielinnen, alle erdenkliche Unzucht und werden später sittsame, keusche und anständige Frauen und Mütter, die sich ihrer Fehler gar nicht erinnern.

Meine Brüder waren in die Lehre gekommen. Lorenz, der älteste, in dasselbe Geschäft, in dem mein Vater arbeitete, Franz zu einem Buchbinder. Ich sah sie nur mehr an Sonntagnachmittagen. Lorenz sprach fast gar nicht mehr mit mir. Franz erzählte mir, er habe bei seinem Meister ein junges Dienstmädchen vom Land, das sich von ihm vögeln lasse und bei dem er in der Nacht schlafen könne.

Wir hielten einen stillen, alten Mann als Bettgeher, der früh das Haus verließ und spät abends heimkehrte. Ich schlief auf dem Sofa im Zimmer. Das Bett der Mutter stand leer neben dem meines Vaters.

Einen Tag, nachdem wir beim Kommissär waren, sagte mein Vater zu mir: »Ich wollte dich eigentlich recht fest durchhauen, weil du so ein Saumensch bist . . .«

Es war das einzige, was ich über den Fall von ihm gehört hatte. Ich erschrak und meinte: »Aber ich kann doch nichts dafür . . .«

»Na ja«, brummte er, »ist eigentlich wahr, so ein Kerl.«

Und dann sagte er: »Geschehen ist geschehen . . .«

Und wieder nach einer Weile: »Jetzt werd ich aber aufpassen auf dich, verstehst? Du gehst mir nirgends hin, ohne Erlaubnis . . . und . . .« Er stockte, dann rief er heftig: »Und von heut ab schlafst du da . . .« Er deutete auf das Bett der Mutter.

Ich war erstaunt, und er setzte hinzu: »Es sind immer Bettgeher da . . . man kann nicht wissen . . . ich will aufpassen . . .«

So schlief ich von diesem Abend an Bett an Bett mit meinem Vater.

Als er vom Wirtshaus nach Hause kam, war es vielleicht schon elf Uhr, und ich wachte nicht auf.

Erst als er viele Male geflüstert hatte: »Bist du da? Hörst, bist du da?« erwachte ich, und schlaftrunken antwortete ich: »Ja, Vater . . .«

»Wo bist du?«

»Da, Vater, da bin ich . . .«, sagte ich, vom Schlafe befangen.

Er tastete nach mir: »Ah, ja . . . da bist du . . .«

Und er fuhr mir vom Hals zur Brust herunter. Mir gab

es einen Schlag, als er nach meinem Busen griff und ihn abfühlte. Ich lag ganz still.

»Alsdann ... da ...«, murmelte er stockend, »alsdann, da hat er dich angegriffen, der Herr Katechet ...?«

»Ja, Vater ...«, flüsterte ich.

»Da auch?« Er packte meine andere Brust.

»Ja, Vater ...«

»So ein Schuft«, redete er weiter, »so ein Hund ... das könnt ihm passen ...« Aber dabei spielte er mit meiner Brustwarze.

»Wie hat er's denn gemacht?« fragte er zu mir herüber.

»So wie der Vater«, sagte ich leise.

Er fuhr mir unter's Hemd und faßte mich an der Fut, wühlte mit den Fingern in den Haaren herum und flüsterte: »Pepi ...?«

Ich war starr vor Schrecken und Erregung.

»Ja, Vater ...«

»Pepi, da ist er auch gewesen?«

»Ja, Vater, da auch ...«

»Mit seiner Nudel vielleicht gar ...«

Ich staunte über diese Frage. Hatte der Vater alles vergessen? Oder fragte er mit Absicht?

Er wiederholte: »Sag, mit seiner Nudel ist er dagewesen?«

»Ja, Vater ...«

»Da drinn?« Er versuchte, meine Spalte zu öffnen und mir den Finger hineinzustecken. Ich stieß seine Hand fort. »Aber Vater!« sagte ich.

»Ich will's wissen«, zischelte er mir zu.

»Aber Vater«, bat ich, »was tun S' denn, Vater?«

Sein Finger saß mir im Loch.

»Vater, Vater ... hör'n S' auf«, flüsterte ich ihm zu, »Sie wissen ja ... er ist drinn g'wesen ... ja ... hör'n S' auf ...«

»Hat er dich gevögelt?« Der Finger bohrte weiter.

»Ja«, sagte ich schnell, »er hat mich halt gevögelt ... ich kann ja nix dafür ...«

»Das ist dein Glück ...«, brummte mein Vater, ließ mich los, drehte sich um und schlief ein.

Ein paar Nächte lag ich ruhig neben ihm im Bett; er faßte mich nicht an, und ich vergaß ganz, was vorgefallen war, oder wenn ich daran dachte, schrieb ich dieses sonderbare Benehmen der Wut zu, die mein Vater wegen des Katecheten haben mochte. Am Samstag waren wir im Gasthaus gewesen, und als wir uns niederlegten, griff der Vater wieder zu mir herüber.

»Du«, sagte er, indem er meinen Busen suchte. »Du ...«

»Ja, Vater ...«

»Du, wie oft ... wie oft hat dich der Katechet gevögelt?«

»Ich weiß nicht mehr, Vater.«

»Na, wie oft?«

»Wenn ich's aber nicht weiß ...«

»Du! Ich will's wissen.« Er hatte meine Brust erwischt und quetschte sie, daß ich schrie.

»Aber, Vater!«

»Wie oft?«

»Vielleicht zehnmal.«

»So? Zehnmal gar.«

Er spielte an meiner Warze, die sich aufrichtete.

»Zehnmal?« fragte er. »Auf einmal?«

Ich mußte lächeln. »Aber nein, jedesmal einmal ...«

»Also zehnmal?«

Und er fingerte meine Brustwarze, daß sie höher und höher wurde. Ich hatte ein Gefühl von Neugierde, Wohlsein, Geilheit und Scheu, und die Scheu überwog noch, deshalb nahm ich seine Hand und drückte sie mehr von mir fort.

»Geh'n S', hören S' auf, Vater, was machen S' denn?«

»Nix, nix ...«, brummte er und zog sich zurück.

Wieder war ein paar Tage Ruhe. Ich schlief meistens schon, wenn der Vater nach Hause kam. Daß er etwas anderes von mir wollte, fiel mir nicht ein. Ich glaubte nur, er könnte sich über den Katecheten nicht beruhigen.

Da fing er eines Abends wieder an. Wir hatten uns gleichzeitig zu Bett gelegt, und während er nach mir tastete, fragte er: »Was hast denn g'macht heut den ganzen Tag?«

»Nichts, Vater«, antwortete ich.

Er fuhr mir schon in den Hemdausschnitt, und ich hielt mir die Hände vor die Brust.

»Warst in der Schul?«

»Ja.«

Er versuchte, meine Hände zu verdrängen, um meine Brüste zu erreichen.

»Hast einen neuen Katecheten?«

»Ja, Vater...«

»Na, tatschelt er dich auch so ab?« Er hatte meine Brust erwischt und spielte mit ihr.

»Nein, Vater...«

»Und der Herr Lehrer...?«

»Wir haben ja eine Lehrerin, Vater.«

»So? Und der Katechet tut nix?«

Ich versuchte, ihn fortzudrängen. »Nein, nichts tut er...«

Er ließ meine Brust los und griff mir zwischen die Beine, so schnell, daß ich sie nicht schließen konnte, und so hielt er meine warme Muschel ganz in der Hand.

»Bitt Sie, Vater... Vater!« Ich atmete schon schwer, denn er kitzelte meine Geilheit wach. »Bitt schön, Vater... nicht...«

»Weißt du...«, stammelte er, »weißt du... wenn vielleicht der neue Katechet... so mit dir zum Spielen anfangt...« Er ließ ein wahres Trommeln auf meinen Kitzler los, »oder wenn er gar so was machen will...« Damit probierte er, mir den Finger hineinzustecken, »dann laß dir's nicht gefallen...«

»Nein, Vater... nein... aber gehen S' fort...« Ich schloß die Beine, machte einen Schneller mit dem Popo und war frei.

»Na... na«, meinte er, »ist schon recht...«

Noch immer ahnte ich nichts. Aber ich hatte nur vor mir selbst Angst. Diese Berührungen regten mich auf. Der Wunsch, gevögelt zu werden, seine Betastungen zu erwidern, die Begierde, nach seinem Schweif zu langen, durchzuckte und erschreckte mich. Ich meinte, er werde mich halb totschlagen, wenn ich mich unterstehen würde, so was merken zu lassen. Ich glaubte, er wolle mich prüfen.

Aber wieder ein paar Nächte später wachte ich auf. Ich hatte tief geschlafen und erwachte unter seinen Berührungen. Er lag dicht neben mir, hatte meine Brust entblößt und spielte mit den Warzen. Er spielte so leise, so zart, daß sie beide hoch und steif emporstanden. Ich stellte mich schlafend, und eine ungeheure Neugierde erfüllte mich, was er mit mir anfangen werde. Jetzt ahnte ich ja, worauf er hinauswollte. Doch ich schämte mich zu sehr und war außerdem nicht ganz sicher, ob das nicht eine neue Prüfung sei. Ich lag ganz still.

Da faßte er meine linke Brust und begann meine Himbeere zu küssen und zu lecken.

Unwillkürlich fuhr ein Zucken durch meinen Körper. Aber ich atmete tief ein und tat so, als ob ich fest schliefe. Er leckte wieder, sog daran, preßte meine beiden Duteln, und wenn mich das Zucken schüttelte, hörte er auf. Da glaubte ich, er wolle sehen, ob ich wach sei, und stellte mich erst recht, als ob ich schliefe. Auf einmal hob er die Decke und streifte mir das Hemd in die Höhe. Mein Herz begann vor Angst und Geilheit laut zu pochen, denn noch immer glaubte ich an eine Art von Prüfung. Es war eine unbestimmte, dumpfe Vorstellung, die mich neben meiner sinnlichen Erregung beherrschte.

Behutsam, leise, schob er, im Bett neben mir sitzend, meine Füße auseinander. Ich ließ es willenlos geschehen. Als er mir aber mit der Hand über die Spalte strich, mußte ich damit zucken, und rasch hörte er wieder auf. Ich imitierte, wie von nichts zu wissen, ein leises Schnarchen.

Da schwang er sich zwischen meine Beine, und in den Armen aufgestützt, lag er über mir, ohne mich anders als mit der Schwanzspitze zu berühren. Ich konnte mich nicht halten vor Geilheit und wetzte auf und nieder, als er mir mit dem heißen Schweif leise gegen die Fut stieß. Dabei fuhr ich mit dem Schnarchen fort.

Hausmeister mit heißem Kopf den Eingang suchen, als ich, von meiner Geilheit überwältigt, schwerer zu stoßen anhub und mich bemühte, durch geschicktes Entgegenhalten seinen Einschlupf herbeizuführen. Hatte ihn die Aufregung unbedenklich gemacht, oder mochte er glauben, mein Schlaf sei so fest, genug, auch er begann heftiger zu stoßen als die Nacht vorher. Bajonett und Scheide bemühten sich, zusammenzukommen, und auf einmal stak er bei mir so tief wie möglich.

Ohne es zu achten, rief ich: »Ach ...«

Er lag still und hielt seinen Schweif fest in mich hineingepreßt. Aber ich hatte doch jetzt das Bewußtsein, daß ich mich nicht zu fürchten brauchte, und redete ihn an, als sei ich eben erwacht.

»Vater, was tun Sie denn?« Dabei machte ich ein paar ganz leise Stöße.

Er erschrak, vermochte aber nicht, mich zu verlassen.

»Vater«, flüsterte ich, »um Gottes willen, was machen Sie ... geh'n S' fort ... Vater ... gehen S' fort ... was tun S' denn da?« Und während ich das sagte, wurden meine Stöße stärker.

»Nix tu ich«, flüsterte er, »nix ... ich hab' ... ich hab' ... geschlafen.«

»Also Vater, was machen wir denn?«

»Ich hab's nicht gewußt, daß du's bist ...«

Ich merkte die Ausrede und erwiderte: »Ja, ich bin's ... ich bin's, Vater ... ich ...« Mit jedem ›ich bin's‹ aber mußte ich, von seinem Stiel gereizt, einen heftigen Stoß tun.

»Vater«, sagte ich weiter, da er schwieg, »Vater ... Sie vögeln mich ja ...« Und ich umarmte ihn.

Er lag jetzt ganz auf mir, packte mich bei den Brüsten, und ohne mir zu antworten, begann er regelrecht und ungeniert zu stoßen.

Ich hielt ihn fest umschlungen und flüsterte ihm ins Ohr:

»Das ist ja eine Sünd ... Vater ... ich fürcht' mich ... ach ... Vater ... ach, fester ... fester ... ach ... so ist's gut ... aber ich fürcht' mich ...«

»Macht nix«, gab er zurück, »es weiß ja niemand was ... und es wird ja niemand was wissen ...«

»Nein ...«, stimmte ich bei, »nein ... ich sag nix ...«

Er stieß heftiger zu. »So ist's recht ... brav bist du ... brav ...«

Ich fragte keck: »Vater ... ist's gut?«

»Ja ... ja ... ja ...« Und er suchte mit dem Mund meine Brust.

»Wann der Vater will«, flüsterte ich, »laß ich mich immer von Ihnen vögeln ...«

»Sei ruhig ... ja ... ich will ...«

»Vater, mir kommt's ... fester ... ach ...!«

Ich war selig, denn so lange hatte ich darauf gewartet, und jetzt schien mir alles gestattet zu sein.

»Vater, kommt's Ihnen auch ...?«

»Ja, jetzt ... jetzt ... Pepi ... jetzt ... ach, das ist gut ...«

Wir opferten beide zu gleicher Zeit und schliefen Arm in Arm ein.

Am nächsten Tag war mein Vater sehr schüchtern, wie noch nie. Er sprach nur in leisem Ton zu mir, und mit abgewendetem Antlitz. Ich wich ihm aus und wartete auf den Abend.

Als wir im Bett lagen, kroch ich zu ihm.

»Vater«, flüsterte ich, »sind Sie bös?« Ich nahm seine Hand und legte sie an meine nackte Brust.

»Nein«, antwortete er, »ich bin nicht bös ...«

»Weil S' heut nix mit mir gesprochen haben ...«

»Ach, ich hab' nur nachgedacht«, meinte er.

»Was denn, Vater ...?«

»Na, ich mein'«, entgegnete er, während er meine Brüste, die sich über ihn neigten, streichelte, »ich mein', wenn der schäbige Katechet das hat machen dürfen, dann ist sowieso alles eins ...«

Ich fuhr unter die Decke, haschte seinen Schweif, der sich sofort aufrichtete, wie ein Soldat auf Alarmruf in die Höhe springt.

»Vater ... wenn Sie wieder wollen ... ich laß mich ...«

»In Gottes Namen«, keuchte er.

Und da bestieg ich ihn rittlings und pflanzte mir den Stützbalken ein. Er hielt mich bei den Brüsten fest, und so machten wir es in wenigen Minuten zu Ende.

Jetzt war mein Vater auch bei Tag freundlich zu mir. Wenn ich ihm ein Glas Wasser reichte oder er sonst an mir vorüberging, faßte er mich bei der Brust, und ich wühlte rasch ein bißchen an seiner Hose herum.

Er sprach auch vom Geschäft mit mir, von allen möglichen Angelegenheiten des Haushaltes, von seinen Geldsorgen. Dabei kaufte er mir an Kleidern, was ich mir nur wünschte und was er konnte, ließ mich den Zins vom Bettgeher einheben, kurz, ich kam mir sehr erwachsen und wichtig vor.

Einmal fragte ich ihn: »Erinnern Sie sich, Vater, was ich dem Herrn Katecheten noch hab' tun müssen?« Es war in der Nacht und wir hatten gerade eine schöne Leistung, freilich eine einzige, hinter uns.

»Nein«, sagte er, »was denn?«

»Soll ich's Ihnen zeigen?«

»Ja ... da wär ich neugierig ...«

Ich nahm seinen weich gewordenen Pendel, schob meinen Kopf herunter und führte ihn mir in den Mund. »Ist das gut ...?«

»Ja ... gut ist das ... ach ... mach's nur weiter ... nur weiter.«

Ich arbeitete mit meiner ganzen Routine, bis er den Flaggenmast wieder aufrichtete. Dann ließ ich los.

»Vater ... der Katechet hat's mir aber auch so gemacht«, log ich. Mir war's ja egal. Katechet oder nicht, den Kooperator durfte ich ja wohl verschweigen.

»Willst du's von mir auch haben ...? fragte er mich.

»Ja ...«

Er faßte mich um die Mitte, warf mich in mein Bett herüber und war sogleich mit dem Kopf zwischen meinen Beinen. Und nun begann er meine Diele zu scheuern, daß mir der Atem verging.

Im nächsten Moment aber unterbrach er sich und begann mich zu vögeln. Mir was das eine wie das andere recht, weshalb ich mit meiner Begeisterung nicht zurückhielt.

In dieser Zeit wechselten unsere Bettgeher, und der jetzt kam, war ein Kaffeehauskellner. Er servierte in einem jener kleinen, anrüchigen Lokale, die man ›Tschocherl‹ nennt. Um drei Uhr früh kam er nach Haus, schlief bis um zwölf Uhr mittag und ging von uns wieder an seine Arbeit.

Er war ein ausgemergelter Kerl mit einem gelben Gesicht, tiefliegenden schwarzen Augen und mit der großen ›Sechser‹-Frisur, wie sie damals als nobel galt. Obwohl er vielleicht schon sechsunddreißig Jahre zählte, hatte er doch nur vier bis sechs kümmerliche Lippenhärchen, die den Schnurrbart vorstellten.

Mir war er höchst unsympathisch, und als er mir in den ersten Tagen gleich an die Brüste griff, schlug ich ihm auf die Hand und stieß ihn vor die Brust.

Er sah mich scheel an und ließ von mir ab.

Doch ein paar Tage später faßte er mich, während ich in der Küche zu tun hatte, plötzlich von rückwärts, hielt mich an sich gepreßt und bearbeitete meine Brüste, daß ich fürchtete, die Warzen werden mir aufstehen.

Wütend schlug ich um mich, stieß nach hinten mit den Füßen aus, und er mußte mich freigeben. Aber er sagte böse: »Na, na, darf man das Fräulein nur anrühren, wenn man ein Katechet ist?«

Ich war sprachlos vor Staunen. Trotzdem faßte ich mich und schrie ihn an: »Halten S' das Maul ...«

»Schön ... schön ...«, sagte er, »Sie lassen Ihnen nur von einem geistlichen Herrn vögeln ...«

Er mußte von den Hausleuten alles erfahren haben. Aber ich war ihm gewachsen.

»Wenn Sie nicht Ruh geben«, sagte ich streng, »nachher zeig' ich Ihnen bei der Polizei an ...«

Er wurde noch gelber und schwieg. Während er sich vollends anzog, hieb und stieß er wütend mit seinen Sachen herum. Dann setzte er zornig seinen Hut auf, kam dicht an mich heran und flüsterte: »Na warten S' ... mit der Polizei drohen Sie mir ... Sie Mensch, Sie ausgefícktes ... warten S' ... Sie werden mich noch einmal bitten, daß ich Ihnen die Ehr' erweis ...«

Ich lachte höhnisch auf, und er ging fort.

Aber er war es, der zuletzt lachte.

Es war ein paar Wochen später. Ich wusch mich und stand im Hemd und Unterrock. Der Vater, der wegging, nahm Abschied von mir und steckte seine Hand in mein Hemd, um ein bißchen mit meiner Brust zu spielen.

In diesem Augenblick öffnete der Rudolf — so hieß der Kaffeehauskellner — rasch die Tür. Noch nie war er so zeitlich wach gewesen. Mein Vater zog blitzschnell die Hand von mir zurück. Rudolf sagte gelassen: »Entschuldigen, könnt ich heut' das Frühstück früher haben? Ich muß zum Magistrat ...«

Wir glaubten, er habe nichts bemerkt.

Als aber der Vater fort war und ich in die Küche ging, um Kaffee für Rudolf zu kochen, grinste mich der Bursche an und lachte: »Also der Vater darf mit die Duteln spielen, was?«

»Sie lügen ja«, antwortete ich, rot im Gesicht.

»Ich hab' aber gut gesehen«, beharrte er.

»Nichts haben Sie g'sehen!« schrie ich. »Der Vater hat mir nur gesagt, ich soll mich besser waschen.«

Er lachte laut, trat an das Wasserschaff, zog ruhig vor mir seinen Schweif heraus und wusch ihn. Während ich ins Zimmer lief, rief er mir nach: »Ich muß mich auch besser waschen ...«

Dann kam er herein und sagte: »Jawohl, ich muß mich besser waschen, denn heut' oder morgen wird mich die Fräul'n Pepi bitten, daß ich sie petschieren soll ...«

Diesmal war ich es, die schwieg.

Wochen verstrichen. Er schaute mich nicht an, ich schaute ihn nicht an. Der Vater und ich vergnügten uns, wenn auch nicht gerade jede Nacht, so doch oft, und wir hatten alle Künste, die mir schon vorher geläufig waren, durchgemacht.

Daß ich mit meinem Vater so lebte, machte den Eindruck auf mich, daß ich mich von den anderen, besonders aber von den Buben, fernhielt. Nur zweimal war ich in der Zwischenzeit beim Herrn Kooperator gewesen.

Das erste Mal fand ich ein kleines Mädchen bei ihm. Er hatte sie nackt ausgezogen, und sie lachte mir vom Bett her schon entgegen. Der Kooperator schleckte sie, was ihr sehr gut gefiel. Sie hatte, wie sie mir dann erzählte, sonst mit ihrem Onkel und dann mit dem Fleischhauer in unserer Gasse Unzucht getrieben, ohne zu vögeln. Der Kooperator vögelte sie also auch nicht. Aus Vorsicht, wie ich glaubte. Er ›reinigte‹ sie nur, und ich kam ihm eben recht, seinen erregten kleinen Laienbruder in meiner Einzelzelle zu besänftigen. Ich mußte mit aufs Bett, und während der Kooperator purifizierte, entsündigte er mich mit kolossalen Stößen. Dann entließ er uns beide und blieb schnaufend zurück.

Das zweite Mal war ich allein mit ihm und konnte ihm von meinem Vater beichten.

Er schlug die Hände zusammen: »Da bist du verloren ...«

Ich glaubte ihm jetzt nicht mehr, sondern spielte einfach die Komödie mit, und meinte nur, er solle die Absolution teurer verkaufen.

»Ich werde fleißig Buße tun, Hochwürden«, versprach ich.

»Wie denn Buß ...?« rief er.

Da kniete ich nieder, holte seinen Weihwedel heraus und fing an ihn so zu lecken, daß er ihm wie ein Dampfkessel zu brodeln begann.

Er stieß mir seinen Zapfen bis an mein Zapferl in den Rachen. Er langte hinunter und rief mich: »Komm.«

Da drehte ich mich um, ließ ihm den Popo, und zwischen meinen Beinen nach rückwärts greifend, schob ich mir seinen Kolben hinein, wetzte so eifrig, daß es im Augenblick danach kein Halten mehr gab und seine Wasser sprangen.

Ich ließ ihn aber nicht zur Ruhe kommen, sondern züngelte ihn wieder auf und wiederholte die Buße ein zweites Mal, und wir schieden zuletzt versöhnt. Nur mußte ich geloben, mich von meinem Vater fernzuhalten. Ich tat es ruhig, weil ich wußte, ich könne auch für meine Rückfälligkeit Verzeihung erlangen.

Mein Vater hatte, nachdem die erste stürmische Zeit vorüber war, die Gewohnheit angenommen, mich regelmäßig am Sonntag früh, vor dem Aufstehen, zu vögeln. Das ist, wie ich heute weiß, bei allen Arbeitern der Fall, die während der Woche müde sind, zeitlich auf müssen und deshalb meistens am Sonntag, wenn sie ausgeschlafen sind, ihre Frauen besteigen. So war es jetzt auch bei uns Brauch geworden, und während der Woche bekam ich den gewünschten Strudel nur hie und da einmal in der Nacht, und auch da nur dann, wenn ich mir ihn selbst holte.

Des Morgens aber war der Vater doch immer am meisten aufgelegt, mich abzutätscheln, und ehe er das Haus verließ, noch ein wenig mit mir zu spielen. Dazu reizte ihn wohl der Umstand, daß ich, während er sich anzog und wusch und frühstückte, meist im Hemd herumging, oder doch nur im Unterrock und Hemd.

Eines Morgens nun, es war, glaube ich, an einem Donnerstag, und wir hatten seit dem Sonntagmorgen nichts miteinander gehabt, griff mir der Vater jedesmal an die Brüste, so daß ich ganz aufgeregt wurde. Ich hielt sie ihm also auch noch extra hin, und er wurde immer geiler. Endlich, als er sich gewaschen hatte und gerade das Bettzeug lüften wollte, erwischte er mich, wie ich an ihm vorbei mußte, fuhr er mir ins Hemd und traktierte meine Himbeeren, die sich aufstellten. Ich hätte es in diesem Moment gar zu gern getan, und wie er so in den Unterhosen vor mir stand, griff ich zu und faßte seinen stehenden Fechter beim Kopf. So rieben wir uns beide ein paar Sekunden dort, wo es uns am wohlsten tat, bis mein Vater mich unbedachter Weise auf's Bett warf und ich ebenfalls unbedachter Weise mir eine schnelle Frühstücksnummer erhoffte. Er hatte mir eben die Röcke aufgehoben und sich auf mich geworfen, als Rudolf die Türe öffnete. »O Pardon!« sagte er und fuhr zurück.

Wir stoben entsetzt auseinander. Der Vater ging sofort hinaus, und ich hörte ihn nach einer Weile sagen: »Das Mädel muß man mit Gewalt aus dem Bett ziehen, sie will sonst nicht aufstehen ...«

Rudolf lachte.

Als der Vater hereinkam, sagte er beschwichtigend zu mir: »Er hat gar nix gesehen.«

Ich erwiderte nichts, aber ich war nur zu sehr vom Gegenteil überzeugt. Der Vater hatte denn auch kaum das Haus verlassen, als Rudolf hereinstürzte. »Na«, fuhr er mich an, »hat der Vater vielleicht heute auch nur haben wollen, daß du dich besser waschen sollst?«

Da ich noch im Hemd war, hielt ich mir ein Handtuch vor die Brust. Er riß es mir weg.

»Mach keine G'schichten!« lachte er, und ich bemerkte erst jetzt, daß er mich duzte.

»Hab' ich mit Ihnen Bruderschaft getrunken?« fuhr ich ihn an.

»Genieren werd' ich mich vor so einem ausgefickten Luder, die mit dem eigenen Vater vögelt.«

»Wir haben nicht gevögelt«, widersprach ich der Wahrheit gemäß.

»Halt's Maul!« schrie er mich an. »Willst mir vielleicht abstreiten, was ich selbst gesehen hab?«

»Nix haben S' g'sehen ...«

»So? Ist er vielleicht nicht auf dir gelegen, wie ich hereingekommen bin, und hast nicht den Kittel in der Höh' gehabt?«

»Nein«, sagte ich, aber schon sehr unsicher.

»Soo ...? Nein?« Er kam näher. »Dann werd' ich dir sagen, was ich gesehen hab'! Ich hab' vorhin von draußen gesehen, wie er dir alleweil ins Hemd hineingegriffen hat, na? Und weißt, was noch?«

Ich schaute ihn angstvoll an.

»Ich hab' gesehen«, fuhr er in scharfem Ton fort, »wie du ihm den Schwanz aus der Hosen gezogen hast ... und dann hat er dich auf's Bett hergeschmissen ...«

Ich war zerschmettert.

»Na ...«, lachte er und faßte mich unterm Kinn, so daß ich die Augen zu ihm erheben mußte, »ist das vielleicht nicht wahr ...?«

Ich senkte den Blick vor ihm und schwieg.

»So«, sagte er entschieden, »und weil die Fräulein Pepi so frech und keck zu mir gewesen ist, geh' ich jetzt stante pede auf die Polizei und zeig' die ganze G'schicht an.«

Darauf war ich nicht gefaßt gewesen. Eine entsetzliche Angst ergriff mich.

Er weidete sich daran und quälte mich noch mehr. »Alle zwei werdet ihr eingesperrt ... du und dein Herr Papa ...«

»Nein!« stieß ich hervor.

»Nein?« wiederholte er. »Nein? Na, das werden wir ja gleich sehen ... ich kann ja beeiden, was ich gesehen hab'.«

Damit wollte er zur Tür: »Gleich geh' ich ...«

Ich warf mich zwischen ihn und die Tür.

»Bitte ...«, stammelte ich.

»Da gibt' nichts zu bitten mehr ...« Er wollte die Türschnalle ergreifen.

Ich hielt die Arme vor die Tür gebreitet: »Bitte ...«

»Bitte ... was?« wiederholte er höhnisch.

Ich flüsterte: »Bitte, verzeihen Sie mir, Herr Rudolf, daß ich keck zu Ihnen war ...«

»Aha«, frohlockte er, »jetzt auf einmal ... was?«

Ich wurde dringender: »Geh'n S' nicht auf die Polizei, Herr Rudolf ... bitte.«

»O ja«, drohte er, »ich geh' schon auf die Polizei, das gibt's nicht ...«

Ich brach in Tränen aus: »Bitte, geh'n S' nicht, Herr Rudolf ... ich kann nichts dafür ...«

»Für was kannst du nix ...?«

»Dafür ... daß mich der Vater ...«

»So?« sagte er und neigte sich dicht zu mir: »Und dafür kennst du mich nicht, daß du mich weggestoßen hast, wie ich dich hab' ein bisserl da angreifen wollen ...?« Er berührte leicht meine Brust.

»Ich werd's nimmer tun«, meinte ich.

»Jetzt laßt mich mit die Duteln spielen ... was?«

»Ja ... Herr Rudolf ...«

Er riß mir das Hemd ab und nahm meine Brüste in die Hand und spielte mit den Zeigefingern an den Warzen.

»Das darf ich jetzt machen ... was?« spottete er.

»Ja ... ja«, sagte ich und ließ es geschehen.

Er rieb sich stehend mit dem Hosenlatz an meiner Fut: »Und das da«, meinte er lauernd, »das dürfte ich jetzt auch ... was?«

»Ja, Herr Rudolf.« Ich war willenlos.

»So?« Er grinste. »Jetzt möchst dich von mir vögeln lassen?«

Mir war das die einzige Rettung: »Ja, Herr Rudolf.«

»Und ich mag dich gar nicht vögeln«, rief er lachend, »ich mag nur auf die Polizei gehen.«

Ich weinte laut. Da fuhr er fort: »Außer du tust mich schön bitten, ich soll dich pudern ... ha?«

»Ich bitt' schön, Herr Rudolf.«

»Wart.« Er spielte schneller mit meiner Brust.

»Ich bitte ...«, wiederholte ich.

»Sag's doch ...«, rief er und stieß unten gegen mich.

»Ich bitte ... Herr Rudolf ... pudern Sie mich«, sagte ich gehorsam.

»Also komm.« Er ließ von mir ab und ging zum Bett.

Ich folgte ihm ohne Willen.

»Leg dich nieder«, befahl er.

Ich tat es.

»Heb deine Kleider auf!«

Ich gehorchte.

Er betrachtete mich, wie ich dalag. Dann kommandierte er weiter: »Mach mir das Hosentürl auf.«

Auch das tat ich. Sein Schwanz sprang heraus. Es war eine dünne weiße Nudel, die schief in die Höhe stand.

Jetzt stieg er ins Bett, legte sich auf mich und sagte: »So, und hineinstecken mußt du ihn dir auch selber.«

Ich ergriff seinen Schwanz und führte ihn mir hinein. Von der Annehmlichkeit, die ich unwillkürlich empfand, und von der Angst vor der Polizei endlich befreit, atmete ich auf.

Rudolf stak beinahe bis zum Heft in der Scheide, aber er lag ruhig. »Jetzt mußt du sagen, bitte, Herr Rudolf, stoßen Sie ...«

»Bitte, Herr Rudolf, stoßen Sie!« Das sagte ich gern.

Meine Brust war nackt. Er ergriff sie und spielte damit, und stieß unten seinen Wurm hin und her. Ich verabscheute ihn, ich haßte ihn, aber ich konnte mir nicht helfen, ich wurde geil. Denn er vögelte, indem er den Keil bei jedem Stoß ganz herauszog, um ihn dann sacht wieder ganz hineinzubohren.

Nach dem zehnten oder zwölften Dolchstoß ließ ich meinen Popo springen und begriff nicht mehr, warum ich mich gegen dieses Abenteuer so gesträubt hatte.

»Ah ... ah!« rief er. »Jetzt werd' ich die Peperl öfter vögeln, was?«

Und ich: »Fester ... schneller ... mir kommt's ... ach ... ja ... öfter vögeln!«

»So ist's recht«, meinte er, »so werden wir uns vertragen ...«

»Ach«, zischelte ich, »mir kommt's ... spritzen Sie, Herr Rudolf.«

»Langsam«, erwiderte er, »ich habe Zeit ...«

Er blieb immer im selben Tempo.

Plötzlich fragte er, ohne sich zu unterbrechen: »Vögelst du oft mit dem Vater ...?«

Ich leugnete: »Nie ... heut hat er das erste Mal wollen ...«

Er bohrte mir eben wieden den Schweif hinein.

»Lüg nicht«, zischte er dabei.

»Ach . . . mir kommt's schon wieder . . .«, rief ich.

»Sag die Wahrheit«, befahl er mir.

»Ja . . . ja . . .«, antwortete ich.

»Alsdann vögelst du oft mit dem Vater?«

»Ja . . . oft . . . mir kommt's . . . fester . . .«

»Wann denn immer . . .?«

»Meistens in der Nacht . . .«

»Seit wann?«

»Schon ein halbes Jahr . . .«

»Alle Nacht?«

»Nein . . .«

»Fickt er gut . . .?«

»Ja . . .«

»Besser als ich?«

»Nein . . . nein . . .«, versicherte ich schmeichelnd, »mir kommt's schon wieder.«

»Nimmst du ihn auch in den Mund?« inquirierte er weiter.

»Ja . . .«

»Auch den meinigen . . .?«

»Ja«, versprach ich.

»Und schleckt er dir die Fut aus?«

»Ja . . .«

»Ist das gut?«

»Ja . . .«

»Soll ich's auch tun . . .?«

»Ja . . .«

Vielleicht eine halbe Stunde lang bearbeitete er mich und ich schwamm in meinem eigenen Saft und in Seligkeit.

Endlich keuchte er: »Ich spritz! Ich spritz! Jetzt! Jetzt!«

Und damit gab er mir eine solche Ladung, daß es hörbar zu gurgeln anfing, so rann mir das Fruchtwasser aus dem Leib. Wie wir fertig waren, spielte er noch ein bißchen mit meinen Brüsten und plauschte mit mir.

»Ich hab' es gleich gewußt, daß ich dich vögeln werde . . .«

»Warum?« fragte ich ihn.

»Weil ich gleich gewußt hab', was los ist, wie ich die

G'schicht vom Katecheten gehört hab' und wie ich gesehen hab', daß du neben dein' Vater schlafst ...«

»Ich kann nix dafür«, verteidigte ich mich, »der Vater hat's gesagt ...«

»Das glaub ich«, lachte er.

»Werden Sie's niemanden sagen?« wollte ich wissen.

»Woher denn. Wenn du dich von mir immer vögeln laßt ...«

»Ja ... ich laß mich immer vögeln«, gelobte ich.

»Und dann ... ich weiß es ja schon länger«, lächelte er.

»Was denn ...?«

»Na, das mit dem Vater ...«

»Woher denn?«

»Weil ich schon ein paarmal zug'schaut hab' ...«

Ich erschrak noch nachträglich. »Wann haben Sie zug'schaut ...?«

»Ein paarmal ... am Sonntag in der Früh ...«

»So ...«

»Soll ich dir's beweisen? Vorigen Sonntag bist du oben g'legen und er unten, und dann hast du's noch in den Mund genommen, und beim zweiten Mal bist du unten gelegen ... was?«

»Ja ...« Ich erinnerte mich. Es war im ersten Dämmerlicht gewesen.

Er stand auf: »Na, alsdann bist du von heut ab meine Geliebte ... Jetzt hab' ich halt zwei ...«

Ich wurde neugierig: »Zwei?«

»Ja ...«

»Wer ist denn die andere ...?«

»Du wirst sie schon noch sehen ...«

Damit ging er fort.

Alle Tage des Morgens, wenn mein Vater weggegangen war, kam er herein und fragte: »Na, war heute nacht was los ...?« Und ich mußte ihm erzählen, ob ich gevögelt hatte oder nicht. Er wollte auch wissen, ob ich noch mit anderen Männern verkehre. Aber das verschwieg ich ihm wohlweislich und sagte von meinem Kooperator kein Wort. Er gebrauchte mich keineswegs alle Tage, manchmal spielte er nur so mit meinen Brüsten oder fingerte unten ein wenig herum und manchmal sagte er geradeaus: »Heut' ist nix ... ich hab gestern meine andere Geliebte gefickt ...«

Ich fand noch immer keinen Gefallen an ihm, wenn er nicht gerade drin bei mir war, aber ich haßte ihn auch nicht mehr, sondern hielt ihn für ausnehmend gescheit, weshalb ich Achtung vor ihm empfand. Zum Kooperator ging ich alle vierzehn Tage etwa. Aber es war jetzt nicht mehr die Rede von Reue, von Buße oder Beichte oder vom Reinigen. Er hatte mich eines Tages, gleich als ich ins Zimmer trat, ohne weiteres entkleidet, mich geschleckt und gevögelt, sich wieder schlecken lassen und mich dann ein zweites Mal numeriert und nur lauter Schweinereien gesprochen. Seit damals verkehrte ich mit ihm wie mit anderen Männern, und wenn er auf mir lag, sagte ich sogar du zu ihm.

Rudolf behandelte mich andauernd gut, mein Vater auch, und an mehr dachte ich nicht.

Wenn mich mein Vater jetzt in der Frühe beim Ankleiden an den Brüsten nahm oder mir seinen Schweif zum Spielen gab, legte ich mir keine Scheu mehr auf, weil ich nun wußte, daß Rudolf nicht mehr auf der Lauer lag, sondern schlief. Ein paarmal sagte ich sogar scherzweise zu ihm: »Heut hätten S' uns wieder erwischen können, den Vater und mich ...«

Er erkundigte sich: »Habt's gevögelt ...?«

»Nein, aber gespielt hat er wieder mit mir.«

Rudolf meinte gütig: »Laß ihn nur spielen ... ich schau nicht mehr ...«

Das sagte er mir so oft, auch von selbst, bis ich daran glaubte, und ein paar Mal, wenn der Vater während dieser Morgenunterhaltungen innehaltend meinte: »Pst ... am End kommt der Rudolf ...«, war ich selbst es gewesen, die ihn mit den Worten beruhigte: »Ach was ... der schlaft ...«

So scherzte er auch eines Morgens mit mir und hatte mir das Hemd herabgezogen, so daß meine Brust frei war.

Er küßte sie und begann das Spiel an den Saugwarzen, was mich ja immer, bis auf den heutigen Tag, mit sofortigem Begehren erfüllt.

Da auch er noch im Hemd war und nicht einmal eine Unterhose anhatte, war mir sein ganzes Wehrgehänge rasch zur Hand, und ich bearbeitete seinen Streichriemen, bis er sich ganz straff anspannte und zu pulsieren begann.

Da fuhr er mir unter die Röcke und drängte mich gegen das Bett. Mir fiel doch noch der Rudolf ein, und ich wehrte mich: »Nicht . . . der könnt doch was hören . . .«

»Ach was, der schlaft ja«, wiederholte der Vater meine sonst ständige Rede und fügte hinzu: »Mir kommt's sowieso gleich.« Ich rieb seinen Schaft noch geschwinder und schlug ihm vor: »Lassen Sie sich's kommen.« Denn mich hinzulegen traute ich mich doch nicht.

»Dann hast du aber nix«, meinte er gutmütig.

»Ich brauch nix«, erwiderte ich und setzte bei mir den Vorsatz hinzu, mich dann von Rudolf schadlos halten zu lassen. Aber es half nichts.

»Nein, nein . . . komm nur . . .«, drängte er.

Und da ich ohnehin schon halb bereit war, es zu tun, ließ ich mich auf's Bett werfen und steckte noch, damit die Sache nur ja geschwinder ginge, den Kolben eigenhändig in die Maschine.

»Ah . . . ah . . .« Der Vater begann zu stoßen.

»Ah . . . fester . . . fester . . .«, erwiderte ich ihm.

»Ach . . . grad heut ist's so gut . . .«, keuchte er.

»Mir kommt's schon . . . jetzt«, gestand ich.

»Noch ein paar Stöße . . . so . . . ich spritz . . . jetzt spritz ich . . .«

In diesem Augenblick schlug auch schon seine Samenwelle gegen mich an, aber in diesem Augenblick öffnete sich die Türe, Rudolf erschien und fragte ganz gelassen: »Was machen S' denn da, Herr Nachbar.«

Mein Vater war so überrascht, daß er rasch drei, vier Stöße tat, um sich möglichst vollständig zu entleeren.

»Lassen S' Ihnen nicht stören«, höhnte Rudolf.

Jetzt fuhr mein Vater in die Höhe und stand mit fliegendem Atem bleich vor Rudolf.

Rudolf fixierte ihn.

Ich blieb auf dem Bett liegen, wie ich war, denn ich wußte nicht, was ich tun sollte.

»Decken wir erst das Mädel zu«, höhnte Rudolf und zog mir die Röcke herab. Dann sah er meine nackte Brust, warf einen Polster drauf und sagte: »Halten S' Ihnen das vor, mich regen die Duteln auf.«

Der Vater hatte noch kein Wort herausgebracht.

Rudolf wandte sich zu ihm: »Na, Herr Nachbar, was haben S' denn mit dem Mädel da getan?«

Mein Vater stammelte: »Herr Rudolf... Sie werden mich doch nicht unglücklich machen wollen...«

Rudolf lachte: »Aber warum denn? Das geht doch keinen Menschen was an, wenn Sie Ihre Tochter petschieren.«

»Herr Rudolf«, stotterte mein Vater, »ich bin Witwer... ich bin noch nicht so alt... Geld hab' ich keins... Ich kann's doch nicht beim Arm herausschwitzen...«

»Aber... aber, ist schon recht... ist schon recht...«

»Herr Rudolf«, flehte mein Vater, »Sie müssen mir einen heiligen Eid schwören, daß Sie nix verraten...«

»Fällt mir nicht ein«, rief Rudolf obenhin. »Ich schwöre nicht... fällt mir nicht ein... aber ziehn's Ihnen nur an und kommen's in die Küche hinaus, da reden wir dann ein Wort miteinander.«

Voll Aufregung zog sich mein Vater an. Aber als er in die Küche hinauskam, war Rudolf schon weg. Jetzt waren wir beide bestürzt. Der Vater ging in die Arbeit, ich trieb mich umher wie sonst, und mit Beklommenheit legten wir uns abends schlafen, ohne miteinander zu sprechen. Doch wußten wir, was uns bedrückte.

Der Vater sagte nur einmal: »Wenn er mich anzeigt... der Kerl... nachher erschlag ich ihn.«

Aber ich gelobte mir für diesen Fall, auch meinerseits den Herrn Rudolf in die Tinte zu legen.

Wir schliefen ein, wachten wieder auf, schliefen wieder

eine Weile. Wir warteten beide auf Rudolf und hofften, er werde mit sich reden lassen.

Endlich hörten wir die Tür aufgehen.

»Jetzt ist er da«, sagte der Vater. Er nahm ohne weiteres an, daß ich wach sei, und ich war es auch. Es mochte drei Uhr sein.

Draußen zog sich Rudolf aus, und wir hörten ihn hantieren.

»Soll ich jetzt zu ihm hinausgehen?« fragte der Vater.

»Probieren Sie's«, riet ich ihm.

Ehe er aber noch aus dem Bett steigen konnte, öffnete sich die Türe. Wir hörten es, obwohl wir nichts sahen, denn es war stockfinster.

Von der Türe her rief Rudolf leise ins Zimmer: »Schlafen S', Herr Nachbar?«

»Nein, nein«, sagte mein Vater lebhaft, »hab' die Ehre, Herr Rudolf ...«

Ohne den Gruß zu erwidern, rief Rudolf im selben Ton: »Gehn S', lassen S' die Peperl zu mir herauskommen ...«

»Was wollen S' ...?« Mein Vater setzte sich im Bett auf.

Rudolf wiederholte gleichmütig: »Lassen S' die Peperl zu mir herauskommen«, und er fügte hinzu: »Sie haben doch nichts dagegen, Herr Nachbar?« In diesem Nachsatz lag eine Drohung.

Mein Vater verstand sie wohl und sagte nichts.

Rudolf wartete in der Tür.

Endlich flüsterte mir der Vater im scheuen Ton zu: »So geh halt zu ihm ... da kann man nix machen ... geh, Peperl.«

Es klang bedrückt und traurig.

Ich sprang aus dem Bett, lief zur Tür, Rudolf empfing mich, zog mich in die Küche und schloß die Tür.

»Komm ins Bett«, sagte er zu mir.

Wir legten uns nieder.

»So«, er kicherte vergnügt und schmiegte sich an mich, »jetzt bleibst du eine halbe Stunde da, und wenn du dann wieder hineingehst, sag, ich hab' dich gevögelt ...«

»Das trau ich mich nicht«, meinte ich.

»Ach, was ... er darf dir nichts tun und wird dir nichts tun«, redete er mir zu. »Er hat dich ja selber zu mir geheißen.«

Wir lagen ruhig beisammen. Ich wartete.

»Also, wenn er dich fragt, ob ich dich gepudert hab', sagst du ja«, fing er wieder an.

Ich fragte verwundert: »Werden Sie mich denn nicht vögeln?«

»Nein«, lehnte er ab, »ich hab' grad vorhin meine Geliebte gevögelt, ... ich kann nicht mehr.«

»Deswegen ...« Ich faßte ihn bei seinem ausgeschöpften Brunnen. »Es wird schon gehen ...«

»Ja, willst du denn?« Er nahm meine Brüste.

»Ich möcht schon«, gab ich zurück.

»Na, ich glaube nicht, aber ich werd probieren ...«

»Soll ich ihn in den Mund nehmen?« erbot ich mich.

»Wart«, meinte Rudolf, »ich werde dir was zeigen, wo du auch was davon hast ...«

Ich mußte mich auf ihn legen, aber mit dem Kopf nach unten. So konnte ich seine Nudel mit Wiederbelebungsversuchen bestürmen, indem er seine Lippen und seine Zunge in meine Schamlippen vergrub.

Diese Doppelarbeit war mir noch neu, aber sie erschien mir äußerst rentabel. Während ich mich um seine erschlaffte Stange ohne Erfolg bemühte, schmeichelte er mir es ab, daß es mir alle Augenblick kam, und ich hielt seinen Knebel gerne im Mund, denn es hinderte mich am Schreien und Seufzen, was ich sonst vor Wonne gewiß getan hätte, was ich aber meines Vaters wegen unterließ.

Die Situation tat das ihrige, auch Rudolf in Aufregung zu bringen, und wie ich bemerkte, daß aus seinen Ruinen neues Leben zu blühen anfing, drehte ich mich um, und da ich schon einmal obenauf lag, fügte ich zusammen, was zusammen gehörte.

Das laute Schnaufen hielten wir alle beide zurück, Rudolf und ich. Aber er remmelte in langen Stößen, und als er spritzte, hob er mich so hoch in die Höhe, daß ich beinahe zum Bett hinausgefallen wäre.

»Geh jetzt wieder hinein«, sagte er, als alles vorüber war.

Ich fürchtete mich und erklärte Rudolf: »Ich fürcht mich.«

»Lächerlich«, meinte er, »wenn er was will, soll er nur kommen. Sag ihm nur, daß er dich selbst herausgeschickt hat . . .«

Ich schlich ins Zimmer zurück. Der Vater rührte sich nicht. Wie ich aber hin ins Bett kam, fragte er: »Na, was ist . . .?«

»Nichts«, sagte ich leise.

»Was war denn?« fuhr er fort.

»Nichts«, erwiderte ich.

»Was hat er denn von dir wollen?«

»Sie wissen schon, Vater . . .«, erwiderte ich.

»Hat er dich gevögelt?« fuhr er mich an.

»Ja . . . aber Sie haben mich ja hinausgeschickt . . .«

»Gevögelt hat er dich . . .«

»Ich kann ja nichts dafür«, beschwichtigte ich ihn.

»Gleich gehst her!« herrschte er mich an.

Ich kroch gehorsam zu ihm ins Bett hinüber, unter seine Decke.

»Was schaffen S' denn, Vater . . .«

Er warf sich ungestüm auf mich und preßte mir die Beine auseinander. Ich nahm seinen Pflock, der noch nie so hart war.

»Lassen S' gut sein«, sagte ich, »wir machens deswegen doch, so oft Sie wollen . . . und den Kerl laß ich nicht mehr drüber . . .«

»Halt's Maul, du Hur!« raunte er mir zu, »du bist ja doch nur eine Hur . . .«

Und er trieb mir ohne Rücksicht den Schweif bis an den Magen in den Leib.

»Jetzt hat sie der auch gevögelt . . . der auch . . .«, keuchte er dabei. »Hat er dir's vielleicht in den Mund gesteckt . . .«

»Mir kommt's . . . Vater . . . mir kommt's . . . bei Ihnen kommt's mir . . .«, rief ich.

»Ob er dir's auch in den Mund gesteckt hat . . .«

»Ja ... überall hat er mir's hingesteckt«, ich sagte, was er hören wollte, »und die Fut hat er mir ausgeleckt ... und mir kommt's ... schneller ... schneller.«

»Ist dir's bei ihm auch gekommen?«

»Ja«, ich genierte mich nicht mehr, »ja ... ein paarmal ist's mir gekommen.«

Und ich hatte noch nicht diese Worte ausgesprochen, da schmetterte er mir seine Ladung gegen die Gebärmutter.

Dann schliefen wir beide erschöpft ein. Am andern Morgen war nicht mehr die Rede davon.

Wenige Tage später war ein Feiertag. Mein Vater und Rudolf hatten nichts mehr miteinander gesprochen. Rudolf schlief, wenn mein Vater fortging, und mein Vater schlief, wenn Rudolf nach Hause kam. An diesem Feiertag nun, wir hatten eben genachtmahlt und der Vater rauchte noch seine Pfeife, kam Rudolf plötzlich nach Hause. Es war halb neun, also eine ungewohnte Stunde.

Er trat freundlich grüßend ins Zimmer und stellte zwei Weinflaschen auf den Tisch.

»Grüß Ihnen Gott, Herr Nachbar«, rief er, »trinken wir einen Wein miteinander?«

Der Vater, der gerne trank, lächelte und sagte: »Meinetwegen ...«

Und Rudolf fuhr bezeichnungsvoll fort: »Deswegen keine Feindschaft, was?«

»Nein«, lachte der Vater, »keine Feindschaft ... Sie meinen wegen der Peperl ...?«

»Herr Nachbar«, rief Rudolf, »Sie sind ein fescher Kerl. Sein wir lustig. Von heut an bin ich vazierend, machen wir uns einen guten Abend ... wollen S'?«

»Gilt schon«, rief der Vater, und ich dachte, Rudolfs Vorschlag werde darauf hinauslaufen, daß mich alle zwei vögeln wollen.

Aber Rudolf führte ganz was anderes im Schild: »Gestatten schon, Herr Nachbar, daß meine Geliebte auch dabei ist?« fragte er.

»Was für eine Geliebte?« erwiderte der Vater staunend.

»Sie steht nämlich am Gang draußen«, erklärte Rudolf.

»Aber bitte, bitte ... sie soll nur hereinkommen.«

Rudolf ging hinaus und kam gleich darauf mit seiner Geliebten zurück. Sie war etwa sechzehn Jahre vorbei, mager, mit einer aufgestülpten Nase, frechen Augen und einem breiten Mund. Nur ihr Busen fiel mir auf. Er war für ihre Magerkeit erstaunlich groß und stand weit auseinander, straff und fest. Sie ging aber absichtlich so, daß er bei jedem Schritt zitterte.

Die Unterhaltung begann. Rudolf war sehr heiter, und Zenzi, seine Geliebte, lachte zu jedem Wort, das er sagte.

Auch mein Vater lachte immer mehr, je mehr er trank, und wir alle hatten bald einen Schwips.

Der Wein ging schon bald zur Neige, als Rudolf die Zenzi umschlang und ihren Busen in die Hand nahm.

»Das ist ein Brüsterl, Herr Nachbar, hart wie Stein«, sagte er. Zenzi lachte laut, und der Vater schielte auf die Brust von ihr, die Rudolf in der Hand hielt.

»Greifen Sie es nur an«, ermunterte ihn Rudolf, »wann gefällig ist ... ich tu nicht eifern, greifen S' nur zu ...

Mein Vater rührte sich nicht. Rudolf ließ Zenzi los und kam zu mir.

»Ja, die Peperl«, sagte er, »die hat auch schöne harte Duterl ... sehr schöne sogar ... grad so schön wie die Zenzi ...« Er nahm ungeniert vor dem Vater meine Brüste in die Hand. »Aber kleiner sind sie als der Zenzi ihre und nicht so spitzig ... mehr rund ...«

Zenzi lachte laut auf.

»Zenzi«, gebot Rudolf, »zeig dem Herrn da deine Duteln.«

Gehorsam knüpfte sie ihr Leibchen auf, löste die Achselspange ihres Hemdes, daß es herunterglitt und die eine Brust hervorsprang. Sie lachte und ging zu meinem Vater hin.

Es war wirklich merkwürdig, wie spitz und fest ihre Brust wegstand, und die Warze darauf war wie ein neuer, kleiner, frisch angelegter Busen. Ich schaute sie bewundernd an, ohne darauf zu achten, daß Rudolf mir ins Hemd gefahren war und meine Brust in der Hand hielt.

»Na, was sagen Sie«, fragte Rudolf meinen Vater.

»Sehr schön ... sehr schön ...« Der Vater konnte nicht widerstehen. Er streckte die Hand aus und ließ die Brust von Zenzi auf- und niederspringen. Sie lachte nur.

»Revanche ... Herr Nachbar«, lachte Rudolf.

Der Vater nahm jetzt die Brust ganz in die Hand. Zenzi trat näher zu ihm und lachte nur.

»Zenzi«, kommandierte Rudolf, »spiel mit dem Herrn ein bisserl ...«

Gehorsam knöpfte sie meinem Vater die Hose auf, und ich sah, wie geschickt sie den Schwanz herausnahm und wie sie ihn streichelte, dann nahm sie noch die Eier mit dazu und rieb sanft an ihnen. Dabei schaute sie meinem Vater immerzu ins Gesicht und lachte.

»Wenn Sie die Zenzi vögeln wollen, bitte ... mit Vergnügen«, rief Rudolf, »ist nur die Revanche, Herr Nachbar ...«

Mein Vater ließ sich das Bajonett wichsen und gab keine Antwort.

»Zenzi«, befahl Rudolf, »du wirst dich von dem Herrn pudern lassen, verstehst ...?«

Zenzi mißverstand das, hob ihre Röcke auf und wollte sich meinem Vater auf's Knie setzen.

»Zenzi«, rief Rudolf streng, »was macht man erst ...?«

Sie kniete augenblicklich nieder, und im Nu verschwand die Nudel, die meinem Vater zur Hose herausstand, so lang sie war, in ihrem Mund.

Rudolf stand auf: »Alsdann, ich laß Sie Ihnen da, Herr Nachbar«, sagte er, »und die Peperl nimm ich mit mir, wollen Sie?« Mein Vater nickte nur mit dem Kopf.

Rudolf aber trat nochmals zu ihm. »Hör auf zu schlecken, Zenzi«, sagte er. Sie hielt inne und sah ihn an.

»Passen S' auf, Herr Nachbar«, wiederholte Rudolf. »Ich laß Ihnen die Zenzi da und Sie vögeln die Zenzi, und ich nehm mir die Peperl mit und vögel die Peperl ...«

»Geh'n Sie vorne«, keuchte der Vater, stand auf und warf die Zenzi brutal auf's Bett. Sie lachte laut. Aber er warf sich über sie, und mit ihrer aalglatten Geschicklichkeit hatte sie ihn sofort auf den rechten Weg gebracht.

Wir sahen, wie er losstieß, und hörten Zenzi wispern: »Tu nur schön vögeln ... tu nur schön pudern ... schön fickerl ... ja?«

Rudolf geriet plötzlich in Aufregung und ich auch. »Ah was«, sagte er, »da werden wir uns auch nicht genieren.« Damit warf er mich auf's andere Bett, legte sich drauf, und ich empfing seine Stöße. Es war ein schönes Quartett.

Der Vater schnaufte: »Her mit der Dutel ... so ... stoß noch besser mit dem Arsch ... so ist's gut ...«

Rudolf keuchte. »Himmelkruzitürken ... das ist gut ... so hab ich's gern ... nur langsam, wir haben Zeit.«

»Rudolf ... mir kommt's ...«

Und Zenzi wisperte: »Ach ... fickere mich ... mach mir ein Kind ... fickere mich ... ja ... beiß mir die Dutel ab ... beiß mir die Dutel ab ... Rudolf ... er fickt mich ... er fickt mich ...«

Nacheinander spritzten der Vater und der Rudolf, und ihr Bellen, Stöhnen, Röcheln, Schnaufen vermengte sich mit dem Quietschen, Seufzen und Keuchen von Zenzi und mir und mit dem Krachen der beiden Betten.

Wie sie fertig waren, rief Rudolf seine Zenzi: »Komm hinaus schlafen ...«

Sie wand sich unter meinem Vater hervor, und im Abgehen sagte Rudolf: »Ja, Herr Nachbar ... die zweite Nummer macht jeder mit der Seinigen ...«

Mein Vater wälzte sich zu mir herbei und begann gleich das Busenspiel wieder, und ich trachtete seinen kleinen Bruder, meinen Bettzapfen, wieder in die Höhe zu bringen.

Weil das nicht gleich gehen wollte, wandte ich die neue Kunst an, die mich Rudolf neuerlich gelehrt hatte. Ich gab ihm meine Pastete als Umschlag über das Gesicht und nahm seinen Schweif als Erfrischungsbonbon in den Mund, und wie wir dann das Resultat genossen und ich mich umdrehen konnte, um mich meinem Vater unterzulegen, hörten wir von draußen Zenzi: »Fick mich ... Rudi ... fick mich ... du machst es am besten von allen ... ah Rudi ... Rudi ... wie viel Schwänz hab' ich schon hereinlassen müsesn ... aber du machst es am besten ... fick noch ... so ... so ... hinaus ... herein ... ah ... ah, ich tu was du willst, Rudi ...«

Und Rudolf sagte: »Halt's Maul, dumme Gans ... gib die Fut her und laß mich vögeln ...«

»Macht sie's gut?« fragte ich, während der Vater die ersten Stöße tat.

»Ja ... sehr gut ... und so fest halten tut sie einen damit.«

»Besser als ich?« fragte ich und ließ meinen Popo tanzen.

»Nein ... nein ... ach ... fester mit dem Popo ...«

Und ich entgegnete: »Fick mich ... fick mich ... gut ... so ... du machst es am besten ...«

Das hatte ich soeben von Zenzi gelernt.

Zenzi blieb nun einfach bei uns. Sie schlief bei Rudolf in der Küche und ging bei Tage mit ihren spitzigen, wippenden Brüsten bei mir im Zimmer herum. Auch sie war mir zuwider, doch ließ sie sich so viel von mir gefallen, war immer so freundlich mit mir und fügte sich so geduldig und gehorsam in alles, daß ich mich bald an sie gewöhnte. Sie schlief manchmal beim Vater, und in solchen Nächten lag ich bei Rudolf. Der Vater und Rudolf vertrugen sich ausgezeichnet und teilten sich nach Laune in uns beiden. Rudolf zog daher nie den Kürzeren, denn da er vazierend war, blieb er oft tagelang zu Hause und dann nahm er uns zwei auf einmal vor. Einmal, als ich nach Hause kam und ins Haustor trat, fand ich Zenzi, die gerade vom Herrn Horak an der Brust abgegriffen wurde. Ich ging vorbei, Zenzi rief mir »Servus« zu und Horak beachtete mich kaum.

Oben saß Rudolf in der Küche.

»Hast du die Zenzi nicht g'sehen?« fragte er mich.

Ich dachte ihr was Ordentliches einzubrocken und sagte: »Ja, unten in der Einfahrt steht sie ...«

»Mit wem?« fragte Rudolf lauernd.

»Mit dem Herrn Horak«, sagte ich.

»So? Was tut sie denn mit ihm?«

»Ich weiß nicht«, meinte ich gleichgültig, »ich hab' nur gesehen, daß er sie bei den Duteln angreift ...«

»Na, alsdann«, lachte Rudolf, »wenn's ihm eine Freude macht.«

Zenzi blieb lange aus. Als sie endlich kam, ging Rudolf mit ihr in die Küche. Ich erwartete ein furchtbares Strafgericht und horchte.

»Wo warst du so lang?« begann er.

»Hat mich schon gevögelt«, sagte sie lachend.

»Wo denn?« fragte Rudolf erstaunt.

»Im Keller«, beichtete Zenzi.

»Na und?« forschte Rudolf.

»Zwei Gulden ... da hast ...« Zenzi gab ihm Geld.

Rudolf lachte und ließ sich Zigaretten holen.

Dieser Vorfall setzte mich nicht weiter in Erstaunen, denn ich wußte, daß Herr Horak manchmal etwas schenkte. Er hatte ja auch mir Geld gegeben.

Nach ein paar Tagen aber kam Zenzi in der Dämmerstunde mit einem Herrn nach Hause. Sie öffnete die Tür ein wenig und flüsterte Rudolf zu: »Es ist wer da.«

»Komm ins Zimmer«, sagte Rudolf zu mir.

Wir gingen hinein, und gleich darauf hörten wir Männerschritte in der Küche.

Rudolf horchte. Ich trat neben ihm zur Türe.

Zenzi redete mit einem Manne: »Mach dir's bequem ...«

»Ach nein«, antwortete er, »ich mach nur die Hose auf ...«

Gleich darauf Zenzi: »Ja ... das Schwanzerl ... wie das steht ...«

Und der Mann: »Gib das Hemd weg von der Brust ...«

Zenzi: »Soll ich mich ganz ausziehn?«

Der Mann: »Besser wär's schon ...«

Eine Pause folgte. Dann hörte man das dumpfe Geräusch, wie wenn jemand auf's Bett fällt.

Zenzi sagte: »Gehn S' her ...«

Sofort hörten wir sie aufseufzen: »Ah... fick mich... tu nur schön vögeln... so...«

Der Mann unterbrach sie: »Sei ruhig... ich kann das Reden beim Pudern nicht leiden...«

Ich war vom Zuhören aufgeregt und machte mich an Rudolfs Hosentürl. Er stieß mich fort: »Laß geh'n«, zischte er, »ich hab' jetzt keine Zeit...«

Draußen krachte das Bett. Der Mann ächzte, Zenzi schnaufte.

Endlich hörten wir sie lachen: »Aus is...«

Der Mann stieg aus dem Bett, und Zenzi sagte: »Du bist ja gleich angezogen.«

Geldstücke klirrten. Die Tür ging leise auf. Der Mann war fort. Zenzi kam herein. Sie war nackt und hielt Rudolf drei Gulden hin.

»Drei Gulden hab' ich gekriegt.«

Rudolf nahm das Geld und steckte es ein. Dann sagte er: »Zieh dich an.«

Zenzi zog sich an und erzählte, was für ein feiner Mann das gewesen war, und daß er einen kleinen dicken Schwanz gehabt hatte. Rudolf unterbrach sie und schickte sie um Wein und Zigaretten.

Kaum war sie fort, fragte er: »Magst du jetzt vögeln?«

Er ließ mir keine Zeit zur Antwort, warf mich gegen die Wand und rieb mir stehend seinen Klöppel hinein, daß mir die Suppe bis zum Knie hinunterlief.

»So«, sagte er dann, »und heute schlafst du bei mir...«

Als der Vater nach Hause kam, wurde der Wein getrunken. Rudolf und der Vater waren schwer berauscht, und der Vater griff Zenzi unter die Röcke. »Ich möchte... ich möcht...«, lallte er.

»Zieh dich aus«, verlangte Rudolf. Sie tat es sofort.

»Du auch«, sagte der Vater zu mir. Ich zog mich ebenso nackt aus wie Zenzi.

Rudolf und der Vater saßen nebeneinander auf dem Ledersofa und riefen uns. Wir gingen beide zu ihnen, und Rudolf wollte mich anfassen.

»Nein«, lallte mein Vater, »meine Tochter vögel ich selber ... meine Tochter braucht nicht mit fremden Leuten zu pudern, die sie gar nichts angehen ...«

Schon wollte Rudolf heftig werden, aber Zenzi saß gleich auf seinem Schoß und versorgte sich mit seinem Vorrate. Ich hockte mich auf den Vater, und gleichzeitig ging das Stöpseln los. Der Vater griff nach Zenzis spitzer Brust, die ihn immer anlockte, und Rudolf nach der meinigen.

In dieser Nacht schliefen wir alle in den beiden Betten. Zenzi und ich konnten nicht schlafen, aber die Männer schnarchten. Da sagte Zenzi: »Willst du vögeln?«

»Ja«, meinte ich, »aber die sind ja nicht zu erwecken.«

»Das macht nichts«, lachte sie, »ich kenn das schon, wenn der Rudolf besoffen ist, puder ich trotzdem mit ihm.«

Sie nahm seinen Schweif, der sich sofort aufrichtete.

Ich holte den väterlichen Gnadenspender hervor und wollte ihn in den Mund nehmen.

»Aber nicht«, wehrte Zenzi ab, »wenn er doch schlaft und besoffen ist, so spritzt er dir in den Mund hinein. Wenn einer nur schlaft, aber nicht besoffen ist, so wacht er auf, wenn du ihn schleckst. Wenn er aber einen Rausch hat, nachher spritzt er gleich.«

Beide Kerzen standen nun schön gerade vor uns.

»Welchen willst du?« fragte ich Zenzi.

Aber sie refüsierte: »Gar keinen ... ich hab' genug gefickt schon ... ich mag gar keinen mehr ...«

»Ja, was machen wir?« meinte ich.

»Na, du nimmst alle zwei«, lachte sie.

Ich hockte mich nach ihrer Anordnung zuerst über meinen Vater, mit dem Rücken zu seinem Gesicht, als ob ich mein Wasser lassen wollte. Zenzi leistete mir Beistand und setzte mir den Zahn in jenen Mund, in dem man ewig zahnlos bleibt. Kaum spürte ich den Stachel, als ich auf- und niederrutschte. »Ist's so gut?« fragte Zenzi.

»Ja ... ach ... ja«, gab ich zur Antwort.

»Wart, ich zeig dir was ...«

Sie hockte vor mir, griff mit der Hand hinunter und streichelte mit dem Finger meinen Kitzler, der in dieser Stellung unberührt geblieben wäre. Ich tanzte heftiger, und mein Vater stöhnte im Schlaf.

Zenzi nahm meine Brust in den Mund und sog leise daran. Sie machte es so zart, so leise, daß es mir sofort kam. Sie sog weiter, und es wollte mir zum zweitenmal die Wonne losbrechen, als ich vom Vater die volle Ladung bekam. Er spritzte einen ganzen Eimer aus, als ob ihm der getrunkene Wein zum Schwanz herausfahren wollte. Aber es geschah mit zwei Zuckungen, und sein Schaft wurde augenblicklich so weich, daß er mir entwischte und kraftlos zusammenfiel.

»Komm jetzt zum Rudolf«, drängte Zenzi, denn ich jammerte: »O je ... jetzt grad wär's mir gekommen.«

Sie rutschte mir nach und übernahm auch dort die Vermittlung. Und ich hatte kaum diese neue Streife bei mir, als ich auf- und niedersprang, mich dabei an Zenzi hielt und ihr mein Liedchen vorsang: »Mir kommt's ... ach ... mir kommt's ...«

Rudolf knirschte mit den Zähnen und keuchte, aber er erwachte nicht, so groß war sein Rausch, und so tief sein Schlaf.

»Mir kommt's ... Zenzi ... mir kommt's«, ächzte ich.

Sie lächelte: »Beim Rudolf kommt's einem immer«, meinte sie.

Ich packte ihre glatten, spitzen Brüste und spielte damit. Ich mußte es plötzlich tun, ohne zu wissen, warum. Aber es erhöhte meine Wollust unbeschreiblich, und ich machte es, daß mir nichts zu kommen mehr blieb.

»Ich bin fertig«, seufzte ich, »laß mich herunter ...«

»Bleib«, befahl sie, »erst muß der Rudolf spritzen.«

Und sie zwang mich, ihm seine Stange zu reiben und aus seinem Brunnen zu schöpfen, bis das Wasser floß. Es stieg wie eine Fontäne hoch hinauf, und ich ließ es in mich hineinspritzen, bis kein Tropfen mehr kam. Dann sanken wir beide, Zenzi und ich, zwischen die schlafenden Männer, und lagen beieinander.

Aber diese Nacht war noch nicht vorbei. Zenzi war jetzt doch wieder aufgeregt und jammerte: »O je ... o je ... jetzt möcht ich ... jetzt ... möcht ich ...«

»Na, so mach du's«, riet ich ihr.

»Aber nein ...« Sie war ganz weg. »Jetzt wird er ihnen nicht mehr stehen.«

»Probier's doch«, ermunterte ich sie.

Sie glitt zum Vater hin und begann ihn zu streicheln und zu reiben. Umsonst. Sie nahm seinen Schweif in den Mund, der Vater spürte nichts, auch im Schlaf nicht, und seine Lanze blieb gesenkt.

»Nichts ist«, klagte Zenzi und wandte sich zu Rudolf. Auch sein Gewehr war ausgeschossen, und der Hahn ließ sich nicht mehr spannen, wiewohl sich Zenzi auch bemühte. Endlich nahm sie ihn in den Mund und sog zweimal daran, und begann plötzlich zu husten und zu schlucken.

»Er spritzt«, rief sie verzweifelt, »er spritzt ...« Und dabei hielt sie seinen Zipfel in die Höhe, aus dem der Samen matt herausquoll. Zenzi spuckte aus und kam zu mir.

»O Gott ... o Gott ...«, jammerte sie verzweifelt, »das Schlecken und Spritzen hat mich noch viel geiler gemacht ...«

Ich lachte.

»Du kannst leicht lachen«, grollte sie, »du hast's gut gehabt ... ich war schön dumm ...«

»Was fang ich an?« fragte sie verzweifelt und wetzte hin und her. Auf einmal riß sie meine Hand an sich und führte sie sich zwischen die Füße: »Mach mir's«, bat sie.

»Wie soll ich dir's machen?«

»Weißt ... so ... komm ... ich will vögeln ...« Sie legte sich auf den Rücken: »Leg dich auf mich ...«

Ich tat, was sie wollte, und sie rieb sich zuerst ihre Fut gegen die meine. Dann mußte ich meine Hand dazwischen geben und sie mit dem Finger stoßen, als hätte ich einen Schwanz.

Sie warf sich unter mir: »Ach ... ja ... das ist gut ... steck den Finger hinein ...«

Meine Brüste, die auf sie niederhingen, ergriff sie und

tätschelte sie eifrig, und mit meiner freien Hand spielte ich an ihrer Brust.

Endlich schrie sie auf: »Mir kommt's ... mir kommt's ...«

Ich bohrte ihr den Finger hinein, so gut ich konnte, und fühlte, wie ihre Fut zusammenschnappte. Sie ließ meine Brust los, drückte mir den Kopf, indem sie mich umschlang, fest an ihre Duteln und ruhte nicht eher, bis ich auch ihre kräftigen spitzen Warzen im Mund hatte. Mich reizte dieses Spiel. Ich sog an ihren frischen Brüsten und bohrte unten mit dem Finger, bis sie ausgetobt hatte und mit langen Atemzügen beruhigt dalag. Dann schliefen wir ein.

Wir waren seit dieser Nacht wirklich befreundet, und es kam vor, daß ich wie ein Mann über sie herfiel, ihre Brust herausnahm und daran spielte. Am nächsten Tag schliefen wir alle bis in den hellen Vormittag. Der Vater ging nicht in die Arbeit, und Lorenz kam aus der Sattlerei, nachzuschauen, was es gäbe.

»Nichts«, sagte der Vater, »ich bin krank.«

Lorenz ging, ohne einen von uns eines Blickes zu würdigen.

Die Trinkgelage wiederholten sich, und es wiederholte sich, daß Zenzi mit einem Mann nach Hause kam. Rudolf dachte nicht daran, sich wieder um eine Stelle umzusehen.

Einmal kam Zenzi, und wir hörten an der Stimme des Mannes, daß er sehr alt sein müsse.

Zenzi lachte: »Ja, so ein kleines Wuzerl ...«

Der alte Mann sagte: »Das macht nichts ... das macht nichts ... wenn er steht, wird er schon größer werden ...«

Nach einer Weile rief Zenzi: »Aber er steht ja nicht ...«

Der alte Mann: »Es dauert nur ein bisserl länger ... er wird schon stehen.«

Wieder nach einer Weile sagte Zenzi leise: »Ich kann nicht mehr ... mir tut schon die Hand weh ...«

Der alte Mann: »Das macht nichts ... nimm's nur in den Mund ...«

Zenzi fragte: »Was geben S' mir dann?«

Der alte Mann: »Was ich dir geb ...? Meinetwegen ...

ich geb dir zehn Gulden ... aber nimm's schon in den Mund ...«

Rudolf gab es einen Ruck. »Herrschaft!« murmelte er, und ich war erschrocken über das viele Geld.

Es dauerte lange, bis Zenzi endlich sagte: »So, er steht schon ... kommen S' her ...«

Wir hörten, wie sie ins Bett fielen. Nach einer kurzen Pause lachte Zenzi auf: »Er steht ja schon wieder nicht ...«

Der alte Mann murmelte etwas, sie wälzten sich im Bett herum, dann brach Zenzi los: »Ach ... ach ... ja ... so ... das ist gut ... gut ... ja ... weiter ... schneller ...«

Rudolf meinte zu mir: »Jetzt schleckt er sie ...«

Dann rief Zenzi: »Kommen S', jetzt steht er wieder ...«

Sie wälzten sich noch einmal, und Zenzi lachte: »Ist schon wieder zusammengefallen ...«

Der alte Mann sagte ärgerlich: »Ist nicht wahr ... steck ihn nur hinein ...«

Das Bett krachte. Zenzi sagte: »Sie sind ja gar nicht drin.«

Der alte Mann: »Laß mich nur! Ich komm schon hinein.«

Das Bett krachte weiter. Zenzi seufzte und rief: »So ... endlich ... aber jetzt ... gut ... gut ficken ... was? Schon aus?«

Wir hörten sie wieder in der Küche herumgehen und flüstern. Dann knarrte die Eingangstür und Zenzi rief: »Küß die Hand«, und kam gleich darauf ins Zimmer gelaufen. Sie war im Hemd und schwang einen Zehner in der Hand. Freudig gab sie ihn Rudolf.

Natürlich fand am Abend wieder ein großes Saufgelage statt. Wir waren alle betrunken, und ich weiß gar nicht mehr, was wir alles getrieben haben. Am nächsten Morgen verschlief mein Vater wieder die Arbeit, und weil das jetzt öfters vorkam, wurde er eines Tages entlassen.

Er kam schimpfend und fluchend nach Hause, aber Rudolf tröstete ihn: »Das macht nichts ... du find'st bald wieder eine Arbeit.«

Sie waren längst per du miteinander. Mein Vater war sehr entrüstet und konnte sich nicht beruhigen.

»Schlaf dich ein paar Tag aus, und dann gehst dir eine andere Arbeit suchen«, meinte Rudolf, »und dir wird es guttun, wenn du dich ausschlafst.«

Mein Vater begann also, sich auszuschlafen. Er wälzte sich die Vormittage im Bett herum, spielte mit Rudolf Karten und verbrachte seine Zeit damit, abwechselnd Zenzi oder mir an den Brüsten zu spielen. Dabei benützte er mich jetzt beinahe jede Nacht, und bei Tag machte er sich auch noch über Zenzi her, denn er war immer angetrunken.

Da er seine Tage zu Hause verbrachte, war er auch einmal anwesend, als Zenzi mit einem Herrn nach Hause kam. Nun standen wir zu dritt hinter der Küchentür und lauschten, wie draußen das Geschäft vor sich ging.

Er war sehr erstaunt und machte große Augen, als Zenzi dann hereinkam und ihrem Rudolf drei Gulden überbrachte.

Wenige Tage später aber kam der Hausmeister herauf und erklärte, das könne nicht mehr geduldet werden. Entweder wir müßten ausziehen, oder Zenzi dürfe keine Herren mehr mitbringen. Der Hausmeister war sehr höflich und sprach besonders mit Rudolf sehr freundlich, und Zenzi lachte. Ich vermute, Rudolf hat ihn vorher reichlich mit Geld gespickt, und vermute auch, daß Zenzi sich einmal von ihm hat vögeln lassen, denn sonst hätte er überhaupt der Wirtschaft nicht so lange zugeschaut und wäre wohl auch bei seinem Besuch nicht so höflich und von einem solchen Bedauern dieser Maßregel erfüllt gewesen.

Das Verbot kam vom Hausherrn direkt.

Rudolf nahm, nachdem der Hausmeister weggegangen war, Zenzi mit sich in die Küche, und sie hatten eine lange Unterredung miteinander. Sie kamen auch nachher nicht herein, sondern legten sich zusammen nieder, und man hörte sie quietschen, stammeln und ein »noch« bitten, lauter Geräusche, die auch auf uns ihre Wirkung übten, so daß wir, wenn auch einmal ohne Wein, noch in den Kleidern anfingen, unser Spiel zu beginnen.

Zenzi blieb jetzt vom Hause fort und kam immer erst

am Abend, manchmal sehr spät in der Nacht, manchmal gar erst am nächsten Morgen nach Hause. War Rudolf abends oder morgens bei uns im Zimmer, wenn sie kam, dann gab sie ihm vor uns ihren Verdienst, und der Vater interessierte sich für nichts so lebhaft als für den Betrag, den sie mitgebracht hatte.

Weil nun Zenzi oft Tage und Nächte fernblieb, und wenn sie zu Hause war, meist schlief, hatte ich jetzt meinen Vater und Rudolf zu befriedigen, und ich mußte in der Nacht manchmal von einem zum andern gehen, wenn nicht Rudolf direkt zu uns hereinkam und sich als dritter ins Bett legte.

Der Vater hatte Rudolf oft um Geld angegangen und immer von ihm bekommen, denn der Vater verdiente nichts und steckte natürlich schon nach ein paar Wochen in allerlei Schwierigkeiten.

Einmal aber antwortete Rudolf auf ein solches Verlangen: »Warum verdient denn die Peperl nichts?«

»Die Peperl?« fragte der Vater.

»Na ja«, meinte Rudolf, »die könnt doch auch so viel verdienen wie die Zenzi ...«

»Soll sie eine Hur werden?« antwortete der Vater langsam.

»Ah was ... eine Hur!« rief Rudolf. »Jetzt tut's doch dasselbe, was die Zenzi macht ... da ist nix dabei ... und tausende Mädchen müssen sich so ihr Geld verdienen ...«

»Das ist schon richtig ...« Mein Vater blickte unschlüssig drein. »Aber ...«

»Aber hin, aber her ...« Rudolf hatte seinen strengen Ton. »Glauben Sie, wenn Sie das Mädel pudern, der eigene Vater, das ist vielleicht besser ...? Na also ... Die Zenzi«, fuhr er fort, »die Zenzi verkehrt nur mit lauter feine Herren ... die laßt gar keinen ordinären Menschen drüber. Was glauben S' denn? Die hab' ich schon dressiert ... und die Herren, von denen sich die Zenzi pudern läßt, die sind alleweil noch nobler als der Katechet, der die Peperl gefickt hat, und nicht einmal was gezahlt hat er ihr. Der Schmutzian.«

»Der Schmutzian«, sagte mein Vater in nachträglicher Entrüstung.

»Na, und was möcht's denn der Pepi schaden, wenn sie jetzt für ihren Vater was verdienen tät?« fragte Rudolf. »Sie haben sich lang genug für Ihre Kinder geplagt ...«

»Ja, da haben S' ganz recht«, pflichtete mein Vater bei.

»Na also ... lassen S' die Pepi nur mit der Zenzi geh'n, und die bringt Ihnen alle Tage mindestens drei Gulden nach Haus ... da garantier ich schon dafür ... so ein schönes Mädel wie sie.«

Ich war sehr geschmeichelt, aber mein Vater fragte ängstlich: »Und die Polizei?«

»Ah was, die Polizei!« machte Rudolf verächtlich. »Hab' ich vielleicht schon einmal wegen der Zenzi einen Anstand gehabt? Lassen Sie nur die Zenzi machen, die kennt sich aus ...«

»Wenn aber doch einmal ...« Mein Vater hatte Angst.

»Na, und wenn schon«, lachte Rudolf, »nachher sagen Sie, Sie wissen von nix ... und das Mädel ist von selber so schlecht ... Die Pepi wird Sie nicht verraten.«

Somit wußte ich also, daß ich mich vor der Polizei in acht zu nehmen hatte. Ich schwieg die ganze Zeit und wurde auch nicht gefragt. Mein Vater überlegte hin und her, dann wiederholte er: »Nein, ich mag nicht, daß das Mädel eine Hur wird ...«

»Aber davon ist doch keine Red«, unterbrach ihn Rudolf, »das ist ja nur, bis Sie wieder eine Arbeit gefunden haben ... dann kann ja die Pepi auch wieder solid werden ...«

Diese Logik leuchtete meinem Vater ein, und Rudolf gewann ihn ganz, als er hinzufügte: »Ich laß die Zenzi ja auch nur wieder vögeln, weil ich vazierend bin. Bis ich eine Stelle hab', muß sie wieder brav sein.«

Am nächsten Tag rückte ich mit Zenzi aus. Es war beschlossen worden, und so begann ich meine Laufbahn. Wir gingen in die Innere Stadt, auf den Graben, Stephansplatz, Kärntnerstraße usw. Es war Sommer, heiß, und wir hatten nur leichte Blusen an. Dazu hatte mich Zenzi zu Hause gelehrt, mir das Hemd bis zum Gürtel herabzulassen, so daß ich die Brust unter dem Kleid bloß hatte.

Zenzi war sehr geschickt und lachte auf dem Wege allen Männern ins Gesicht. Ich brachte das nicht gleich zuwege, denn ich war befangen, aber ich schaute ihnen dafür ernst in die Augen, und das genügte. In der Schönlaterngasse war ein finsteres altes Haus mit einem engen finsteren Flur. Dorthin führte mich Zenzi. Wenn man ins Tor ging, kam man zu einer Tür. Sie klopfte, und ein häßliches, altes Weib öffnete. Wir standen in einer Küche, in der man fast gar nichts sah, und von der aus man in ein Kabinett kam, das ebenso lichtlos war.

»Meine Freundin wird auch herkommen«, sagte Zenzi.

Die Alte schaute mich prüfend an und fragte: »Sind S' schon vierzehn Jahr vorbei . . .?«

»Schon längst«, sagte Zenzi, »sie ist nur noch ein bisserl klein . . .«

»Sie wissen ja«, sagte die Alte zu mir, »für jedesmal zahl'n S' mir einen Gulden . . . aber Sie dürfen mir nie um acht Uhr am Abend herkommen . . .«

Wir gingen wieder. Zenzi gab mir Ratschläge, vor allem den, auf die Polizeimänner aufzupassen und von den Herren das Geld zu verlangen, bevor man sie noch zuließ.

Wie wir wieder auf den Graben kamen, stieß mich Zenzi an: »Da schau . . . der geht uns nach . . .«

Vor uns ging ein großer, sehr nobel gekleideter Mann mit einem schwarzen Bart. Er drehte sich nach uns um und sah mich an. Dann verlangsamte er seine Schritte und ließ uns vorgehen.

An der Ecke der Dorotheergasse zog mich Zenzi in die enge Seitengasse. »Komm nur«, flüsterte sie, »wir biegen ein . . .«

Zenzi drehte sich um. Der Herr stand an der Ecke und blickte uns nach. Wir standen, und Zenzi winkte ihm mit dem Kopf. Da kam er auf uns zu: »Komm weiter«, mahnte sie, »da draußen spricht er nicht mit uns . . .«

Sie zog mich rasch hinter ein Haustor, dort warteten wir. »Da gehst immer her«, riet mir Zenzi, »wenn du am Graben oder an der Kärntnerstraße bist ... da wohnt niemand ...«

Inzwischen kam der Herr herein. Zenzi empfing ihn lächelnd, aber er trat zu mir. »Na, was ist denn?« sagte er.

»Nichts«, antwortete ich ihm.

Zenzi fragte: »Wollen S' mitgehen ... in der Nähe ist eine Frau ... da kriegen wir ein Zimmer.«

»Nein«, flüsterte er, »ich hab' keine Zeit.«

»Wir können auch da auf die Stiegen geh'n ... es wohnt niemand da ...«

»Willst du?« fragte er mich. Ich betrachtete ihn mit großer Bewunderung, denn er sah sehr fein aus, feiner, als ich je einen Mann in der Nähe gesehen hatte. Er trug einen schönen Spazierstock mit einem silbernen Griff und eine goldene feine Uhrkette, die ihm um den Hals geschlungen war.

Wir gingen die Treppe hinauf, die sehr breit und nur halb dunkel war, und blieben auf einem Absatz stehen. »Ich werd aufpassen«, sagte Zenzi und stellte sich in einiger Entfernung von uns auf.

Der feine Herr griff mir an die Brüste und lächelte: »Mach auf ein wenig.«

Er fuhr mit der Hand in den Spalt, den ich auftat, und war sehr erfreut, meine Brust nackt zu finden. Ich bemerkte mit ehrerbietigem Vergnügen, daß seine Hand ganz weich und zart war, so zart wie meine eigene Haut.

»Alsdann komm«, sagte er, und sein Atem begann zu fliegen. Er knöpfte sich das Hosentürl auf, und ich bekam seinen Schweif in die Hand, der so weiß und zart und dabei so kräftig und aufrecht war wie eine Wachskerze.

Auch der Kopf daran war spitz und zart.

Ich lehnte mich an die Wand und hob die Röcke auf, weil ich dachte, er werde mich stehend vögeln. Aber er lehnte meine Bereitschaft ab: »Laß nur«, meinte er, »das trau ich mich da nicht ... spiel lieber ... und laß mich spielen.« So fing ich an, ihm einen abzuwichsen, während er in meiner

Bluse herumfuhr und bald die eine, bald die andere Himbeere zum Aufblühen brachte.

Dabei flüsterte er mir zu: »So ist's gut ... mehr oben ... schneller ... jetzt ... wart ...« Er reichte mir ein Taschentuch. Ich nahm es und hielt es über seine Eichel. Da zitterte er mit den Beinen, sein Speer begann in meiner Hand zu zucken, und das Gewitter entlud sich. Ich wischte mir die Hand auch an seinem Tuch ab, weil sie gleichfalls angeregnet worden war. Als ich ihm das Tuch zurückgab, steckte er mir zwei Gulden zu. Dann ging er rasch die Treppen hinunter, ohne sich umzusehen.

Ich blieb mit Zenzi noch eine Weile auf der Treppe, dann schlichen auch wir zum Haus hinaus. Und ich war ganz glücklich. Zwei Gulden, in zwei Minuten verdient. Und so leicht. Was hatte ich denn für Mühe gehabt? Dabei war ich diesem eleganten Herrn so zugetan, bewunderte ihn so sehr und hatte so viel Hochachtung vor ihm, daß ich gewiß kein Geld von ihm verlangt hätte.

Auf dem Stephansplatz sprach mich ein alter Mann an. Ich erschrak zuerst, aber Zenzi stieß mich in die Seite, und so antwortete ich, als er mich fragte: »Kann ich zu dir gehen?« mit einem »Ja«.

Er befahl mir: »Geh voraus ... ich komme nach.«

Zenzi war im Nu von meiner Seite verschwunden, und ich schlug den Weg in die Schönlaterngasse ein. Die Frau öffnete uns, und wir waren in dem Kabinett allein. »Zieh dich aus«, sagte der alte Mann.

Während ich meine Kleider ablegte, konnte ich sein Gesicht betrachten. Er hatte ein glattrasiertes Gesicht, einen zahnlosen Mund und spärliche weiße Haare. Dabei war er ganz mager, seine Hände zitterten, und er schien mir überhaupt sehr gebrochen.

Er saß auf dem Ledersofa und sah mir zu. Als ich nackt war, winkte er mich heran. Ich mußte vor ihm stehen, und er schaute mich an, ohne sich zu rühren. Deshalb glaubte ich, es sei an mir, den Anfang zu machen, und wollte ihm die Hose öffnen. Doch er schlug mich schnell auf die Finger, daß ich erschrak.

»Warte«, sagte er, »warte, bis ich dir's sagen werde ... und steh ruhig ...«

So stand ich also still vor ihm, und er streichelte mich. Endlich nahm er seinen Spazierstock und stierte damit an meiner Brust herum. Es war ein spanisches Rohr mit einer Elfenbeinkugel. Ganz kühl und glatt strich er mir diese über die Haut. Schließlich setzte er sie mir unten an und bohrte damit meine festgeschlossenen Beine auseinander .

»Komm jetzt her!« befahl er mir und streckte sich auf dem Sofa aus. Ich wollte mich zu ihm legen, aber er stieß mich wieder mit einer Hastigkeit zurück, die mich erschreckte: »Drunten bleiben«, knurrte er.

Ich mußte stehend seine Hose öffnen und nahm seinen greisen, ungestrafften Gnadenspender heraus, der soviel Falten hatte, als das Jahr Stunden besitzt, und der so klein geworden war, daß er einem ausgespitzten Bleistiftendchen ähnelte. Dieses Läppchen Haut begann ich zwischen den Fingern zu wuzeln und glaubte, er werde nimmermehr eine feste Gestalt annehmen. Ich erinnerte mich dabei an den Greis, der unlängst bei Zenzi gewesen war und ihr so viel Mühe bereitet hatte, aber das Nudelchen wurde in meinen Fingern fleischiger und fester, und seine Falten glätteten sich, wie ein zerdrücktes Tüchlein unterm Bügeleisen sich glättet.

»Minett machen!« kommandierte er zornig.

Ich verstand den Ausdruck nicht und wichste fleißiger.

»Minett machen!« wiederholte er heftiger.

Und da ich noch immer nicht gehorchte, kreischte er mich an: »Zum Teufel hinein! Verstehst du nicht? Minett mach!«

»Entschuldigen Sie, gnädiger Herr«, sagte ich schüchtern, »ich weiß nicht, was das ist, ein Minett ...«

Er fand das nicht einmal lustig, sondern meinte knurrend: »In den Mund nehmen sollst du's ... blödes Ding.«

Ich tat, wie mir geboten war, und tat so fleißig wie nur je, denn ich hatte Angst vor dem alten Mann. Wie erstaunt aber war ich, als sein Bogen sich kraftvoll spannte, kaum daß ich ihn nur ein wenig gezüngelt hatte. Er stieg und stieg immer höher. Mein Mund konnte ihn schon nicht mehr fassen, und als ich auf sein grobes »Aufhören« den Kopf zurückbog und ausließ, schnellte ihm ein bombenfester Schweif gegen den Bauch.

»Vögeln«, schnarrte er, »schnell ... vögeln ... nicht so langsam ... solltest schon drauf sein.« Er blieb auf dem Rücken liegen und machte es mir so, dank meiner zahlreichen Vorstudien, nicht schwer, zu verstehen, was er wollte.

Ich kroch also auf ihn hinauf und hatte Mühe, die Einquartierung, die er mir bot, nur halbwegs unterzubringen.

Ich wollte mich über ihn beugen, um mich festzuhalten und um ihm meine Brüste näher zu bringen. Er aber stieß mich zurück und brummte: »Aufrecht sitzen!«

So mußte ich aufrecht bleiben und mich an der Sofalehne halten, wenn ich nicht seinen Klotz tiefer im Leib haben wollte, als mir lieb war.

Er begann mich mit seinen Stößen zu heben. Rasch und kräftig stieß er zu und redete dauernd dabei.

»So ... der werd ich's zeigen ... Gott sei Dank ... ich kann noch Mädeln stemmen ... so ...« Er flog höher und höher. »Die braucht sich nicht von andern ficken zu lassen ... so ... weil sie vielleicht einen alten Mann hat ... und wenn sie es tut ... mach' ich's auch ... so ... so ...«

Er redete noch allerlei Ähnliches, bis er unter mir zusammenschnappte und sich nicht rühren konnte. Ich mußte ihm ein Glas Wein holen und lief, wie es mir die alte Frau angab, in den Ausschank vom heutigen Köllnerhof. Als ich zurückkam, lag er wie tot da und rührte sich nicht. Mein Schrecken war groß. Ich rief die Alte, die ihn mit Wasser besprengte und mich beruhigte. Sie kannte ihn.

»Das geht bei ihm immer so. Er kommt aber rasch wieder zu sich«, meinte sie. Richtig fuhr er auf, blickte wild umher, und als er das Glas Wein bekam, leerte er es auf einen Zug.

Sofort war er wieder auf den Beinen, schaute mich böse

an und gab mir fünf Gulden. Ich fühlte mich reich und hüpfte vor Freude in der Stube umher. Nun sah ich ein, was ich an meiner Muschel besaß, und ich beschloß, sie nicht mehr zu verschenken.

Eben als ich wieder auf die Straße wollte, kam Zenzi mit einem langen jungen Mann; und wie wir uns in der Küche trafen, flüsterte sie mir eilig zu: »Wart noch ein bissel ... geh nicht fort ...«

Die Türe schloß sich hinter den beiden, und nach einer Weile hörte ich Zenzi fragen: »Soll ich meine Freundin rufen?«

Der Mann antwortete mit einer dünnen, zitternden Stimme: »Ja, ich bitte Sie recht sehr, tun Sie das ...«

Zenzi lief aus dem Zimmer und holte mich: »Komm herein«, sagte sie, »der nimmt uns alle zwei, und der zahlt viel ... Mit dem gibt's eine Hetz, wirst sehn ... du mußt aber alles tun, was ich dir sag ...« Als wir hereintraten, erhob sich der junge Mann vom Sofa. Er war sehr blaß und hager, hatte einen tiefschwarzen Vollbart, der ihn noch bleicher erscheinen ließ, und schwarze, traurige Augen.

Er verbeugte sich vor mir bis zur Erde, als Zenzi mich vorstellte: »Das ist meine Freundin Josephine.«

Ich staunte über den ernsten Ton, mit dem sie das sagte; aber wie wunderte ich mich erst, als der junge Mann meine Hand ergriff und sie küßte. Vor Verlegenheit lachte ich und glaubte, er wolle einen Scherz mit mir treiben. Doch Zenzi stieß mich an und zischte: »Nicht lachen ... ernst bleiben ...«

Der junge Mann erhob sich vom Handkuß und sagte leise, als ob er sich vor mir fürchten würde: »So jung, mein gnädiges Fräulein, und so streng ...«

Zenzi schrie ihn an: »Das Maul halten ...«

Er erschrak und stammelte: »Entschuldigen Sie ...«

»Die Pappen halt!« wiederholte Zenzi wütend. »Red, wenn du gefragt wirst ...«

Ich erkannte sie nicht wieder. Ihr ewig lächelndes Gesicht war ganz verändert.

»Zieh dich aus!« herrschte sie ihn an.

»Aber nein«, unterbrach er sie mild, doch ohne den übertrieben demütigen Ton von früher, sondern ganz sachlich: »Nein, das kommt noch nicht ...«

»Was denn ...?« Zenzi sah ihn verlegen an.

»Erst kommt doch das mit den Fragen«, flüsterte er eindringlich.

»Richtig!« Sie schlug sich vor die Stirne.

Sie ging von ihm fort, machte kehrt, und trat mit verfinsterter Miene wieder auf ihn zu: »Du Lump!« schrie sie ihn an, »du Hund, du räudiger, du hast gewiß wieder an mich gedacht ... was?«

Er stammelte: »Gnädigste Komtesse, ich hab müssen denken.«

»Kusch«, unterbrach sie ihn, »gesteh, was hast du gedacht ...«

Er stammelte heiser: »Gnädigste Komtesse lesen ja in meinem Herzen ... Sie werden ja selbst wissen.«

»Du Schwein, du miserables!« donnerte ihn Zenzi an, »du hast an meine Fut gedacht ... an meine Brust ... du Hurenkerl ... gesteh ...«

»Ich gestehe«, sagte er tonlos.

»Und du hast gedacht ... du Mistkerl«, fuhr sie in demselben Ton fort, »daß du auf mir liegen willst ... was? Du Lausbub ... und daß ich die Füße auseinander geb, und daß du mir den Schwanz hineinsteckst ... du Schuft ... du ... du hast gedacht, daß du mich puderst ... du Saukerl ... und daß du mit meinen Duteln spielst ... willst du gestehen ... du elender Fallot ...?«

Er faltete bittend die Hände: »Ja, gnädigste Komtesse ... ich gestehe ... ich gestehe alles ...«

»Und schämst dich nicht vor der Prinzessin da?« Zenzi zeigte mit ausgestreckter Hand auf mich. Ich war von allem, was ich hörte und sah so baff, daß es mir gar nicht auffiel, als Zenzi mich eine Prinzessin nannte.

»Ja, ich schäme mich«, rief er leise und hob auch zu mir seine Hände.

»Knie nieder ...«, befahl Zenzi.

Er warf sich sofort auf die Knie: »Ich bitte, verzeihen sie mir, gnädigste Komtesse«, flehte er inbrünstig, und bat: »Auch Sie, erhabene Prinzessin, bitte ich um Verzeihung . . .«

»Nein«, fauchte Zenzi, »keine Verzeihung ... erst die Strafe.«

Er wurde von einer leichten Röte überflogen. »Ja«, stotterte er schnell, »erst die Strafe . . .«

Er legte sofort alle Kleider ab und stand nackt vor uns. Sein Körper war außerordentlich weiß und zart. Bebend stand er da, mit gesenktem Haupt, und schaute Zenzi an, wie ein gepeitschter Hund.

Er stellte sich gehorsam zwischen Sofa und Kasten. Zenzi begann sich zu entkleiden, und auf einen Wink von ihr tat ich dasselbe.

»Na wart ... du Gauner!« redete sie dabei. »Du wirst uns sehen ... alles ... aber kriegen tust du nichts ... mich und die Prinzessin mußt du anschauen ... aber nicht rühren . . .«

Sie trat nackt auf ihn zu, mit ihren hochaufgerichteten Brüsten, mit zurückgeworfenem Kopf, ihre Augen funkelten, ihre Lippen zitterten. Sie war selbst aufgeregt.

Sie rieb ihm ihre Brüste an den Leib, rieb ihren Schoß gegen den seinigen. Dann mußte ich dazutreten und dasselbe tun. Er schaute mich traurig an, ließ die Arme hängen, und rührte sich nicht. Mich durchfuhr es wie ein elektrischer Funke, als ich meine Brüste gegen seine Brust wetzte. Sein Leib war brennend heiß wie Feuer und fühlte sich zart an, wie Samt. Und als ich meinen Venusberg gegen seine Haare rieb, bemerkte ich, daß seine Lanze trübselig herunterhing.

Was für Geschichten, dachte ich bei mir, wann wird das aufhören, damit er endlich dazu kommt, uns zu vögeln? Denn auch in mir hatte sich die Geilheit schon geregt.

Zenzi zog mich von ihm fort. »Jetzt kommt die Strafe ... du Schwein!« drohte sie.

Er verfolgte sie mit gierigen Blicken. Sie ging zum Kasten und holte zwei Ruten herunter.

»Kennst du das, du verdammter Satan?« fragte sie, die Ruten schwingend.

»Ja, ich kenne das, gnädigste Komtesse«, rief er schlukkend.

»Weißt du, was jetzt geschieht ... du Hurenbankert?«

»Jetzt kommt die Strafe, gnädigste Komtesse«, entgegnete er schwer atmend. »Strafen Sie mich, Komtesse ... ich verdiene es ... Und auch Sie, erhabene Prinzessin ...«, wandte er sich zu mir, »strafen auch Sie mich ...«

Zenzi gab mir eine Rute: »Hau fest zu«, flüsterte sie rasch, »fest ...«

»Heraus aus dem Winkel ... du Dieb!« fuhr sie ihn an. Er näherte sich ihr.

Klatsch! Im Nu hatte sie ihm mit der Rute eins quer über die Brust versetzt, daß ein dicker Streifen, wie ein rotes Band, sichtbar wurde. Er zuckte zusammen, und ich sah, wie sein Schweif mit einem Ruck sich aufrichtete.

»Spürst du das, du Gauner, du Räuber, du Futschlecker ... du Laustanz ... du Beutel ... du Dreckfink ... du Vagabund ... spürst du das?« Zenzi schlug drauflos, und mit jedem Hieb kam ein neuer Schimpfname, mit jedem Hieb wurde Brust und Bauch röter.

»Ja ... ich spür es ... gnädigste Komtesse ...«, röchelte er, »ich danke ... für die Strafe ... ich danke ... fester ... bitte ... züchtigen Sie mich fester ... Aber die Prinzessin auch ... warum züchtigt mich die Prinzessin nicht ...?«

»Hau zu!« schrie Zenzi mich an, und hob gegen mich die Rute. Ich erschrak und gab ihm einen sanften Streich über den Rücken. Seine Haut zuckte, aber er wimmerte: »Ach, ich bitte, die erhabene Prinzessin ... sie will mich nicht strafen ... ich spür gar nichts ... ich bitte, Prinzessin ... ich weiß ... ich bin unwürdig ... aber ich bitte um meine Strafe ... fester ...«

Ich schlug stärker zu.

»Danke ... danke ... danke ...«, stammelte er.

»Maul halten ...«, kommandierte Zenzi, »oder ich hau dir das Beuschel aus dem Leib.«

Wir schlugen jetzt im Takt. Zenzi vorn auf seine Brust und auf seine Schenkel, ich von hinten auf seinen Rücken und auf seinen Arsch, der bald rot angelaufen war, und je mehr wir schlugen, desto aufgeregter wurden wir.

Er stand zitternd da und redete: »Verzeihung... Verzeihung... ich will nicht mehr an Ihre schönen Duteln... denken... nein, ach... ach... Verzeihung, Prinzessin... Ihre Brüste sind so schön und hart... aber ich will's nicht mehr tun... o... welche Qualen... welche Schmerzen... ich will nicht mehr an Ihre Fut denken... Komtesse... ich hab' davon geträumt... daß ich Ihnen das Jungfernhäutel zerrissen hab'... gnädigste Komtesse... aber ich weiß... man darf das nicht... und Sie, Prinzessin... ich hab' mir vorgestellt... daß ich Sie gevögelt hab'... aber ich weiß... das darf nicht sein... Verzeihung...«

»Niederknien!« gebot ihm Zenzi.

Er warf sich auf die Knie: »Da lieg ich... im Staub vor Ihnen... Angebetete... zertreten Sie mich... ich sterbe... in Demut...«

»Du darfst mir die Füße küssen, Hundskerl«, knurrte Zenzi. Ich hörte zu schlagen auf. Er beugte sich herab und bedeckte ihre Füße mit glühenden Küssen. Dabei schmitzte ihn Zenzi auf seinen jetzt emporstehenden Popo, daß es nur so pfiff.

Er stöhnte und gurgelte: »Ach, Komtesse... zu Ihren Füßen... Ihr Hund... Ihr Sklave...«

»Küß die Fut... du hast sie beleidigt...«, herrschte ihn Zenzi an. Er richtete sich in den Knien auf und begrub seinen Kopf in Zenzis Schoß.

»Saukerl ... Zuchthäusler ... Taschendieb ... Galgenstrick... Strizzi...«, schimpfte sie und bearbeitete dabei seine Schultern mit ihrer Rute.

»Wird mir... die Prinzessin... auch erlauben...«

»Erst schön bitten...«, gebot Zenzi.

Er drehte sich zu mir, faltete kniend die Hände und flüsterte: »Bitte... bitte... erhabene Prinzessin...«

»Schön aufwarten...«, verlangte Zenzi.

Er wartete auf, wie ein Hündchen, und mich wollte ein plötzliches Lachen überkommen, aber ein Blick von Zenzi scheuchte es fort.

»Nun zu ihr«, befahl sie und gab ihm einen Stoß. Er kam auf seinen Knien zu mir herangerutscht.

Wie er meine Füße mit seinen Lippen berührte und ich seine pickenden, heißen Lippen auf meiner Haut fühlte, fuhr es mir bis in die Muschel, und ich drosch auf den Hintern von ihm, der in die Höhe gerichtet war, los, als sei er von Holz.

»Erhabene Prinzessin ...«, flüsterte er, »nie wieder soll die Niedertracht, die in mir steckt ... Sie beleidigen ... Strafen Sie mich nur ... o Prinzessin ... Sie sind grausam ... aber gerecht ... ich leide gern ... ich hab' es verdient.«

»Die Fut ...«, schrie ihn Zenzi an.

Er richtete sich auf und preßte sein Gesicht in meine Schamhaare. Seine Lippen küßten jede Stelle. Und jeder Kuß ging mir mitten durch's Herz, denn ich hatte schon keinen anderen Gedanken mehr als mich hinzuwerfen und ordentlich behandelt zu werden. Wie er den Kopf senkte und auch meine Muschel erreichte, trat ich ein wenig mit den Füßen auseinander, damit er besser hinein könne. Aber er küßte nur mit den Lippen. Mit der Zunge tat er gar nichts. Und diese heißen Küsse machten mich noch viel geiler, als wenn er mich geschleckt hätte. Ich hörte zu schlagen auf, weil ich mit mir selbst beschäftigt war. Augenblicklich ließ er von mir ab.

Zenzi näherte sich ihm: »Auf!« gebot sie. Er stand auf.

»Machen Sie ein Ende ... gnädigste Komtesse ... machen Sie meiner Qual ein Ende ... Sie Grausame ..«, flehte er sie an.

»Gut«, sagte sie eifrig, »ich will es tun. Wer soll vorn sein? Die Prinzessin oder ich ...?«

»Bitte ... die Prinzessin ...«, bat er, »wenn Sie mir die Gnade erweisen will ... die Prinzessin.«

»Also schau her«, unterwies mich Zenzi, »du nimmst seinen Beutel so ...« Sie stellte sich vor ihm auf und nahm seinen Hodensack in die Hand. »Und dann drückst du ihn fest ... aber nicht auf die Eier, sondern da ...« Sie zeigte mir die Stelle, hinter den Eiern, wo der ganze Sack sich fassen und zuschließen läßt. »Und mit der andern Hand haust du ihm auf die Füß, auf die Schenkel, wo du halt hinkommst.«

Ich befolgte ihren Rat. Er stand aufrecht da, die Hände über der Brust gefaltet, und ich nahm seinen Beutel fest in die Linke und schnürte ihn ab, daß mir die Finger wehtaten. Sein Schwanz stieg noch steifer in die Höhe und schwankte hin und her, wie ein Rohr im Winde.

Mit der andern Hand schlug ich zu, und von rückwärts bearbeitete ihn Zenzi wie rasend. Hageldicht fielen ihre Streiche, und sein Hintern bebte jedesmal nach vorn, daß es zu fühlen war.

Der junge Mann schluchzte und schrie und stammelte dazwischen, und auf einmal schlederte er seinen Samen aus. Es kam so unvermutet, daß mir der weiße Saft direkt ins Gesicht flog.

»O Prinzessin«, rief er dabei, »o gnädigste Komtesse ...«

Zenzi traktierte auf seinen Hintern los, als sie sah, daß er vorne spritzte. Wie aber der letzte Tropfen aus ihm herausgeklopft war, warf sie die Rute weg und ging zum Sofa, um sich hinzusetzen. Ich blieb auf dem Boden hocken, wie ich war, trocknete mir das Gesicht ab und schaute, was er nun beginnen werde.

Noch immer glaubte ich, dieser sonderbare Mensch werde Zenzi oder mich vögeln. Er stand eine Weile ganz in sich versunken da, dann raffte er sich auf und kleidete sich an. Hastig, ohne uns anzusehen, scheu, mit einem ermüdeten, traurigen Gesicht. Wie er fertig war, ging er in den äußersten Winkel des Zimmers, wo ein wackliger Stuhl stand, dort machte er sich irgend etwas zu schaffen, dann rannte er förmlich hinaus, ohne uns eines Blickes zu würdigen.

Kaum hatte er die Tür hinter sich geschlossen, als Zenzi aufsprang und mit einem Satz in den Winkel sprang. Dort lagen auf dem Stuhl zwei Zehner. Sie raffte sie zusammen, hielt in jeder Hand einen hoch, tanzte im Zimmer damit herum und gab mir zuletzt den einen.

»Was ...? Das ist fein«, meinte sie, und ich, ganz perplex, war vollkommen ihrer Meinung.

Denselben Nachmittag noch ging mir ein Mann in einem Samtanzug nach. Er sah aus wie ein Italiener, hatte schwarze Augen, und wie es damals besonders bei Italienern und Franzosen üblich war, einen schwarzen Ziegenbart. Ich bog in die Seitenstraße ein, denn es war am Graben und erst zwei Uhr mittag. In dem schon erwähnten Haustor wartete ich auf ihn. Er kam herein und nahm mich im finstern Torwinkel sogleich bei der Brust, die er aber mehr so abgriff, als untersuche er mich, als um zu spielen.

»Na, was ist?« fragte er.

Das fragen so ziemlich alle. Und ich sagte darauf: »Soll ich vorausgehen? Es ist nicht weit.«

»Wo?« fragte er.

»In der Schönlaterngasse ...«

»Nein«, meinte er, »ich will gar nicht zu dir kommen ...«

»Gut«, sagte ich lächelnd, denn auch darauf war ich vorbereitet, »bleiben wir da ...«

»Da?« Er war erstaunt.

»O ja«, beruhigte ich ihn, »auf der Stiege ... da wohnt niemand ... da können wir alles tun ...«

Er wollte auch das nicht. »Komm zu mir«, verlangte er.

»Ist es weit?« Ich zeigte Mißtrauen.

»O nein ... aber wir fahren mit dem Komfortabel hin.«

»Was krieg ich denn?« wollte ich wissen.

»Sei nur ruhig«, entgegnete er großartig, »du wirst reichlich bezahlt werden ...« Und weil ich zögerte, fügte er hinzu: »So gut wie noch nie ... ich bezahl besser als jeder andere ...«

Er imponierte mir und flößte mir Vertrauen ein. »Gut«, sagte ich, »aber Sie müssen mir das Geld voraus geben ...«

»Zu Haus«, drängte er, »zu Haus kriegst du das Geld, wenn wir zur Tür hineinkommen.«

Wir verließen das Tor gemeinsam, und er rief, als wir durch ein paar Gassen gegangen waren, einen Komfortabel herbei. Wir stiegen ein, und als wir losfuhren, fragte er:

»Du glaubst gewiß, ich will dich vögeln.«

Ich lächelte ihn kokett an: »Was denn sonst?«

»Ich will ganz was anderes«, sagte er geheimnisvoll.

Ich mußte wieder lächeln und wollte klug sein. »Aha... ich weiß schon...«, sagte ich.

»Na, was denn?« neckte er.

»Vielleicht in den Mund?« rief ich.

»Nein...« Er lachte. »Was glaubst?«

»Von hinten...?« riet ich weiter.

Er schüttelte den Kopf.

Ich dachte, er werde mich ihn so behandeln lassen, wie der junge Mann, den wir mit Ruten gestrichen hatten.

»Wollen Sie sich schlagen lassen?« riet ich wieder.

»Herrgott, du kennst dich aber aus«, meinte er. »Nein, auch das nicht...«

»Ja, dann weiß ich nicht...« Ich gab es auf.

»Fotografieren will ich dich«, sagte er.

»Foto...?«

»Ja, nackt fotografieren, in allen möglichen Stellungen.«

Ich lachte. Ich war noch nie fotografiert worden und glaubte, ich bekäme dann schöne Bilder von mir.

Wir kamen zu ihm. In einem neuen Vorstadthaus, tief in einem alten Garten versteckt, wohnte er. Vorne stand das Zinshaus, dann kam man durch den Hof, dann durch den alten Garten zu dem kleinen Haus, in dem er ein paar Zimmer und ein Atelier hatte.

Eine kleine, dicke Frau empfing uns. Sie war blond, hatte eine gedrungene Gestalt, die in einem roten Schlafrock noch fetter aussah. Ihre Augen schienen unterkohlt zu sein. Sie sah mich grüßend an und meinte: »Die wird gerade recht sein...«

Der Fotograf sagte: »Tummeln wir uns, damit wir das Licht benutzen.«

Sie sagte: »Soll ich den Albert holen?«

Er: »Aber natürlich, wir können ja absolut nicht anfangen ohne ihn.«

Sie wollte fort, aber er hielt sie auf: »Warte, ich hol ihn selbst. Tut's euch lieber derweil herrichten.« Damit entfernte er sich durch den Garten. Die Frau sah ihm nach und meinte: »Jetzt fürchtet er sich schon wieder, ich könnt mit dem Albert allein sein.« Dann führte sie mich ins Haus, direkt in das Atelier, das mir mit seinem Glasplafond und seinen hohen Fenstern sehr gefiel.

Sie öffnete eine Tapetentür, nachdem sie einen Schrank, der sie verborgen hielt, weggeschoben hatte. Wir traten in eine Kammer, in der nur ein kleines, hoch angebrachtes Fenster Licht einließ.

»Ziehn Sie sich aus«, sagte sie zu mir.

Zu meinem Erstaunen aber begann auch sie ihren Schlafrock abzustreifen.

»Sie müssen alles ausziehen«, meinte sie, »nur die Strümpfe und die Schuhe können Sie anbehalten.« Sie stand im Hemd vor mir und wartete, bis ich ganz bloß war. Dann kam sie dicht zu mir heran und musterte mich.

»Hat dir mein Mann schon gesagt, was er mit dir machen will...?«

»Ja.«

»Na also«, meinte sie und streifte ihr Hemd ab. »Das übrige wirst du schon sehen.«

»Wird er Sie auch fotografieren?« fragte ich erstaunt. Sie lachte: »Natürlich... bis jetzt hat er überhaupt nur mich fotografiert, weil wir noch kein anderes Frauenzimmer aufgetrieben haben. Denn erstens ist es viel zu gefährlich und zweitens waren alle zu teuer...«

»Was krieg ich denn?« erkundigte ich mich.

»Sei nur ruhig«, vertröstete sie mich, »du wirst zufrieden sein.«

Ihr gutmütiger, freundlicher Ton gefiel mir.

»Ich bin ja ruhig«, sagte ich lächelnd.

»Er hätt' sicher keine andere genommen«, erzählte sie

redselig, »aber er hat eine Bestellung, zu der braucht er ein junges Ding, wie du eins bist ...«

»Sie sind ja auch noch jung ...« Ich meinte, ihr dieses Kompliment machen zu müssen.

»O ja«, lachte sie, »da schau ... hier, so eine große Brust, steht sie noch fest genug, was?«

Sie nahm ihre Brüste und wog sie in den Händen. Sie waren breit und fest und standen so stark zur Seite, daß man glauben konnte, die beiden Himbeeren wollten zwischen den Armen durch nach rückwärts schauen, wer wohl von hinten käme.

»Schön sind sie«, sagte ich anerkennend.

»Greif her«, lud sie mich ein.

Ich mußte ihren Busen in die Hand nehmen, er war wirklich hart und elastisch.

»Nur der Bauch ist ein bisserl dick«, sagte sie.

»O nein«, beruhigte ich sie.

»Und die Schenkel ...« Sie klatschte darauf und lachte.

»Wenn mich der Albert sieht«, fuhr sie fort, »wird er gleich geil.«

»Das glaub ich.«

»Aber mein Mann ärgert sich«, lachte sie. »Ja, was wär's denn, wenn er ihm nicht stehen möcht? Da könnt er uns doch gar nicht fotografieren?«

Nach diesen Worten begann ich doch zu ahnen, was hier vor sich gehen sollte. Gleich darauf kam der Mann zurück und rief uns heraus. Wir traten in das Atelier, und da war noch ein Bursch von etwa achtzehn Jahren. Er mochte Laufbursche, Stallpage oder so etwas dergleichen sein. Denn er hatte ein sonnenverbranntes und verfrorenes Gesicht mit kleinen, dicken Ohren und einer roten, ziemlich dicken Nase. Er war schlank, aber kräftig und im ganzen nicht schlecht gekleidet. Mir wenigstens gefiel er ganz gut.

Der Herr Capuzzi, so hieß der Fotograf, schickte den Burschen, in dem ich den herbeigerufenen Albert erkannte, sogleich in das Ankleidezimmer.

»Tummel dich«, rief er ihm nach, dann begann er mich zu mustern.

»Ist gar nicht so schlecht«, meinte er zu seiner Frau, »he?«

»Ja«, antwortete sie ihm ernst, »es ist gerade das, was du brauchst ...«

»Wie die Duterln noch ganz hoch sitzen«, meinte er.

»Sie sind noch nicht ganz heraußen«, erklärte die Frau.

»Und gar keine Hüften noch«, konstatierte Capuzzi.

»Auch noch so wenig Haare«, zeigte ihm die Frau, auf meine Muschel deutend.

Sie waren zufrieden mit mir, und Capuzzi versprach, daß ich es auch sein sollte. Er richtete seine fotografischen Apparate, fuhr mit dem Kopf unter das schwarze Tuch, und ich sah ihm gespannt zu. Inzwischen kam Albert aus dem Zimmer und war nackt. Er lächelte mich an, weil ich wie gebannt auf sein Bajonett schaute, das er schon aufgepflanzt vor sich hertrug.

Frau Capuzzi lachte hell auf und rief: »Er steht ihm richtig schon wieder ...«

Capuzzi knurrte: »Sei ruhig ...«

Albert war schön gebaut. Ich bewunderte seine gewölbte Brust, den eingezogenen Bauch, die von Muskeln geschwellten Arme und Schenkel, und vor allem den dicken, geraden Solomuskel, der aus seinen Bauchhaaren gerade emporstieg.

Capuzzi sagte: »Also fangen wir an.«

Er schob mir eine kleine, teppichbehangene Bank ohne Lehne herbei und meinte: »Zuerst also du, Melanie, Albert und du — wie heißt du?« setzte er zu mir gewandt hinzu.

»Peperl«, sagte ich.

»Also Peperl ... Albert, setz dich in die Mitte ...«

Er tat es.

»So, jetzt Melanie rechts zu ihm, und Pepi links zu ihm.«

Wir beeilten uns.

»So, und jetzt nimmt jede den Schweif in die Hand ...«

Wir griffen zu.

»Albert«, rief Capuzzi, »Sie müssen aber auch etwas

tun ... Geben Sie die beiden Arme um die Schulter ... still ... einen Moment ...«

Er verschwand hinter dem schwarzen Tuch: »So«, rief er hervor, »nicht bewegen. Melanie, schau den Albert an ... du, Pepi, auch ... und du, Albert, schau in die Höh ... verdreh die Augen ...«

Wir befolgten seinen Befehl. Alberts Schweif, von unsern beiden Händen umklammert, sah nur noch mit dem Spitzel hervor. »Eins ... zwei ... drei ... vier ... fünf ... sechs ...« zählte Capuzzi. »Fertig.«

Wir sprangen auf.

»Eine neue Stellung«, befahl er.

»Was für eine?« fragte die Frau.

»Leg dich nieder, Albert«, befahl Capuzzi.

Albert legte sich auf die schmale Bank, seine Füße hingen vom Knie an herab.

»Melanie, stell dich drüber.«

Die Frau bekam rechts und links einen Polster, auf den sie steigen konnte.

»Beug dich über ihn«, rief Capuzzi.

»Das haben wir ja schon oft gehabt«, rief die Frau.

»So nicht ... wirst schon sehen«, wandte er ein.

Sie beugte sich vor, stützte die Arme auf und ihre Brüste hingen gerade über Alberts Gesicht.

»Albert, nimm die Brust in die Hand«, sagte er.

Albert ergriff die beiden runden Dinger und begann an den Warzen zu spielen.

»Er regt mich schon wieder auf«, rief Frau Capuzzi.

»Albert«, schrie der Fotograf, »ruhig mit der Hand, sonst werd ich dir helfen.«

Er hielt die Brüste ruhig in seiner Hand. Aber jetzt war es Melanie, die sich schaukelte und so ihre Duteln in Alberts Händen rieb.

»Da schauen S'«, sagte Albert, »jetzt spielen Sie ja selber ...«

»Melanie!« Der Fotograf sagte es im vorwurfsvollen Ton.

»Na ja«, meinte sie, »wenn ich jetzt schon so aufgeregt bin.«

»Peperl«, wandte er sich zu mir, »nimm jetzt den Schweif und steck ihn hinein . . . laß aber die Hand nicht los.«

Ich ergriff Alberts Flaggenstange und richtete sie auf. Aber sie kam mir zuvor, griff hin, und steckte sich den Pfropfen selbst ins Spundloch.

»Ach«, seufzte sie dabei, »ach . . . die Quälerei geht schon wieder an . . .«

»Nicht so tief, Melanie«, ermahnte ihr Mann, »man muß die Hand von der Peperl sehen . . .«

»Vielleicht so?« fragte sie und hob den Popo, daß der Schweif nur mehr bis zur Eichel drin war.

»So ist's recht«, stimmte er bei.

»Aber nein«, rief sie, »so kommt er mir ja aus«, und wieder senkte sie ihren Helm über dieses Haupt tief hinab.

»Nicht«, brüllte ihr Mann, »höher . . . zum Teufel . . .«

Sie zog sich zurück und sagte: »Meinetwegen . . . aber ich glaube, so wär's auch ganz schön.« Und wieder stieß sie sich ihn herein.

Der Mann sprang herzu und hieb ihr eins über das Gesäß, daß es nur so klatschte. »Du vögelst ja, du Luder«, schrie er sie an, »aber mich betrügst du nicht . . .«

»Das ist auch gevögelt«, antwortete sie gereizt, »sobald er nur drinsteckt . . . ist es gevögelt!«

»Nein«, ereiferte er sich, »wie oft habe ich dir das schon erklärt . . . daß wir nur Stellungen . . . das nennt man nur markieren. Markieren ist gestattet . . . aber nie werde ich erlauben, daß meine Frau sich von einem anderen vögeln läßt.«

Damals leuchtete diese blödsinnige Unterscheidung mir und allen Beteiligten ein. Heute muß ich über den wunderbaren Ehemann lächeln.

Ich hielt Alberts Nagel und fühlte, wie er pulsierte, und langsam fuhr ich so hoch hinauf, daß ich mit der Hand auch die Muschelränder von Melanie berührte, und da fühlte ich, wie sie ihre Klappe jede Sekunde zusammenzog, wodurch Albert natürlich sehr gereizt werden mußte.

»Dauert's noch lang?« fragte Melanie.

»Nein ... schau in den Apparat hinein ... lächle ... Pepi, du auch ... so ... eins ... zwei ... drei ... vier ... fünf ... fertig!«

Melanie sprang von Albert herunter. »Gott sei Dank«, rief sie, »das hält man ja nicht aus.«

Albert lag regungslos da.

»Jetzt umgekehrt ... die Pepi hinauf«, befahl der Fotograf. Ich nahm Melanies Stellung ein.

»Melanie, jetzt steckst du ihn der Peperl hinein«, befahl der Mann.

»Soll ich ihr die Brust anpacken?« fragte Albert.

»Aber ja. Was fragst denn noch?« ermunterte ihn der Fotograf.

Albert legte seine Hände auf meine Brust. Wir lächelten uns an, und er spielte sich damit.

Herr Capuzzi kümmerte sich gar nicht darum.

Da führte mir seine Frau den Stachel ein.

Albert und ich lächelten uns verständnisvoll an, dann fing er an zu stoßen und ich flog auf und nieder, so daß Melanie ihre Hand fortziehen mußte. Sie gönnte uns aber die Sache nicht, sondern rief gleich: »Da sagst nix, was? Die dürfen machen, was sie wollen ...«

»Ruhig ... Kinder«, gebot uns Capuzzi und zählte wieder: »Eins, zwei, drei, vier.«

Wir verhielten uns ruhig. Melanie griff wieder an Alberts Schweif, daß es aussah, als leiste sie uns Beihilfe.

»Fertig«, meldete Capuzzi.

Jetzt legten wir wieder los und vögelten. Aber Melanie wurde böse: »Albert«, schrie sie ihn an, »wirst du aufhören ...«

»Nur das Spitzel«, sagte Capuzzi, »nur markieren ...«

»Wirst du aufhören!« brüllte mir Capuzzi zu. Und weil das nichts half, riß er mich von meinem guten Platz herunter.

»Das verbitt ich mir«, sagte er, »das könnts ihr später tun ... wenn ihr wollt.«

Er begann eine neue Gruppe zu bauen, wie er sich ausdrückte. Albert mußte auf seiner Bank liegen bleiben. Melanie kniete vor ihm und nahm seinen Schwanz in den Mund.

»Nur das Spitzel«, sagte Capuzzi, »nur markieren ...«

Ich stellte mich über seinen Kopf und reichte meinen Freudenkelch seinen Lippen dar. Albert schlug mit seiner Zunge einen Triller an meinem Kitzler, der mir bewies, daß er ein Künstler war, und mich vor Wonne hin- und herwetzen ließ. Aber gleich darauf war er ruhig und markierte nur.

Melanie machte mir Konkurrenz. Ich sah es an ihren Wangen und an dem Zucken von Alberts Nudel, daß sie das Stückchen Mehlspeise, das ihr der Mann gönnte, heimlich mit ihrer Zunge streichelte. Sie schnaufte sehr und blinzelte zu ihrem Mann angstvoll hinüber. Als dieser hinter das schwarze Tuch tauchte, benützte sie die Gelegenheit, sich den Zapfen bis auf den Grund zu bohren.

Gleich darauf hieß es wieder: »Eins ... zwei ... Fertig!«

Albert verabschiedete mich mit einem Zungentriller.

»Umgekehrt«, befahl Capuzzi.

Ich war es jetzt, die auf Alberts Schweif kam, und ich nahm ihn bis ans Heft in den Mund, wobei ich ihm so wohltat, daß er erkennen mußte, ich verstünde mich auch auf die Kunst der Zunge. Melanie hockte auf seinem Mund. Und ich konnte an Alberts Bewegungen sehen, daß er nicht bloß markierte. Melanie hielt gewaltsam an sich, um sich nicht zu bewegen. Dennoch sah ich, wie ihre Flanken bebten, wie sie ihre Augen rollte und wie sie sich fester auf Albert niederließ.

»Melanie«, rief ihr Mann, »du könntest mit deinen Duteln spielen ... mach so, als ob du dir die Warzen küssen wolltest.«

Sie hob ihre Brüste und senkte den Kopf und benützte die Gelegenheit, um ein bißchen hin- und herzuwetzen. Dabei mußte ihr Kitzler aus Alberts Mund geglitten sein, denn es gab plötzlich einen schmatzenden Laut.

Capuzzi hörte ihn, sprang hinzu und sagte wütend: »Albert, mir scheint, du schleckst wirklich?«

»Aber nein«, gurgelte Albert unter seiner Last hervor.

»Ich rat' dir's nicht«, wiederholte Capuzzi, bückte sich und trachtete herauszubekommen, wie sich Albert verhalte.

»Aber nix macht er«, rief Melanie unwirsch.

Capuzzi sah ihr ins Gesicht: »Du bist ja ganz aufgeregt«, sagte er drohend.

»Natürlich«, versetzte sie, »ich bin immer aufgeregt dabei ... man ist ja nicht von Holz. Tummel dich, daß wir fertig werden.«

Während Capuzzi aber zum Apparat zurückging und unter das schwarze Tuch schlüpfte, machte Melanie ein paar schnelle Wetzer, indem sie mir dabei zutuschelte, und Albert schlug ihr seinen Zungenwirbel in ihre Maultrommel.

Capuzzi aber war rascher fertig als sie. »Eins, zwei«, klang es vom Apparat her, und sein »Fertig« scheuchte uns auseinander.

»Was jetzt«, fragte Melanie, die mit bebenden Brüsten und keuchendem Atem dastand.

»Leg du dich hin«, sagte ihr Mann.

Sie tat es sofort.

»So«, meinte er, »jetzt soll sich die Peperl dir am Mund setzen und der Albert soll sich auf dich legen.«

»Nein«, protestierte sie, »ich mag der ihre Fut nicht schlecken.«

»Das brauchst du auch gar nicht«, erwiderte er, »du sollst ja nur markieren.«

»Ach was ... ich mag's halt nicht beim Mund«, antwortete sie.

»Na, soll sich die Peperl hinlegen«, schlug er vor, »und du gehst auf sie.«

Aber sie wollte die Aussicht nicht aufgeben, seinen Schweif zu kriegen.

»Weißt was«, sagte sie, »die Peperl könnt mir ja am Busen spielen, das sieht unschuldiger aus.«

Er war einverstanden.

Ich kniete neben ihr auf den Boden, nahm ihre Brust in beide Hände und setzte meine Lippen auf ihre Himbeere. Was ich konnte, tat ich, und ich half ihr sogar zu einem kleinen Genuß. Von meinem Kuß angeregt, fing sie zu zucken an, sie hüpfte mit ihrem Popo in die Höhe und stieß sich so Alberts Balken ein paarmal tief in den Leib.

Mit einem Schritt war Capuzzi bei ihr und gab ihr eine Ohrfeige. »Kannst du das Vögeln nicht lassen? Du Luder, du!« schrie er sie an.

»Ich mach ja nix«, kreischte sie auf.

»O ja«, sagte er wütend, »immer machst du's so ...«

»Du grobes Ding du«, jammerte sie, »die Pepi zuzelt mich an der Brust und deshalb hab' ich so hupfen müssen.«

»Hör zu zuzeln auf!« befahl er mir, und zu seiner Frau gewendet schimpfte er weiter: »Das sind Ausreden ... immer probierst du, ob du mit dem Albert nicht pudern kannst ... ich weiß schon ...«

»Laß mich gehen«, schalt sie, »es ist kein Wunder, daß man sich rührt, wenn einem so ein dicker Schweif aufgesetzt wird.«

»Na, na«, meinte er, »du wirst's erwarten können ... ich mach dir's dann gleich.«

Damit verschwand er hinter seinem Tuch. Eins, zwei, und er war fertig.

»So«, meinte er, »ich muß in die Dunkelkammer ... aber das sag ich dir ... wenn du dich unterstehst und machst was ... derschlag ich dich!«

»Jesus«, seufzte Melanie, »das ist mir eine Marter immer.«

Albert meinte lächelnd: »Ich hätt' auch nichts dagegen, wenn ich mir's schon kommen lassen könnt'.«

»Mein lieber süßer Albert«, flüsterte sie, »möchst du mich nicht einmal pudern?«

»O ja«, antwortete er, »sehr gern möcht ich's ... aber es geht nicht ...«

»O Gott, o Gott«, jammerte sie zu mir, »du glaubst gar nicht, wie gern ich den Burschen hab' ... du glaubst gar nicht, wie ich mir das wünsche, daß er mich einmal, ein einziges Mal vögeln möcht ...«

»Na, warum tun Sie's denn nicht?« fragte ich erstaunt.

»Es geht ja nicht«, klagte sie.

»Jetzt«, schlug ich vor, »machen Sie's geschwind jetzt ...«

»O je ...« Sie schüttelte den Kopf. »Das möcht er ja gleich sehen ...«

»Wieso?«

Sie deutete auf die Tür, durch die Capuzzi verschwunden war.

»Durch das gelbe Glas durch, da sieht er alles ...«

Ich bemerkte jetzt erst die kleine dunkle Scheibe, die in die Tür eingelassen war.

»Das ist es ja«, sagte sie tief bedauernd, »zwei Monate arbeiten wir schon so ... was, Albertl? Seit zwei Monaten spür ich seinen Schweif ... hab' ihn in der Hand und im Mund und zwischen der Brust, und in der Fut, und im Arsch ... und überall ... immer nur das Spitzel ... immer nur den Anfang ... man möcht verrückt werden ...«

Albert pflichtete ihr bei: »Dös ist nicht recht ... wenn er nicht will, daß ich seiner Frau was mach', soll er mir's nicht herlegen.«

»Natürlich«, stimmte ich zu, »das ist gemein ...«

»Nicht wahr«, meinte er. »Nackend laßt er mich's anschauen. Und bei den Duteln laßt er mich's nehmen ... und die Fut kenn' ich schon so, als hätt' ich's sechzigmal gefickt ... und nie hab' ich was machen dürfen ... das gibt's ja nicht ...«

»Wie hast du dir's denn kommen lassen?« erkundigte ich mich.

Er wurde rot und schwieg.

»G'wiß hast dir's selber herunterg'rissen?«

»Ah nein«, sagte er verlegen.

»Na, wie denn?« forschte ich weiter.

»Auf italienisch«, sagte Melanie lachend.

»Wie ist das?« fragte ich neugierig.

»Wirst es schon sehen«, sagte sie, »vielleicht fotografiert ihn mein Mann wieder einmal dabei . . .«

Capuzzi kam heraus: »Die eine Stellung ist verpatzt«, sagte er, »die muß noch einmal gemacht werden . . .«

»Welche denn?«

»Die letzte . . . da bist du schuld«, knurrte er seine Frau an, »weil du gewackelt hast . . .«

Sie legte sich noch einmal hin. Albert steckte ihr nochmals seine Schwanzspitze hinein. Ich nahm sie nochmals bei der Brust. Als er »Fertig« rief, begann er ungeniert zu remmeln. Nur drei, vier Stöße, aber sie waren so heftig, daß Melanie aufschrie: »Jesus Maria . . .«

Capuzzi schleuderte ihn mit einem Griff weg, daß er beinahe umgefallen wäre. Aber Albert lachte verschmitzt. »Ich vögel sie doch einmal«, sagte er dabei.

»Nie«, schrie Capuzzi wütend.

Melanie aber kreischte: »So komm doch du wenigstens her . . . ich halt's ja nicht aus.«

Capuzzi schäumte: »Da soll man arbeiten und was zusammenbringen . . . jetzt erst recht nicht . . . wart . . .«

Melanie griff sich mit den Fingern an der Spalte herum: »Komm her . . . komm her, oder ich ruf den Albert . . .«

»Schaut's, daß ihr hinauskommts«, herrschte Capuzzi mich und Albert an.

Wir ließen uns das nicht zweimal sagen und schlüpften ins Ankleidezimmer, wo wir uns gleich auf die Erde warfen.

»Ah«, sagte Albert, »ich bin froh, daß du da bist . . . ich bin froh . . . da kann ich wenigstens einmal ordentlich pudern . . . ah . . . gib's her . . . da brauch ich's mir gar nicht so kommen lassen . . . wie sonst . . . ah . . . eine gute kleine Fotz hast du . . . so ist's gut . . . rühr dich nur . . . wart . . . wart . . . die Dutel . . . so . . . ich küß dir die Dutelwarzen . . . fest . . .«

»Ich wart auch schon die ganze Zeit darauf«, rief ich, »das macht mich so geil . . . das Probieren . . . fester . . . ah . . . gut ist dein Schweif . . . so lang . . . und so warm . . . fester, ja . . .

spritz ... spritz nur ... ah ... wie wohl ... noch? Ah ... zweimal ist's mir gekommen.«

Wie wir fertig waren, hörten wir noch drinnen Capuzzi und seine Frau einander bearbeiten. »Nein ... nein«, flüsterte sie, »noch nicht spritzen ... noch nicht ... ich hab' noch nicht genug ... noch mehr ... gib mir mehr ...«

Er brummte: »Was ... du möchtest aber doch lieber den Albert, was?«

»Ich scheiß auf ihn«, quakte sie deutlich genug, »du bist mir der liebste ... fick nur ... gib mir deinen Mund ... deine Zunge ... ach, ach ...« Das andere war nur ein Geröchel.

Dann fragte Herr Capuzzi wieder: »Darf ich jetzt spritzen? Du machst mich so hin ... ach ... deine Brüste ... kann ich jetzt ...?«

Und sie: »Ja ... spritz nur ... jetzt ... so ... und jetzt kann der Albert herumwetzen, wieviel er will ... jetzt reizt er mich nicht mehr ... ah ... das ist süß ...«

»Warum reizt er dich denn?« fragte Capuzzi eifersüchtig. Sie waren beide fertig und plauschten noch.

»Aber er reizt mich doch nicht«, beschwichtigte ihn seine Frau, »wenn er mit seiner Nudel da ist, oder wenn ich ihn in den Mund nehm', oder wenn er mich schleckt, dann denk ich ja nur an dich ... der Albert ist mir wurscht ...«

Albert lachte: »Schmarr'n«, sagte er, »sie lügt ihm ja was vor ... du hast ja genau gehört, wie sie auf mich geil ist ... sie hat es uns ja selbst gesagt ...«

»Freilich«, bestätigte ich ihm. »Aber warum hast du sie nicht schon längst einmal gepudert ... das müßt doch möglich sein?«

»Es ist unmöglich«, erklärte Albert.

»Warum ...?«

»Weil der Kerl zuviel aufpaßt ...«

»Aber wenn er nicht zu Haus' ist?« meinte ich.

»Ah was ...« Albert schüttelte den Kopf. »Der ist schlau, man weiß ja nie, wo er ist, und jeden Augenblick kann er da sein.«

»Na, und wenn schon!« lachte ich.

Albert wurde ernst. »Das ist nicht so ... der derschlagt mich und sie ... das ist er imstand ... der Katzelmacher, der! Der hat mehr Kraft als ich ...«

»Aber geh«, meinte ich zweifelnd.

»Wart nur«, sagte Albert, »bis du den einmal nackend siehst ...«

»Wieso?«

»Na«, erklärte er mir, »manchmal läßt er sich von der Frau fotografieren.«

»So ...? Das sollt er jetzt mit mir tun«, wünschte ich.

»Weißt du«, fragte Albert, »wie oft der seine Frau vögelt alle Tag'?«

»Na, wie oft denn?«

»So sieben- bis achtmal, meine Liebe ...«

»Da könnt' sie wohl genug haben,« entschied ich.

»Freilich«, meinte Albert, »aber er ist ihr schon zu fad ...«

Wir wurden wieder hereingerufen.

»Eine neue Gruppe«, sagte Capuzzi. Er war im Hemd und in Unterhosen und hatte ein erhitztes Gesicht. Melanie hatte rote Flecken auf der Brust, rote Ohren, aber sie lachte befriedigt, und ihre Augen glänzten.

»O je«, lachte sie, »die zwei haben's auch gemacht.« Und sie ergriff Alberts herabhängenden Wedel und zeigte ihn ihrem Mann.

Dann kam sie zu mir und flüsterte mir zu: »War's gut?«

»Wunderbar«, gab ich zurück, um ihr Lust zu machen, »der kann's.«

»Ja, was tun wir denn«, meinte Capuzzi, »wenn er dem Albert nicht mehr steht?«

»Produzier halt du dich«, riet ihm Melanie, »werd' ich dich fotografieren.«

Capuzzi streifte die Kleider ab, und ich verschaute mich in eine riesige Brust, die ganz dicht behaart war, in seine fabelhaften Arme und in die kolossale Rübe, die schwankend und ganz dunkelfarbig unter seinem Bauch aufwuchs.

Er kam auf mich zu, aber Melanie rief: »Halt, das gibt

es nicht ... mach die Buserantenstellungen mit dem Albert, aber laß das Madel gehen ...«

»Die Buseranteng'schichten haben wir schon«, sagte er, »das wär' schad' um die Platte.«

»Ich will aber nicht, daß du mit dem Mädel da ...«

»Lächerlich«, meinte Capuzzi, »wenn ich dich mit dem Albert markieren laß ... werd' ich doch mit der Pepi markieren dürfen ...«

»Nein«, rief Melanie eigensinnig, »du wirst geil auf sie.«

»Keine Spur«, verteidigte er sich, »höchstens«, fügte er hinzu, »höchstens ... mach' ich's dir noch einmal ...«

Das paßte ihr: »Aber nur markieren!« gebot sie.

Ich legte mich auf das Bänkchen und mußte die Füße sehr weit spreizen, damit er dazwischen könne.

»Ah nein«, sagte Capuzzi, »das machen wir so!« Und er hob meine Beine hoch in die Höhe, daß die Knöchelgelenke auf seinen Schultern lagen.

»Jetzt«, rief er seiner Frau zu und schob mir seinen Riesenklöppel bis über die Eichel hinein.

»Nicht so tief!« schrie Melanie. »Nicht so tief!« Ihr Verbot war überflüssig, denn was ich bei mir hatte, füllte mich ohnehin beinahe aus. Dazu kam noch, daß Capuzzis Schweif nicht ganz steif war, als er ihn bei mir einführte. Erst in meiner Höhle erholte er sich von der eben absolvierten ehelichen Strapaze wieder, und ich hatte den Genuß zu spüren, wie er größer und größer wurde. Das ersetzte mir die Bewegungslosigkeit, die vom Markieren herkam. »Fertig«, meldete Frau Melanie.

Er ließ mich los und arrangierte eine andere Gruppe. Das heißt, er setzte sich in einen Stuhl, nahm mich auf seinen Schoß, aber so, daß ich mit dem Rücken an seiner Brust lehnte und mit dem Gesicht in den Apparat schaute. Mit den Händen fuhr er mir unter den Achseln durch und umpreßte meine Duteln, und seine Rübe pflanzte er in meinen Garten.

Ich wollte auf- und niederwetzen, aber er flüsterte mir zu: »Nicht jetzt ...«

»Fertig«, rief die Frau aus dem Apparat hervor.

Eine dritte Gruppe sollte gebildet werden, aber da man dazu den Albert gebraucht hätte und seine Stange absolut nicht aufzurichten war, so wurde die Sache auf ein anderes Mal verschoben. Capuzzi bestellte mich auf den übernächsten Tag, gab mir fünf Gulden und entließ mich.

Ich ging in die Stadt. Am Graben traf ich die Zenzi und ging mit ihr in die Schönlaterngasse, um ihr das verdiente Geld zu zeigen und die Sache mit dem Fotografen zu erzählen. Sie hatte inzwischen niemanden gehabt. Meine Schilderung von den verschiedenen Gruppen und Stellungen regte sie sichtlich auf.

»Fix Laudon«, rief Zenzi, sich auf das Sofa werfend. »Fix Laudon ... von dem Reden bin ich so viel aufgeregt ... wenn ich nur jetzt pudern könnt' ...«

Und in diesem Punkt war ich ihrer Ansicht. Ich kroch zu ihr auf's Sofa. Zenzi lag da und hatte glänzende Augen und ihre Brüste bebten. Sie kam mir heute überhaupt anders vor als gewöhnlich. Lang nicht so willenlos und so gefügig wie zu Hause. Ich legte mich zu ihr, und wir spielten uns gegenseitig mit unseren Duteln eine Zeitlang. Ich wollte mich schon auf sie hinaufschwingen, als sie mich mit dem Ausruf: »Ah ... das ist ja nix ...« fortstieß und in die Küche hinauslief: »Sagen S', Frau Böck ... ist der Karl nicht da?«

Die Alte öffnete die Tür: »Ja, der Karl ist da ... was wollen S' denn von ihm?«

»Rufen S' ihn nur herein«, sagte Zenzi.

»Was wollen S' denn?« beharrte die Alte.

»Fragen S' nicht«, sagte Zenzi befehlshaberisch, wie ich sie noch nie gehört hatte. Ich lernte überhaupt neue Seiten an ihr kennen, »Fragen S' nicht, sondern rufen S' ihn!«

Die Alte verschwand.

»Wer ist denn der Karl?« fragte ich.

»Na, derer Alten ihr Enkel ist er«, erklärte mir Zenzi, indem sie aus ihrem Kleid was herausnahm und sich wieder auf das Sofa legte.

»Und was willst du von ihm?«

»Vögeln soll er«, sagte sie glühend.

Die Tür ging auf, und ein junger Mensch von sechzehn oder siebzehn Jahren kam herein. Er war sehr hübsch, hatte feine Züge, aber sie waren von der Magerheit verschärft und gespitzt, und der ganze Bursch sah verkommen aus. Er rauchte eine Zigarette, grinste, als er uns sah, und ich mußte an die saubere Gesellschaft denken, die immer mit der Burgmusik läuft.

»Servus Karl«, sagte Zenzi, »da hast einen Gulden... mach mir's einmal.«

Karl kam zum Sofa herangeschlendert, nahm den Gulden, besah ihn von allen Seiten, steckte ihn ein und begann nachlässig mit der Brust von Zenzi zu spielen. Dabei schaute er mich prüfend an.

»Besinn dich nicht so lang«, rief Zenzi.

Er knöpfte die Hose auf, und Zenzi stieß mich an: »Schau dir die Nudel an, die der Bursch hat... so was gibt's nicht.«

Karl grinste mir zu, und ich richtete mich auf, um seinen Nothelfer zu begutachten. Aber Gott steh mir bei, so was hatte ich wirklich noch nicht gesehen. Bis auf den Nabel und höher hinauf noch reichte dieser Balken und hatte eine Dicke, die ihn beängstigend machte. Der Kopf allein war größer als bei anderen der ganze Stempel.

»Na«, meinte Zenzi, »der ist doch einen Gulden wert?«

Karl warf die Zigarette weg und legte sich auf Zenzi.

Zenzi rutschte hin und her unter ihm und bat: »So komm doch... komm!«

»Steck dir'n selber hinein«, brummte er grob.

Zenzi fuhr mit den Händen hin und brach gleich darauf in wollüstiges Kreischen aus: »Ach... ach, fickerl mich... nicht so fest... ach... mir kommt's... ach... mein lieber Karl... dich hab' ich gern... bei dir möcht ich bleiben...«

»Ich pfeif' auf dich«, zischte er, während er seine Kanone rasch hin- und herschob.

Zenzi bäumte sich unter ihm: »Was fickst mich denn dann?« keuchte sie.

Er stieß zu und antwortete: »Weilst einen Gulden gibst ... wenn mir die Großmutter ein' Gulden gibt, vögel ich sie auch ...«

Zenzi arbeitete mit ihrem ganzen Aufgebot, und Karl stieß in sie hinein, als sei er beleidigt worden. Mich regte die Sache so auf, daß ich es mir auch zu überlegen anfing, ob ich einen Gulden zahlen solle. Aber Karl machte dem Dilemma ein Ende, indem er sich sofort empfahl, nachdem seine Aufgabe erledigt war.

»Bleib da«, bat ihn Zenzi.

»Laß mich aus«, sagte er grob.

»Warum willst denn nicht noch ein bissel bei mir bleiben?«

»Weil du mir zu fad bist«, antwortete er. »Servus!« Und er verschwand.

Zenzi nahm ein Glas vom Tisch und schleuderte es hinter ihm her: »Strizzi ... elender!« schrie sie. Das Glas sprang am Türfutter in Scherben. Zenzi weinte.

Ich hatte sie nie vorher so gesehen. »Das ist der Einzige ... der Einzige ... den ich gern hab' ... den Lumpen den ...«, schluchzte sie, »und ich laß mich auch nimmer von ihm vögeln, was hab' ich denn davon ...?«

Ganz erstaunt fragte ich sie: »Und der Rudolf?«

»Ah was, der Rudolf«, zuckte sie die Achsel.

Ich: »Du hast doch den Rudolf so gern ... du machst doch alles, was er will ...«

Zenzi: »Mit dem Rudolf ist das was anderes ... der könnt mein Vater sein ... verliebt bin ich nicht ...«

Ich: »Ja aber, du sagst doch immer zu ihm, daß es dir nur immer bei ihm kommt ... daß er es am besten macht ...«

Zenzi: »Was sagt man nicht alles, wenn man die Eichel drinn hat ... ich hab' doch von dir auch gehört, was du zu deinem Vater sprichst, wenn er auf dir liegt, und es kommt dir grad ...«

Ich: »Das ist freilich wahr.«

Zenzi: »Wieviel hast denn verdient?«

Ich: »Wart! Zwei Gulden im Haustor, fünf Gulden der Alte ... zehn Gulden jetzt, fünf beim Fotografen ... zwei

Gulden muß ich der Alten geben, bleiben zwanzig Gulden. Na, der Vater, der wird schöne Augen machen, wenn ich so viel Geld bring.«

Zenzi: »Was dir nicht einfällt, da wärst aber schön dumm.«

Ich: »Wieso?«

Zenzi: »Du wirst doch nicht alles hergeben?«

Ich: »Nicht?«

Zenzi: »Gott bewahre. Vielleicht verdienst du morgen gar nix ... was machst denn dann?«

Ich: »Dann sag ich halt, ich hab nix verdient.«

Zenzi: »So? Und laßt dich vielleicht zusammenschimpfen ... Ah nein, schau mich an ... wie ich's mach. Ich geb einmal drei Gulden, einmal fünf, einmal sechs her, und der Rudolf freut sich, weil ich jeden Tag was bring, und außerdem, sie möchten ja ohnehin alles gleich versaufen.«

Ich: »Ja ... ja ... da hast du recht ...«

Zenzi: »Und dann, du kannst doch selber ein Geld brauchen. Hast du eins, mußt du keins verlangen, und wenn's dich freut, kauf dir was.«

Ich: »Ja, und dann sieht es der Vater und weiß gleich, daß ich geschummelt hab'.«

Zenzi: »Oh, du Tschapperl du ... wenn er was sieht, dann sagst du, du hast es von einem Herrn geschenkt gekriegt ... immer geschenkt ... das ist das beste. Und übrigens mußt du halt lieb zum Vater ... immer nur lieb sein ... dann laßt er dir alles zu.«

Ich: »Aha! Also deswegen schmeichelst du dem Rudolf so?«

Zenzi: »Natürlich. Damit ich keinen Verdruß mit ihm hab' und machen kann, was ich will.«

Wir kleideten uns an, beschlossen, obwohl es kaum noch dämmerte, heute schon nach Hause zu gehen. Wir hatten beide genug, durften eines freundlichen Empfanges sicher sein und wollten keinen Herren mehr suchen. Wir fuhren mit dem Stellwagen in die Vorstadt.

Ich gab dem Vater fünf Gulden. Er sagte nichts, aber er nahm das Geld und holte Wein. Zenzi mußte Rudolf berichten, wie ich mich angestellt hätte. Er lobte mich. Dann begann das übliche Saufgelage, und ich lag in dieser Nacht wieder unter meinem Vater.

So endete der erste Tag meines Hurenlebens. Ich war nun käuflich, war ein Ding für jedermann.

Ich ging nun täglich in den ersten Nachmittagsstunden mit Zenzi oder auch allein in die Stadt. Und das Geld, das ich verdiente, lieferte ich prompt meinem Vater ab, der jetzt gar nicht mehr daran dachte, sich eine Arbeit zu suchen, sondern es vorzog, auf meine Kosten zu leben und meinen Verdienst zu vertrinken. Meine Brüder sah ich gar nicht mehr. Franz war in Simmering, weit draußen, am entgegengesetzten Ende der Stadt, in der Lehre, und Lorenz, der die Wirtschaft, die bei uns war, von Anfang an durchschaute, und der auch Rudolf nicht leiden mochte, ließ sich gar nicht mehr blicken.

Von dem Geld, das ich mir behielt, kaufte ich mir heimlich hie und da ein Stück zum Anziehen oder auch zum Putzen. Aber Rudolf erlaubte es weder Zenzi noch mir, mit den guten Sachen angekleidet auf den Strich zu gehen. Er meinte, wenn wir aufgeputzt dahergingen, werde die Polizei aufmerksam auf uns werden und außerdem werden die Herren, die uns nachliefen, wegbleiben, weil sie uns für konzessionierte Huren halten würden, und weil nur die Heimlichkeit unseres Gewerbes reize. Ich wußte nun alles, war in allen Schlichen und Kniffen meines Metiers bewandert, verstand mich darauf, den Wachmännern auszuweichen und sie zu täuschen, und verstand mich auch darauf, den Leuten, mit denen ich mich abgab, so viel Geld als möglich abzuluchsen.

Auch vor der Franzosenkrankheit war ich gewarnt, und völlig darüber aufgeklärt, wie man sie erkenne. Ich unterzog jeden Menschen, dem ich mich hingab, einer genauen Visitation, und ich bin heute noch froh darüber. Denn wenn ich auch manche Erkrankung nicht ganz vermeiden konnte, so bin ich auch davon bewahrt geblieben, die Syphilis zu erleiden. Eigentlich wie durch ein Wunder bewahrt geblieben, wenn ich's recht bedenke, denn ich kam schließlich in Situationen, in denen mir meine ganze Vorsicht nichts geholfen hätte und in denen ich hundertfach angesteckt hätte werden können.

Rudolf habe ich in diesen Dingen viel zu danken gehabt. Er hat mich gelehrt, auf die Männer achtzugeben, daß sie mir mit keiner Waffe nahen, mich nicht am Halse würgen, oder mir den Mund zuhalten. Er war es, der mir einschärfte, wenn ich mit jemandem ins Hotel oder in die Wohnung gehe, das Geld vorher zu verlangen, und er war es, der mich davor warnte, jemals eine Kaserne zu betreten, es sei denn zu einem Offizier.

Ich kann nicht alles aufschreiben, was ich in diesen Jahren, was ich als Hure überhaupt erlebt habe. Meine frühen Erinnerungen, so wechselvoll und bewegt sie sein mögen, sie sind mir haften geblieben, und ich habe von ihnen berichtet.

Wenn man bedenkt, daß das Jahr 365 Tage hat, und wenn man nur, gering gerechnet, den Tag mit drei Männern einschätzt, so macht das an elfhundert Männer im Jahr, macht in drei Jahrzehnten wohl dreiunddreißigtausend Männer. Es ist eine Armee. Und man wird es weder anraten noch wünschen, daß ich von jedem dieser dreiunddreißigtausend Schweife, die mich im Laufe der Zeit bewedelt haben, einzeln Rechenschaft ablege. Es ist auch gar nicht notwendig, daß ich es tue. Weder für mich, die ich diese Blätter nur aufschreibe, um mein Leben in seinen Hauptzügen an mir vorübergleiten zu lassen, noch für diejenigen, die in diesen Aufzeichnungen vielleicht nach meinem Tode blättern werden. Denn im ganzen ist die Liebe unsinnig. Das Weib gleicht so einer alten Rohrpfeife, die auch nur ein paar Löcher hat und auf der man eben auch nur ein paar Töne spielen kann. Die Männer tun alle dasselbe. Sie liegen oben, wir liegen unten. Sie stoßen und wir werden gestoßen. Das ist der ganze Unterschied.